Henry G. Tietze

BLOCKIERTE LIEBE

Henry G. Tietze

BLOCKIERTE LIEBE

Wie
seelische
Konflikte
unsere
Sexualität
beeinflussen

Wilhelm Heyne Verlag
München

Copyright © 1992 by Wilhelm Heyne Verlag GmbH & Co. KG, München
Umschlaggestaltung: Christian Diener, München
Satz: Kort Satz GmbH, München
Druck und Bindung: RMO Druck, München
Printed in Germany

ISBN 3-453-05199-8

Inhaltsverzeichnis

Einleitung

Von der frühen Kindheit bis ins hohe Alter ist die Sexualität ein Zentralbereich des menschlichen Lebens. Die Fähigkeit, Lust zu empfinden, sich zu entspannen, sich liebevoll an einen anderen Menschen zu binden – dieses elementare Geben und Nehmen kann höchste Befriedigung bringen. Aber die Sexualität ist ein empfindlicher Bereich, und sexuelle Störungen können das Leben zur Hölle machen. Denn wir Menschen sind empfindsam und verletzlich.

Kränkungen machen krank. Wenn wir uns nicht wohl fühlen, wenn wir krank sind, liegen die Ursachen nicht nur im körperlichen, organischen Bereich. Nicht selten haben Krankheiten nämlich seelische Ursachen. Diese Einsicht gilt in besonderem Maße für Erkrankungen der Geschlechtsorgane und ganz generell für sexuelle Störungen. Denn kein Bereich unseres Seelenlebens reagiert so nachhaltig auf Zurückweisungen, Konflikte und Mißerfolgserlebnisse wie die Sexualität; dementsprechend sind auch die Sexualorgane psychosomatisch besonders anfällig. Die Betroffenen aber schweigen oft. Doch wenn der Mund schweigt, redet der Körper und weist auf die unbewältigten Probleme hin. Freilich nehmen wir oft gar nicht mehr wahr, was Störungen und Krankheiten uns signalisieren. Dabei reagieren wir besonders in der Sexualität so empfindsam wie ein Seismograph.

Unser Liebesleben ist durch Schamgefühle und Tabus beeinträchtigt. Wir ahnen oftmals, daß etwas nicht stimmt, wissen aber nicht, was es ist. Wenn wir allerdings auf die Signale unseres Körpers achten, wenn wir versuchen, seine Sprache zu verstehen, dann können wir erkennen, daß bestimmte Störungen unseres Liebeslebens und bestimmte Krankheiten auf seelische Störungen und somit auf die eigentliche Ursache hinweisen. Solchen Wechselbeziehungen ist dieses Buch gewidmet. Denn die Sprache des Körpers ist gerade in den primären und sekundären Sexualorganen sehr beredt.

Für viele Menschen hat ihr Körper nur funktionale Bedeutung. Er ist ausführendes Organ, eine Marionette, die man nach Belieben zappeln lassen kann, um sie dann nach Gebrauch wieder in der Mottenkiste zu verstauen. Aus dem warmen, pulsierenden, lebendigen Körper hat unser Geist ein Phantom gemacht. Das Ich manipuliert den Körper wie einen abgestorbenen Gegenstand. Alles, was uns an Leid zugestoßen ist, haben wir in diesem Körper gestaut, als sei er ein Lastkahn statt einer Hochseejacht. Der Körper weiß nicht, daß der Kapitän das Schwergutschiff ständig überladen läßt. Es ächzt und stöhnt durch eine aufgewühlte See, ohne jemals entladen zu werden. Dabei ist der »Kapitän« ein Unfreier, weil ihm längst entgangen ist, daß man sein Schiff in einem Hafen entladen kann. Der Kapitän ist ein kopfbetonter Mensch. Er hat seinen Kopf, die »Kommandobrücke«. Daß darunter noch ein Schiff ist, merkt er gar nicht mehr. »Wenige verlieren ihren Verstand, die meisten ihren Körper!«

Wenn wir den Dingen auf den Grund gehen wollen, dann ist beispielsweise zu fragen: Was steckt eigentlich an seelischem Konfliktpotential hinter so weitverbreiteten Beschwerden und Erkrankungen wie:
– Menstruationsbeschwerden
– Potenzschwierigkeiten
– unfreiwilliger Kinderlosigkeit
– Störungen der Sexualität im Alter
– Prostata- und Hodenerkrankungen
– Brusterkrankungen (oder dem Wunsch nach kosmetischen Brustoperationen)
– Gebärmutter- und Eierstockentzündungen
und vielen anderen mehr?

Die Ursachen sind so zahlreich wie die Einzelschicksale, um die es hier geht. Und doch hat jede Erkrankung auch einen kollektiven Nenner, der sich nicht unbedingt auf den ersten Blick zeigt. Denn Elternhaus, Kindergarten und Schule führen uns dahin, daß wir uns Gefühlen wie Schmerz und Leid, Hilflosigkeit oder Mitleid zu entziehen versuchen. Wir wollen stark sein, gefallen uns in vermeintlicher Stärke, in Kampfbereitschaft, im Streben, besser als andere und erstklassig zu sein, etwas zu beherrschen, etwas oder jemanden zu besitzen. Wir haben die Botschaft unserer Eltern und Erzieher verinnerlicht, die das Sichhilflosfühlen gleichsetzt mit Hilflossein und Resignation. Wir gestatten uns keine Schwäche. Doch dieser Anspruch macht uns Angst. Und er führt in die Selbstentfremdung.

Männer und Frauen sind mit sich und ihrer Geschlechtsrolle nicht im reinen. Ängste, tiefe Selbstzweifel und die Sorge, den gestellten Aufgaben nicht gerecht zu werden, können zu Störungen und Krankheiten führen, die Lust, Freude und ein erfülltes Sexualleben beeinträchtigen. Das gilt besonders für viele Frauen. Daß sich hinter den Masken der Macht Depressionen und Isolationsgefühle verbergen, wird oft erst spürbar, wenn im sexuellen Bereich Probleme auftauchen. Dabei werden die seelischen Grundlagen zu Machtstreben und Impotenz oft schon in der Kindheit gelegt. Gerade solche Männer sind mit sich und ihrer Geschlechtsrolle nicht im reinen.

Zahlreiche Frauen jeden Alters leiden unter einer ganzen Vielfalt von Menstruationsbeschwerden, die jede für sich auf tiefsitzende Konflikte hinweisen können. Jede Frau erlebt ihre »Tage« individuell, und so steht hinter jeder Abweichung von der Norm auch das persönliche Schicksal. Sicher ist auch zu bedenken, daß Menstruationsbeschwerden ebenso wie das prämenstruelle Syndrom, die »Tage vor den Tagen«, kein »weibliches Schicksal« sind, sondern eng mit Kultur, Erziehung und Lebenssituation zusammenhängen. Denn Frauen, die ihre Weiblichkeit, ihre Geschlechtsrolle als Frau, rundum bejahen können, fühlen sich mit ihrer Sexualität, ihrem Partner und ihrem Leben meistens wohl und zufrieden. Sie haben viel seltener Menstruationsbeschwerden als andere, die mit sich und ihrer Rolle als Frau nicht im reinen sind. Bei diesen ist immer Angst mit im Spiel: etwa die Angst der Pubertierenden, bald Frau sein und Verantwortung übernehmen zu müssen; oder im weiteren Lebensverlauf die Angst, der Rolle als Frau nicht gerecht zu werden; oder die Angst der älter werdenden Frau, nach dem Klimakterium keine Frau mehr zu sein.

All diese Ängste, Fragen und Probleme haben mit einem zentralen Brennpunkt unseres Lebens zu tun: unserer geschlechtlichen Identität als Leitfaden zu unserem So-Sein. Unsere Geschlechtsrolle ist deshalb so wichtig, weil sie Konsequenzen für das ganze Leben mit sich bringt. Geschlechtsrollen sind überdies eng mit dem gesamten Geflecht der Gesellschaft verwoben. Den gesellschaftlichen Rollenvorstellungen für Mann und Frau kann sich niemand auf Dauer entziehen.

Die Herausbildung der geschlechtlichen Identität, der Erwerb der Geschlechtsrolle also, ist wie die Sozialisation überhaupt ein komplizierter Prozeß. So wie jeder Mensch Sprache, Normen und Werte erwirbt, eignet er sich auch eine Geschlechtsrolle an. Darunter ist nicht allein das zu verstehen, was Familie und Gesellschaft uns vorgeben; die Geschlechtsrolle ist vielmehr etwas ganz Persönliches, das jeder für sich über seine psychische Entwicklung erwerben muß. Je nachdem, wie dieser psychische Prozeß verläuft, können wir später als Mann oder Frau mit uns im reinen sein oder nicht. Die persönliche Geschlechtsrollenentwicklung begleitet uns ein ganzes Leben lang, und je nachdem, wie sie verlaufen ist, kommen immer wieder Schwierigkeiten auf uns zu. Pubertätskonflikte, Partnerschaftskonflikte, Schwierigkeiten mit Mutterschaft oder Vaterschaft gehören ebenso in diesen Bereich wie Wechseljahrkonflikte. Unsere psychische Geschlechtsrolle begleitet uns immer und überall.

Ihr Anfang fällt dabei in jene Entwicklungsphase, in der das Kind entdeckt, daß nicht nur die enge Beziehung zur Mutter eine große Rolle spielt, sondern daß es im engeren Umfeld noch andere Menschen gibt, die für sein eigenes

Leben und das der Mutter wichtig sind. Wenn aus der Zweierbeziehung eine Dreierbeziehung wird, beginnt der sexuelle Bewußtwerdungsprozeß des Kleinkindes. Es kann und muß sich hinfort nicht nur an der Mutter, sondern auch am Vater orientieren. Freilich sind Dreiecksbeziehungen (Triangulierungen) nie ganz problemlos. Es gibt sie überall, im Leben des Kindes wie im Leben des Erwachsenen, in Partnerschaften und am Arbeitsplatz, überall dort, wo zwei sich zusammenschließen und ein dritter das Gefühl hat, ausgeschlossen zu sein. Immer wieder erlebt der einzelne in Konfliktfällen die »anderen« als »böse« und erkennt oft nicht, daß er selbst es war, der sich wütend ins Abseits gestellt hat.

So ist auch die Herausbildung einer gesunden sexuellen Identität vielen Gefährdungen ausgesetzt. Trotzreaktionen, das Gefühl, von Vater oder Mutter nicht akzeptiert worden zu sein, das Gefühl, als Mädchen gegenüber Jungen minderwertig zu sein − all das kann zu tiefsitzenden Ressentiments und Problemen mit der eigenen Sexualität führen, die einen das ganze Leben begleiten und immer neue Konflikte nach sich ziehen.

Derartige Geschlechtsrollen- und Partnerschaftskonflikte lassen sich weder durch Totschweigen noch durch passive Hinnahme als »naturgegebene Realität« lösen. Wichtig ist vielmehr, daß wir uns den Problemen stellen, daß wir den verlorenen Bezug zur Realität, zu uns selbst und zur Realität unserer Umwelt zurückgewinnen, daß wir die Bitterkeit überwinden. Wenn wir unsere Mitmenschen (Eltern, Kollegen, Partner) erkennen als die, die sie sind, als unabhängige und verletzliche Wesen wie wir selbst, dann bekämpfen wir sie nicht länger, indem wir uns innerlich gegen sie auflehnen und tiefsitzende Konflikte auf sie übertragen. Wenn wir unsere Umwelt als unseren eigenen Nährboden erkennen, dann zerstören wir sie nicht.

Der Umgang der Geschlechter miteinander hat sich in den letzten Jahren geändert, in vielen Fällen freilich nur scheinbar oder vordergründig. Eine endgültige Versöhnung kann schon deshalb nicht zustande kommen, weil die Betroffenen weiterhin in ihren Geschlechtsrollen verunsichert sind.

Die Beiträge dieses Buches mögen hier und da provozieren; sie sind aber so angelegt, daß sie auch Mut machen können. Daß die psychische Geschlechtsrollenentwicklung einen solch starken Einfluß – auch auf bestimmte krankhafte Entwicklungen, bis hin zu Krebserkrankungen – hat, mag auf der einen Seite erschrecken, doch diese Zusammenhänge zeigen andererseits auch einen Weg zur Lösung, zum Ganzwerden auf. So kann dieses Buch vielleicht innere Türen öffnen und zeigen, wie wir wurden, was wir sind. Es kann Wege und Auswege weisen, denn in der Geschlechtsrollenentwicklung liegt der Schlüssel zu den unterschiedlichsten Konfliktbereichen. Die Erkenntnis der Verflechtungen von Konflikt und Krankheit ist oft der erste Schritt zur Lösung. Wenn wir verstehen, wie unsere Eltern uns durch ihr Vorbild, ihre Einstellungen und Probleme »vorgebildet« und geprägt haben, so kann uns dieses Wissen auch helfen, uns aus den Prägungen wieder zu befreien. In den Begegnungen mit unserer inneren Geschlechtsrolle kann ein Reifungsprozeß beginnen, der uns dorthin führt, wo wir schon immer ankommen wollten: zu unserem inneren Selbst als Mann oder Frau. Wenn wir bereit und in der Lage sind, unsere Geschlechtsrolle zu akzeptieren, zu unserer sexuellen Identität zu stehen, dann haben wir schließlich jene Fesseln abgeworfen, die unser Ich, nicht nur unser sexuelles Ich, zuvor gefangenhielten.

Henry G. Tietze

Zeitbombe
Dreiecksbeziehung

1. KAPITEL

Frühkindliche Beziehungsstörungen und ihre Langzeitfolgen

Dreiecksbeziehungen können – so lautet die Kernthese dieses Buches – die Hölle auf Erden mit sich bringen. Wann immer Neid und Eifersucht im Spiel sind, oder sich jemand im Leben ausgeschlossen fühlt, geht es auch um Dreieckskonstellationen, sogenannte Triangulierungen. Wir begegnen ihnen im Ehebett genauso wie am Krankenbett. Auch bei Scheidungen liegt meistens eine Dreiecksbeziehung zugrunde. Freunde haben sich wegen Dritten auf ewige Zeiten zerstritten, und aus freundlichen Nachbarn sind erbitterte Gegner geworden. Die Gründe und Ursachen solcher Streitigkeiten sind vielfältig. Manches weist jedoch bei genauerem Hinsehen auf frühkindliche Prägungen hin. Thesenhaft formuliert: In problematischen Dreieckskonstellationen, generell also immer dann, wenn drei Personen etwas miteinander zu tun haben, können Umgangsstil und Konfliktverhalten Ausdruck eines schon im Kleinkindalter angelegten Verhaltensmusters sein. Denn die erste Triangulierung entsteht, wenn ein Kind erkennt, daß außer ihm und seiner Mutter noch eine dritte Person existiert, die für die Mutter besonders wichtig erscheint.

Etwa ab dem 18. Lebensmonat gibt es eine Entwicklungsphase, die ungemein prägend für das spätere Leben als Erwachsener und vor allem für die sexuelle Identität sein kann. Innerhalb dieses Zeitraumes vom zweiten bis zum vierten Lebensjahr macht ein Kind die Erfahrung, daß die Mutter noch einen anderen Menschen liebt.* Zum inneren Konflikt des Kindes in der Triangulierungsphase tragen konträre Grundmuster bei: Zum einen besteht aus der Zeit der Symbiose eine grundsätzlich positive Beziehung zur Mutter, aber es kann andererseits auch eine negative, abwehrende Haltung geben, aus Furcht vor dem Mutterleib, aus Furcht,»ins Ungewisse« zurückzusinken. Mit dem Vater geht der Junge hingegen eine positive, exquisit männliche Identifikation ein, die einen mächtigen Schutz gegen die Gefahr des Verschlungenwerdens bietet. Jungen entwickeln daneben aber manchmal auch eine Abwehrhaltung gegenüber dem Vater, aus Angst vor der väterlichen Übermacht (Kastrationsangst). Dennoch ist der Vater gerade für den Jungen, der sich aus der symbiotischen Mutter-Kind-Beziehung lösen soll, als »Schrittmacher« unersetzlich. Für Jungen ist es lebensnotwendig, daß sie ihre Identifikation mit der Mutter lösen und sich statt dessen mit dem Vater identifizieren. Bei Mädchen ist das schwächer ausgebildet. Sie orientieren sich im frühkindlichen Alter stärker an der Mutter.

Von größter Bedeutung ist der frühkindliche Triangulierungsprozeß jedoch − wie in der Einleitung bereits skizziert wurde − für die Geschlechtsrollenentwicklung des Menschen. Dabei ist die psychische Geschlechtsrollenentwicklung ein Reifungsprozeß, der das ganze Leben andauert und der darüber mitentscheidet, ob wir unser Leben meistern oder nicht. Die psychische unterscheidet sich von der sozia-

---

* Das ist natürlich keine neue Erkenntnis, doch sie hat weitreichende Konsequenzen, wie zuerst Melanie Klein (1928) gezeigt hat[1] und wie vor allem Béla Grunberger[2] in seinen Forschungsarbeiten (1976 − 1982) hervorgehoben hat.

Gerade in letzter Zeit erkennen immer mehr Psychosomatiker die enorme Bedeutung der frühen Triangulierung für unser Leben. Christa Rohde-Dachser[3] und Michael Rotmann[4] haben zu diesem Thema eigene Arbeiten vorgelegt, und Thea Bauriedl[5] hat das Triangulierungskonzept, das seit Melanie Klein mit dem Ödipus-Konflikt in Verbindung gebracht wird, noch erweitert.

len Geschlechtsrolle darin, daß letztere uns durch Familie und Gesellschaft vorgibt, wie wir uns als Mann oder Frau zu verhalten haben. Die psychische Geschlechtsrolle hingegen sagt aus, wie wir als Mann oder Frau tatsächlich leben, wie wir uns fühlen und wie wir sind. Es handelt sich um einen Seinszustand. Sich nicht als Mann oder Frau zu fühlen, bedeutet auch, daß wir Angst vor dem anderen Geschlecht haben, und diese Ängste führen zu vielen Konflikten im Umgang mit anderen.

Wenn ein Kleinkind erkennt, daß es noch einen weiteren Menschen gibt, den die Mutter liebt, nämlich den Vater, erlebt es sich in bestimmten Situationen als ausgeschlossen und alleingelassen. Dieser Konflikt verstärkt sich noch, wenn außer dem Vater noch Geschwister in der Familie leben. In solchen Fällen kommt es immer wieder zu Mehrfachtriangulierungen. Das Kleinkind, das sich in der Symbiose getragen fühlte, hat nun den subjektiven Eindruck, zurückgesetzt, verraten zu sein und nicht mehr geliebt zu werden. Die Entwicklung dieser frühkindlichen Dreiecksbeziehung erfordert von den Eltern viel Einfühlungsvermögen, sonst entwickeln sich jene Gefühle, die Menschen in späteren Jahren das unwohle Empfinden geben, nicht geliebt worden zu sein. Triangulierungsgeschädigte Kinder neigen zum inneren Rückzug, zu Neid und Eifersucht. All diese Gefühle haben mit der Angst des Kindes vor Verrat zu tun[6].

Dieser Konflikt führt dann nicht selten dazu, daß die Loyalitätsfrage gestellt wird; oder er mündet in eine »Dreipersonen-Eifersuchtsszene«. Kinder beginnen an diesem Punkt, die Eltern gegeneinander auszuspielen, und sie spielen das gleiche Spiel noch weiter, wenn sie längst verheiratet sind. Nur spielen sie jetzt den Partner gegen die eigenen Kinder aus und umgekehrt. Mit dem Gefühl von Verrat durch die Eltern ist die Angst verbunden, selbst vernichtet zu werden. So entsteht aus der Angst vor Verrat die Trennungs- und Bindungsangst, die so viele Erwachsene quält. Die Angst vor Verrat führt dazu, daß Kinder sich in eine »Bock«- oder Trotzsituation, d. h. innerlich in sich selbst zurückziehen.

Und es ist dann mit sehr viel Angst verbunden, wenn sie sich als Erwachsene wieder öffnen sollen. Darum sind sie in der Begegnung mit anderen Menschen sehr vorsichtig und zurückhaltend – mit gravierenden Auswirkungen auf ihr Leben, denn gerade hier kann die Bereitschaft zur Öffnung ganz wesentlich über das Gelingen des Liebesaktes mitentscheiden.

In der Triangulierungsphase liegen die Wurzeln jener Alles-oder-Nichts-Beziehungen. Jedes Kind hat grundsätzlich den Wunsch und das Gefühl, zu beiden Elternteilen eine enge Beziehung zu haben, wenigstens von dem Zeitpunkt an, zu dem die Figur des Vaters immer bewußter wahrgenommen wird. In den meisten Fällen aber wird der Vater als dritte Person erlebt, und genau hier setzen Neid und Eifersucht ein. Deshalb wird diese Dreieckskonstellation auch das »ödipale Dreieck« genannt[7]. Im Zentrum der Triangulierung steht der Ödipus-Konflikt. Und bei diesem Zentralgeschehen der »ersten Liebe« eines Menschen gehen Wünsche und Konflikte eine komplexe Verbindung ein, eine Mischung aus Liebe und Haß. Bewußt und unbewußt wird diese typische Dreierkonstellation dabei vom entsprechenden Elternteil mitbeeinflußt. Die Söhne entwickeln eine »heiße Liebe« zur Mutter, die Töchter umgarnen zärtlich schmachtend den Vater. Wer hier vom betreffenden Elternteil zurückgestoßen wird, erleidet seine erste große Niederlage im Erleben der Liebe und fühlt sich fortan nicht zugehörig. Auch als Erwachsener wird er jede Liebe mißtrauisch unter die Lupe nehmen, mit dem unbestimmten Gefühl: »Mich liebt ja doch keiner.«

Die »Frühblüte« der Liebe im ödipalen Dreieck zeigt sich jedoch nicht nur von der zärtlich umwerbenden Seite. Sie ist ebenso trieb- und affektbeladen durch sexuell motivierten ausschließlichen Besitzanspruch mit »großer Eifersucht«, wodurch Söhne und Töchter in Rivalität zur elterlichen Konkurrenz geraten: Der Junge begehrt die Mutter und haßt den Vater. Das Mädchen will den Vater »haben« und die Mutter »kaltstellen«. Da diese Konfliktsituationen meistens von den

Bezugspersonen nicht wahrgenommen werden, können sie unbewußt weiterschwelen und werden niemals aufgelöst. Die Feindschaft zwischen Sohn und Vater, Mutter und Tochter endet dann niemals. Sie wird höchstens im Erwachsenenalter auf andere Menschen – Kollegen, Nachbarn, Chefs – übertragen. Wenn Eltern ihre eigene ödipale Konkurrenz als Kinder niemals ausgelebt haben, bringen sie ihren Anteil in diese Situation mit ein und verstärken so in der nächsten Generation den frühkindlichen Konflikt zusätzlich. Viele Eltern konkurrieren mit ihren Söhnen und Töchtern noch im Erwachsenenalter. Es entsteht dann jene Familiensituation, in der einer gegen den anderen ausgespielt wird. Es entstehen »Ersatzpartnerschaften«, die sich dann gegen die anderen richten.

Ein Kind, das den Ausschluß aus der »Urszene«, den Verlust der Symbiose mit der Mutter, gut bewältigt hat, ist in seiner Menschwerdung einen beträchtlichen Schritt vorangekommen. Es hat sich zunächst der Mutter gegenüber entidentifiziert, hat eine psychosexuelle Identität aufgebaut und die Fähigkeit zur Ambivalenz erreicht. Es hat die Beziehung zu beiden Elternteilen und damit das Konzept eines Drei-Personen-Gefüges verinnerlicht. Die innerseelische Triangulierung hat stattgefunden. Ungestört von seinen inneren Trieben fühlt sich ein solches Kind *wechselseitig* in die Gefühlswelt des Vaters oder der Mutter ein. Dabei hat es die Gewißheit, daß der Vater oder die Mutter das gleiche tun und die Empathie des Kindes beantworten. Gleichzeitig hat das Kind das Gefühl, daß Vater und/oder Mutter um seine Gefühle wissen. Es fühlt sich getragen und geborgen in ihrem Urvertrauen. Kinder, in deren Umfeld der Vater fehlt, erleben diese Dreiecksbeziehung hingegen nicht; die konfliktreiche, aber schöpferische Triangulierung findet bei ihnen niemals statt.

Aber auch ein anwesender Vater wird nicht immer als positiv erlebt. Nicht selten empfindet das Kind diesen Mann als fremde, eifersüchtige und feindselige Kraft, die das zärtliche Band zwischen Mutter und Kind stört und das Kind in die

18

Unterwerfung zwingt. Aus dieser Unterwerfung heraus beginnt das Kind dann, den Schutz des Vaters zu suchen. Es entsteht jene lebensfeindliche Situation, die auch im Erwachsenenleben häufig zu beobachten ist: Der Schwächere unterwirft sich − wie in der Tierwelt − dem Aggressor. Aus diesem Verhalten ist nach Sigmund Freud auch die Suche nach Gott und die Religion entstanden; dabei wird die ewige Sehnsucht nach dem Vater ins Überpersonelle übertragen.

Das Unterwerfungsmuster hat allerdings tragische Folgen: Das Kind unterwirft sich, will »lieb« sein, um Zuwendung zu bekommen, und gibt dieses »Ich-will-lieb-sein-Spiel« auch im Erwachsenenalter nicht mehr auf. Die Tragik liegt dann darin, daß ein solcher Mensch immer die Bedürfnisse anderer lebt und die eigenen endgültig aufgegeben hat.

Mädchen lösen sich später aus der Mutteridentifikation als Jungen. Aber die Lösung von der Mutter wird auch für ein Mädchen wichtig, damit es in der Pubertät zu einer eigenen Identität finden kann. Mädchen haben es hier etwas leichter als Jungen, denn die frühere Identifikation mit der Mutter − sofern nicht bereits Widerstände gegen diese entstanden sind − hat ihnen schon teilweise zu einer weiblichen Geschlechtsidentität verholfen. Trotzdem, auch für sie ist die Lösung von der Mutter ein schwieriger Prozeß.

Für Jungen hingegen bedeutet die Lösung von der Mutter einen Verzicht auf jene Person, die bisher alle Bedürfnisse befriedigt hat. Sie gab ihm Nähe, Geborgenheit, Sicherheit. Freilich kann die Mutter − und das ist sehr wichtig − die Identifikation des Jungen mit dem Vater erleichtern helfen, etwa dadurch, daß sie sich über seine jungenhaften Eigenschaften und Talente freut, daß sie ihm vor allem beim Spielen und beim eigenständigen Bemeistern von für ihn schwierigen Situationen inneren Freiraum zugesteht, anstatt ihn mit »mütterlicher« Bevormundung einzuengen. Eine positive Einstellung der Mutter zum Vater − und zu dessen »Mann-sein« − ist für den kleinen Jungen eine wesentliche Hilfe, sich aus der Symbiose mit der Mutter zu lösen und sich in den nächsten Jahren mehr dem Vater zuzuwenden.

Bei vielen Männern, die in der Kindheit den Weg zu ihrem Vater nicht fanden, läßt sich später eine forcierte Männlichkeit beobachten, etwa wenn eine Verächtlichkeit gegenüber allem Weiblichen spürbar wird oder wenn sie eine Neigung zu gefährlichen Sportarten entwickeln (extremes Bergsteigen, Rennfahren, Boxen und anderes mehr). Das gilt auf andere Weise aber auch für jene Männer, die alles mit dem Intellekt abhandeln, die alles rational sehen. In einer solchen »Scheinidentität« innerhalb der männlichen Geschlechtsrolle zeigt sich meistens eine unvollkommene Lösung von der Mutter; dabei werden innerlich Neidgefühle abgewehrt. Die forcierte Männlichkeit stellt in solchen Fällen also eine Reaktion auf zuviel weiblich-mütterlichen Einfluß dar. Wenn eine Mutter ihren Sohn auf diese Weise an der Entwicklung wahrer Männlichkeit hindert und ihn in eine Pseudomännlichkeit hineintreibt, wird für den Jungen eine wichtige Identifikationslinie traumatisch unterbrochen. Untergründig wird er die Mutter später wahrscheinlich genauso wie alle anderen Frauen seines Lebens hassen.

Im Alter von ungefähr vier Jahren ist die Triangulierungsphase beendet. Alles, was für das spätere Leben notwendig ist, ist beim Durchleben der oralen und analen Phasen als Grundform angelegt worden: Das Kind ist in der Lage, Kontakte zu knüpfen, sich Dinge anzueignen, Sauberkeit und Ordnung zu halten, sich selbst zu behaupten. Das alles gilt natürlich nur bei normalem, ungestörtem Entwicklungsverlauf. Und selbst dann wird es Triangulierungen über das ganze Leben verteilt geben. Jedesmal können wir bei solchen Gelegenheiten nachreifen.

Obwohl die biologische Entwicklung des Kindes mit vier Jahren natürlich noch längst nicht abgeschlossen ist, beginnt nun eine sehr wichtige sexuelle Entwicklungsphase; beim Jungen wird der Penis und beim Mädchen die Klitoris zur spielerisch und oft betätigten erogenen Lustquelle. Der Penis wird in dieser Phase – übrigens für beide Geschlechter – zum Hauptorgan, also auch im subjektiven Empfinden und in der Phantasie der Mädchen. Sigmund Freud nannte diese Entwicklungsstufe die phallische Phase. Dadurch, daß der Junge erlebt, daß sein Penis sich versteifen kann, werden auch psychosexuelle Phantasien und Interessen aktuell. Es beginnt die Zeit der »Doktorspiele«. Wiederum können Kinder diese Entwicklung als sehr lustvoll, aber auch als sehr frustrierend erleben und verinnerlichen. Die Frustration entsteht dabei vor allem durch Tabuisierung der Sexualität und durch Geheimniskrämerei der Erwachsenen. Eltern ahnen manchmal gar nicht, welch großen Schaden sie anrichten können, wenn sie sich negativ in die Spiele und Phantasien ihrer Kinder einmischen.

Jetzt stößt das Kind auch auf die nicht mehr zu verleugnende Tatsache des Geschlechtsrollenunterschieds. Damit wird es letztendlich vor die Aufgabe gestellt, seine eigene Geschlechtsrolle als Junge oder Mädchen zu finden und zu bejahen. Gleichzeitig mit der bewußten Beschäftigung mit den eigenen Geschlechtsorganen taucht das Interesse am Geschlechtsteil der anderen auf: Mädchen interessieren sich für den Penis, Jungen für die Vagina. Schauen und Zeigen können stundenlang gespielt werden, und dem »Doktorspiel« kommt dabei entscheidende Bedeutung zu. Die Sexualphantasien über Zeugung und Geburt nehmen Gestalt an, und das Wissen um diese Körperpartien wird vertieft. Das Bewußtwerden des Geschlechtsunterschieds ist für Kinder keine harmlose Entdeckung. Vielmehr ist diese Phase auch mit erheblichen Ängsten verbunden. Das Finden und Bejahen der eigenen Geschlechtsrolle ist nie völlig unproblematisch. Das zeigt sich nicht zuletzt bei vielen Erwachsenen, die nie wirklich Mann oder Frau wurden, im Sinne einer positiv verlaufenden Geschlechtsrollenentwicklung.

Es sind vor allem sozio-kulturelle Faktoren, die besonders Mädchen das Bejahen ihrer Geschlechtsrolle erschweren können. In einer patriarchalischen Familienstruktur und in einer Kultur, in der der Mann mehr gilt als die Frau, entsteht der »Penisneid«, der in erster Linie ein Neid auf die Bevorzugung des Mannes ist. Wo Jungen grundsätzlich vorgezogen werden, wo die Geburt eines Mädchens bei den Eltern enttäuschte Gesichter hervorruft, da ist es für ein Mädchen sehr schwer, sich voll in seiner weiblichen Geschlechtsrolle zu bejahen. Wenn sie später als Frau selbst Kinder hat, wird sie ihrerseits Mädchen bevorzugen, weil Jungen ihr Angst machen. Eine solche Mutter entwickelt häufig eine Animosität gegen den Mann schlechthin. Sie wird für den Sohn zu einer Bedrohung seiner Männlichkeit und wird versuchen, ihn schon bei seiner frühen Aggressionsentwicklung zu »kastrieren«.

Der Penisneid selbst, also der Wunsch der Mädchen, auch einen Penis zu besitzen, ist völlig unbegründet. Denn was Jungen und Mädchen zwar noch nicht wissen, aber schon ahnen, da sie selbst aus dem Mutterleib kommen, ist, daß der weibliche Unterleib »größer« ist als der Penis. Dieses Wissen nimmt dem Penis seine »Vormachtstellung«. Und als Frau schließlich weiß das Mädchen ganz genau, daß Penis und Vagina aufeinander angewiesen sind; sie sind nicht nur voneinander abhängig, sie sind vielmehr erst in der Vereinigung eins: »Ein Fleisch, ein Körper, eine Seele, ein Geist.« Jedes Gegeneinander trennt, jedes Miteinander verbindet. Für das Kind ist die phallische Phase oft dann beängstigend, wenn ihm Aufklärung über die sexuelle Realität verweigert wird. Nicht die Phase an sich ist für das Kind schwierig, sondern erst die Erwachsenen machen diese Zeit so schwierig. Nur richtige Aufklärung, nur absolute Ehrlichkeit der Eltern kann in dieser so wichtigen Entwicklungsstufe dem Kind helfen, das offen ist für ehrliche Anteilnahme. Es stellt viele Fragen, die teils direkt, teils nur dem um die Probleme dieses Alters Wissenden in ihrer Motivation erkennbar sind. Allerdings kann man hier nicht einseitig den Eltern den »Schwarzen Peter« zuschieben. Denn das Kind hat in dieser Phase bereits eine kleine Palette anderer sozialer Kontakte. Da sind die Großeltern, Onkel und Tanten, Nachbarn, Mütter von anderen Kindern, die es aus dem Kindergarten kennt, und auch die Erzieherinnen im Kindergarten. Ein Großteil der Mütter ist mittlerweile durchaus bereit, mit frühkindlicher Sexualität und mit der Sexualaufklärung anders umzugehen als die eigenen Eltern, aber die Gesellschaft als Ganzes hat wohl immer noch nicht begriffen, daß es hier nicht um »Kinderschweinereien« geht, die man gleich an der Wurzel bekämpfen muß, sondern um sehr ernstzunehmende Entwicklungsschritte der Kinder, die, behindert oder in falsche Bahnen geleitet, für das künftige Leben katastrophale Auswirkungen haben können. Die Einstellung, Kinder würden die Sexualität »noch früh genug« lernen können, hat sich über ganze Menschheitsepochen als falsch erwiesen. Liebe lernt man nicht erst mit zwanzig. Auch nicht mit sechzehn oder – wie bei manchen Frühreifen – mit dreizehn Jahren. Liebe lernt man im Alter von vier Jahren. Und schon so manche von Erwachsenen unterbrochene und verbotene »Kindergartenliebe« führte im Erwachsenenalter zu Frigidität oder Impotenz. Liebe ist ein Lernprozeß, der im Kindergartenalter beginnt und der erst endet, wenn die eigenen Kinder in dieses Alter kommen. Liebe ist ein Lernprozeß, der einen ganzen Zyklus beinhaltet, nicht nur irgendeine bestimmte Phase. Einen Meisterbrief in Sachen Liebe wird es sicher nie geben. Doch wer ständig bereit ist, »Liebe« zu lernen, trägt dazu bei, daß spätere Generationen glücklicher leben können; er schafft einen aufgeschlossenen »Familiengeist«, der positivere Resultate erzielt als der »Geist« unserer Vorfahren.

Die Kindergartenjahre haben aber noch in anderer Hinsicht einen wichtigen Einfluß auf unsere Kinder. Denn gesellschaftliche und ökonomische Rahmenbedingungen wie die der Kleinfamilie und die Berufstätigkeit beider Elternteile führen immer mehr zu einem frühen Kindergarteneintritt. Ein Eintrittsalter von knapp drei Jahren ist schon keine Seltenheit mehr, eher die Regel. Für die innere Entwicklung der Kinder hat das freilich gravierende, nachteilige Folgen. Denn in der Triangulationsphase, in der die Kinder sich eigentlich aus der Identifikation mit der Mutter endgültig lösen, in der sie dabei aber auf Schwierigkeiten stoßen, weil der Vater so selten anwesend ist, machen sie nunmehr die Erfahrung, daß anstelle von weniger noch mehr Weiblichkeit in ihr Leben tritt. Gebraucht wird eigentlich der Vater, aber der ist bei der Arbeit. Statt dessen kommt über den Kindergarten noch mehr »bevormundende« Weiblichkeit ins Leben dieser Kinder, wodurch deren Schwierigkeiten, ein tragfähiges Vaterbild aufzubauen, sich noch vergrößern.

Jungen müssen sich mit dem Vater identifizieren können, um sich von der Mutter zu lösen; Mädchen hingegen benötigen ein positives Vaterbild, weil es für die Beschaffenheit ihrer späteren Beziehungen zu Männern von entscheidender Bedeutung ist. So geraten im Kindergarten gerade die Dreijährigen in eine doppelte Bedrängnis: Sie kommen mit einem noch schwachen und störbaren Ich in den Kindergarten, und eigentlich müßte die zu diesem Zeitpunkt häufig noch unterentwickelte Vaterbeziehung gerade jetzt als stabilisierender Faktor hinzutreten. Die Erzieherinnen im Kindergarten können hier jedoch auch nicht ansatzweise einspringen, denn diese häufig noch sehr jungen Frauen sind nicht nur in diesem Punkt überfordert. Gerade im Kindergarten findet man jenen Typ Kindfrauen, der mit sich selbst noch nicht fertig ist.

Bereits vor der phallischen Phase, in der sich die Kinder an der eigenen Geschlechtlichkeit erfreuen, haben sie herausgefunden, daß es außerhalb der Mutterbindung noch etwas anderes gibt: ihr eigenes Ich. Kinder wissen in diesem Alter allerdings meist nicht, was sie wollen, sondern eher, was sie nicht wollen (und zeigen damit eine Haltung, die auch bei vielen Erwachsenen noch zu finden ist). In dieser Zeit wird alles abgelehnt, gehören Begriffe wie »Nein« und »Ich« zu den häufigsten und wichtigsten Wörtern.

In dieser Phase ihrer Entwicklung (etwa im 2./3. Lebensjahr) begreifen Kinder auch, daß es Unterschiede gibt, nämlich vor allem zwischen Frauen und Männern. Mit der Erkenntnis der eigenen Geschlechtlichkeit trennen sich die Wege der gemeinsamen Entwicklung von Jungen und Mädchen. Jeder muß sich hinfort mit der eigenen Erlebniswelt auseinandersetzen. Auch die Eltern werden nun nicht mehr als »Menschen« erlebt, sondern als Mann und Frau. Indem kleine Mädchen sich selbst als Miniaturausgaben der eigenen

Mutter entdecken, nehmen sie den Vater zum ersten Mal als Mann wahr, der damit aus seiner Anonymität heraustritt und etwas ganz Besonderes wird, nämlich ein männliches Wesen. Die Jungen entdecken ihrerseits, daß sie anders sind als ihre Mütter, und das trifft sie tief, hatten sie sich doch bisher als eins mit der Mutter gesehen.

Schon mehrfach wurde in diesem Kapitel auf Abweichungen vom skizzierten normalen Entwicklungsverlauf hingewiesen und auf die gravierenden Konsequenzen im späteren Leben der betroffenen Kinder. Eine weitere wichtige Störungsquelle im Triangulierungsprozeß (und damit auch für eine gesunde Geschlechtsrollenentwicklung) ist jenes elterliche Verhalten, das Thea Bauriedl unter dem Stichwort »Ersatzpartnerschaft« untersucht und beschrieben hat[8]. Eine Ersatzpartnerschaft folgt immer einem Grundmuster von Idealisierung zwischen zwei Partnern unter entwertendem Ausschluß eines Dritten. Das verdeutlicht auch folgender Fall aus meiner Praxis: Die Mutter eines meiner Klienten bekam ein weiteres Kind, als dieser vier Jahre alt war. Sie hatte ihm zuvor das Gefühl gegeben, etwas Besonderes zu sein, und ihn zu ihrem »Ersatzpartner« gemacht, indem sie ihn als Lieblingssohn behandelte. Der Vater hatte seinerseits den zwei Jahre älteren Bruder zum Ersatzpartner gewählt. Mein Klient mußte nun aber bald erleben, daß die Vorgabe der Mutter nur vorgetäuscht war. Es war ihr gar nicht um die Person dieses Lieblingssohnes gegangen, sondern sie brauchte lediglich »Verstärkung« für sich, ein Gegengewicht ihrem Mann gegenüber. Schon während der erneuten Schwangerschaft begann sie, ihren Lieblingssohn zu »kastrieren«, indem sie sagte: »Ich habe das Kind in meinem Bauch viel lieber als dich.« Dieses abwertende Spiel ließ den Sohn vom »Thron« stürzen, und so entstand die Wurzel späterer Depressionen, zumal die Mutter ihre Strategie nicht aufgab. Lange Jahre spielte sie Lieblingssohn und Lieblingstochter (das neue Kind war ein Mädchen) gegeneinander aus.

Aber auch ohne dieses verletzende Verhalten bedeutet die Geburt eines weiteren Kindes immer eine Triangulierung, die

Anlaß zu narzißtischen Beziehungsstörungen geben kann. Jungen können zu Frauenhassern, Mädchen zu Männerhassern werden, wenn sie erleben müssen, daß ein neugeborenes Kind vorgezogen wird. Nach Thea Bauriedl gehört zu einer Ersatzpartnerschaft sowohl die Entwertung des einen Beteiligten als auch die Idealisierung des anderen. »Ersatzpartnerschaft« wurde als Begriff auch deshalb gewählt, weil bei solchen Beziehungen Befriedigung immer nur Ersatzbefriedigung sein kann. Direkte Befriedigung, ursprünglich zwischen Mutter und Kind, ist nämlich nicht möglich und wird dann auch im Erwachsenenalter zwischen derartig geprägten Männern und Frauen kaum möglich sein, weil jedes Sichnäher-Kommen eine inzestuöse Färbung erhält.

Die ursprüngliche Situation zwischen meinem Klienten und seiner Mutter (»Du bist mein Lieblingssohn«) verführte diesen zu jener Grandiosität, in der sich Menschen größer machen als sie wirklich sind. (So suggerieren sich etwa solche Jungen später als Männer: »Ich bin der tollste Liebhaber, ich schaffe fünf Nummern in einer Nacht.«) Die geänderte Vorgabe der Mutter (»Ich habe deine Schwester viel lieber«) läßt hingegen dieses Gefühl der Grandiosität schnell verschwinden, und der Betreffende stürzt in eine tiefe Depression. Der ständige Wechsel zwischen Euphorie − die Welt ist mehr als in Ordnung − und dem tiefen Absturz in den »Keller« kann möglicherweise manisch-depressives Befinden hervorrufen. Ständig kommen, wenn Ersatzpartner gegeneinander ausgespielt werden, auch jene Bewertungen ins Spiel, die, wie wir noch sehen werden, das Unglück dieser Welt bedeuten: »Du bist mein Lieblingssohn«, also besser als alle anderen; oder »Ich mag deine Schwester lieber als dich«, was so viel bedeutet wie: »Ich mag dich nicht, du taugst nichts.« Ständig ist das auf diese Weise überhöhte Selbstwertgefühl vom Zusammenbruch bedroht, dann nämlich, wenn sich beide Eltern oder ein Elternteil mit einem Bruder oder einer Schwester gegen den Dritten zusammentun. Gerade das Dreiecksverhalten von Elternteilen kann, bei gleichzeitiger Entwertung des Kindes, verheerende Folgen haben.

Nach Bauriedl stellt die sexuelle Annäherung zwischen den Eltern eine narzißtische Kränkung für das Kind dar. Frustrierend sei sie vor allem deshalb, weil das Kind seine Rolle als Ersatzpartner und die Funktion der Ersatzpartnerschaft zu begreifen beginne:»Wenn das Kind gelegentlich oder häufig auf dem Thron neben Vater oder Mutter sitzt, dann stürzt es natürlich aus der Grandiosität in die Depression, wenn Vater oder Mutter sich einander annähern und der Rivale oder die Rivalin sich als stärker und besser erweist[5].«

Viele Kinder sind oder waren diesem Wechselbad ständig ausgeliefert, und die Erfahrung zeigt, daß sie als Erwachsene dann auch einem solchen Rivalitätsmuster unterliegen. Dabei ist eine reale Rivalität dann gar nicht erforderlich; es genügt, daß sie ständig befürchtet und das Leben des Partners eifersüchtig überwacht wird. Da ein solcher Druck nicht ständig ausgehalten werden kann, strengen sich Kinder im Sinne von Grandiosität an, der oder die Beste zu sein. Sie fallen in tiefe Depression, wenn ein vermeintlicher oder realer Rivale auftaucht. Es kommt dann im Zeichen von Ersatzpartnerschaften auch das Leistungsmotiv »Ich will lieb sein« hinzu; dem Grandiositätsmuster wird ein Unterwerfungsmuster angehängt. Aus Angst, wieder in den »Keller« zu fallen, kann sich beim Kind auch eine Trotz- und Kränkungsreaktion einstellen, die in Selbstisolation und Selbstüberforderung führt:»Ich habe die Nase voll von euch, ich gehe meinen Weg allein, ich schaffe das alles auch ganz allein.« Dieses Muster kann zum Lebensmuster werden und dem Betreffenden viele Schwierigkeiten bringen.

Nach außen gerichtet, entsteht dann das Verhaltensmuster:»Ich will lieb sein durch Leistung.« Der oder die Betreffende strengt sich an, besser zu sein als alle anderen. Bei meinem Klienten äußerte sich dieses Streben in Abwertungen wie »Mädchen sind doof«, »Mein Vater ist ein Schlappschwanz« (Übernahme der mütterlichen Meinung über den Vater) oder »Mein Bruder ist auch ein Schlappschwanz« (Identifizierung des Vaters mit dessen Lieblingssohn). Die von der Mutter geförderte Selbstüberschätzung vermittelte das Gefühl der Grandiosität, die Labilität des Mutter-Sohn-Verhältnisses wirkte wie ständiger Leistungsdruck (»Ich bin besser als die anderen«). Diese Grundhaltung läßt sich natürlich nicht ein Leben lang durchhalten. Im Extremfall kann es zum körperlichen Zusammenbruch, z. B. zum Herzinfarkt kommen.

Das innere Grundmuster dieser Selbstüberforderungshaltung ist jedoch der Verzicht auf die Wahrnehmung und Befriedigung eigener Gefühle und Wünsche zugunsten der Wahrnehmung und Befriedigung der Gefühle und Wünsche des jeweiligen Partners: als Kind der Bedürfnisse der Eltern, als Erwachsener der Bedürfnisse des Partners. Es entwickelt sich der sogenannte »soziale Mensch«, der nur für die anderen da ist.

Wenn sich Erwachsene »ungeborgen« fühlen, hat das fast immer mit Ungeborgenheit im Kindesalter zu tun. Ersatzpartnerschaften haben schon dem Kind Zerrissenheit und Überforderung gebracht. Es fühlte sich zwischen Vater und Mutter hin- und hergerissen. Wollen solche Kinder dann als Erwachsene zu sich selbst finden, zu Sicherheit und Geborgenheit zurückkehren, dann müssen sie zuallererst die Fehlprägung in Richtung Grandiosität und Leistungswettbewerb abbauen. Oder besser noch: sie entziehen sich diesem prägenden Muster bereits als Kinder. Bauriedl sagt es sehr treffend, wenn sie meint: »Das Kind muß den ›Thron‹ bei einem Elternteil und den ›Mord‹ am anderen aufgeben, wenn es Eltern, und das heißt Geborgenheit, haben will.« Wir müssen also − als Kinder wie als Erwachsene − damit aufhören, die Eltern innerlich gegeneinander auszuspielen[5].

Besonders gefährlich sind solche Dreiecksverhältnisse und Ersatzpartnerschaften für die Geschlechtsrollenentwicklung. Geht ein Mädchen mit dem Vater eine Ersatzpartnerschaft ein, dann wertet es innerlich die Mutter ab, gleichzeitig aber auch das Weibliche in sich selbst; durch die Identifikation mit dem Vater wird es mehr männliche Züge entwickeln. Wenn sich hingegen ein Sohn mehr mit der Mutter identifiziert, wird er sich in seiner Grandiosität größer als der Vater fühlen und somit das Männliche in sich ablehnen. Denn Männlichkeit bedeutet in seinen Augen Schwäche. Diese Haltung entspricht einem narzißtischen Muster, und so gesehen bedeutet die Verweigerung der eigenen psychischen Geschlechtsrollenentwicklung auch eine narzißtische Persönlichkeitsstörung. Nach Rohde-Dachser[9] scheint, der männlichen Rolle entsprechend, die Phantasie vorzuherrschen, daß durch große Anstrengungen und durch Verzicht auf eigenes Leben, auf eigene Sexualität und auf den Wunsch, die Familiengrenzen zu überschreiten, der Thron neben der Mutter als deren Ersatzmann gehalten werden kann.

Aber auch Frauen folgen zum Beispiel über den Emanzipationsgedanken diesem Muster. Sie folgen dem männlichen Schema des einsamen Siegers und bieten sich so der Mutter als Retter(in) gegen den Mann und als bessere(r) Geliebte(r) an. Hier liegen mögliche Wurzeln für gleichgeschlechtliche Liebe unter Frauen. Daß es sich bei dieser Form der Emanzipation um eine gestörte Entwicklung handelt, leuchtet wohl ein. Denn die positive Form von Emanzipation bedeutet, aus der Rolle des Anklägers und Opfers auszusteigen, solange das Gefühl vorherrscht:»Ihr habt mich um meine Kindheit betrogen, ihr habt mir etwas vorenthalten, ihr habt mich zerstört.« Die daraus resultierende Rachehaltung (»Jetzt werde ich andere zerstören«) kann eine echte Geschlechtsrollenidentifikation verhindern. Doch ist es gar nicht so leicht, sich immer wieder zu sagen:»Ich will aufhören, mich und andere zu zerstören.« Um ein solch gesundes Denk- und Gefühlsmuster zu erreichen, müßte man zuerst auf Grandiosität verzichten. Man müßte nicht mehr siegen oder sich im Leiden zerfleischen wollen. Es geht um den Verzicht auf den *Schein* zugunsten des *Seins*.

Fragen zur Selbstreflexion:

Wenn Sie sich an Ihre Kindheit, besonders an die Dreiecksbeziehungen in Ihrer Familie, erinnern wollen, wird Ihnen

kaum etwas einfallen. Das liegt an übermächtigen Verdrän-
gungs- und Verleugnungsmechanismen. Selbst wenn Ihnen
Erinnerungsfetzen ins Bewußtsein kommen sollten, wird es
schwierig sein, die Zusammenhänge zu durchschauen. Ob
(und wenn ja: welche) Dreiecksbeziehungen und Ersatzpart-
nerschaften bestanden haben, können Sie jedoch an Ihrem
gegenwärtigen Verhalten erkennen: Wenn Sie das Gefühl
haben, ständig ausgeschlossen zu sein, immer draußen vor
der Tür zu stehen, dann ist anzunehmen, daß in Ihrer Kind-
heit Ersatzpartnerschaften eine Rolle gespielt haben. Kinder
mit negativen Triangulierungserlebnissen ziehen sich schon
sehr früh gekränkt zurück; und das Gefühl der Kränkung
bleibt auch bei den Erwachsenen. Überlegen Sie, ob es nicht
eine Möglichkeit gibt, diesen Dauerzustand der Kränkung
aufzugeben, sich zu öffnen, anstatt sich gekränkt abzuwen-
den. Nur wenn Sie den Mut haben, sich zu öffnen, können
Sie auf andere Menschen zugehen. Das mag am Anfang
nicht leicht sein, aber wenn Sie die Ursachen dieses Verhal-
tensmusters im Auge behalten, läßt sich vielleicht etwas än-
dern. Aber es ist auch der umgekehrte Fall denkbar: Sie nei-
gen selbst dazu, andere gegeneinander auszuspielen. Wenn
Sie beispielsweise verheiratet sind und Ihre Kinder unterein-
ander oder gegen Ihren Partner ausspielen, sollten Sie sich
fragen, wozu Sie das brauchen. Welches Bedürfnis möchten
Sie befriedigen?

Auch das »Spiel« der Ersatzpartnerschaften rückt bei vie-
len Erwachsenen in den Vordergrund. Es muß nicht unbe-
dingt eine sexuell aktiv gelebte Ersatzpartnerschaft sein.
Wenn Sie im Kreise Ihrer Freundinnen oder Freunde mehr
Zeit verbringen als daheim beim Partner und bei den Kin-
dern, dann befinden Sie sich auf der Flucht. Dann spielen
Sie zumindest unbewußt innerlich die Freundinnen oder
Freunde gegen den Partner aus.

Wenn Männer sich in ihrer Freizeit hinter Arbeit verschan-
zen oder wenn sie ständig in Kneipen, Kegelvereinen, beim
Angeln oder anderen Aktivitäten unterwegs sind, dann sind
sie gleichfalls auf der Flucht. In solchen Fällen kann man

sich entscheiden, dieses Verhalten beizubehalten; man kann sich aber auch die Frage stellen, ob einen überhaupt noch etwas mit dem Partner verbindet.

Wenn Sie den Ursachen solchen Verhaltens auf die Spur kommen und etwas verändern möchten, können Sie zum Beispiel meditieren, autogenes Training oder Alpha-Training betreiben[10]. In diesen Trancezuständen horchen Sie in sich hinein und stellen Verbindungen zu frühkindlichen Triangulierungen und Ersatzpartnerschaften her. Denken Sie daran, daß es bei solchen Problemfeldern um Kerninhalte Ihrer eigenen Persönlichkeitsentwicklung geht. Bei ernsthaften Verhaltensstörungen sollten Sie fachkundige Hilfe in Anspruch nehmen.

Zeitbombe
Geschlechtserziehung

2. KAPITEL

Die positive Entwicklung der eigenen Geschlechtsrolle als Schlüssel zu erfüllter Sexualität

Es könnte alles so schön sein: Die Sexualität als Mittel zum Lustgewinn; als gemeinsamer, freudvoller Austausch zwischen Mann und Frau; als Möglichkeit, Liebe, Wärme und Zuneigung zu geben; aber auch als Möglichkeit, Aggression, Erregung und Wollust auszuleben. Visionen wie diese ziehen sich fast durch die gesamte Kulturgeschichte.

Ebenso finden wir aber auch in allen Jahrhunderten die Angst vor den Gefahren der Sexualität: Ist sie nicht etwas Dämonisches, etwas nicht mehr Kontrollierbares, das man von vornherein unterbinden muß? Ist nicht die Frau für den Mann beängstigend, ein unersättliches Monster, das ihm seine Kräfte raubt? Ist nicht der Mann für die Frau ein unberechenbarer Despot, der sich sein Recht nimmt? Ist nicht an der Sexualität etwas Tierisches, etwas Triebhaftes, vielleicht sogar etwas Böses, das dem Menschen nicht angemessen erscheint?

Seit es Überlieferungen über das Denken gibt, schwankt die Einstellung zur Sexualität zwischen diesen beiden Extremen. Egal, ob die kirchlich oder staatlich verordnete Moral Sexualität als etwas in sich Schlechtes verdammte oder ob man der sexuellen Freizügigkeit als höchstem Ideal huldigte, immer waren die Menschen dabei auf der Suche nach dem eigentlichen Kern des Sexualtriebes. Haben wir ihn gefunden? Sicherlich nicht. Aber das Wissen um die psychologische Geschlechtsrollenentwicklung kann uns helfen, diesem Kern näher zu kommen.

Sieht man sich die heute immer noch weit verbreiteten Ansichten über männliche und weibliche Geschlechtsrollen an, dann ergibt sich ein erschreckendes Bild. Demnach sind Frauen passiv, empfindlich bis zur Zerbrechlichkeit und weiblich emotional. Männer hingegen machen nach diesen Rollenklischees immer alles richtig, sie sind erfolgreich, rational, dominant, mächtig, stark, eben männlich. Frauen gehören ins Haus, während der Mann draußen im Erwerbsleben um seine Existenz und die der Familie kämpft. Diese starre Fixierung sozialer Gechlechtsrollen rührt aus der Zeit der Industrialisierung her. Demnach gäbe es im Leben allgemein und speziell in der Sexualität nur Über- und Unterlegene, wobei die Männer fast immer die Überlegenen sind.

Derartige Einstellungen und Geisteshaltungen schaffen Trennlinien, die bereits in der Kindheit gezogen werden. Dabei sind Mann und Frau, wohin wir auch blicken, nicht nur verschieden, sondern ergänzen einander so gut, daß sie zusammen eine starke Einheit bilden könnten. Rollenstereotype dagegen grenzen ein, führen in die Enge, ohne Möglichkeiten der Entfaltung offenzuhalten. Deshalb ist es ungeheuer wichtig, daß wir unser Leben nicht von sozialen Rollenstereotypen einengen lassen, sondern daß wir uns − im Sinne der Geschlechtsrollenidentität − ganz als Mann oder ganz als Frau fühlen, daß wir mit unserer Geschlechtsrolle innerlich im reinen sind.

Mit dem Bewußtsein, ganz Mann oder Frau zu sein, ist also der Zustand sexueller und psychischer Identität gemeint. Dieser kaum veränderliche Kern geschlechtsspezifischer (männlicher oder weiblicher) Identität muß als Begriff von dem hierzu in Beziehung stehenden, aber andersgearteten Begriff der sozialen Geschlechtsrolle getrennt werden: Denn dort geht es um Idealvorstellungen und Verhaltensnormen; eben darum, was Eltern und die Gesellschaft insgesamt als angemessen maskulines oder feminines Denken und Handeln ansehen. Diese sozialen Vorstellungen von maskulinen und femininen Werten werden uns durch Eltern, Kindergarten, Schule und andere Instanzen vermittelt, die von uns erwarten, Männlichkeit oder Weiblichkeit zu leben.

Dabei wird freilich meistens übersehen, daß auch Jungen weibliche Phantasien haben können (etwa:»Ich möchte gern ein Baby haben«, oder:»Ich möchte gerne Brüste haben«). Ein Junge mit solchen Wünschen und Einstellungen wird es schwer haben, sich von seiner Mutter zu lösen. Das Wissen um die biologische Identität als Mann entwickelt sich immer eher als das Geschlechtsrollen-Bewußtsein:»Ich bin maskulin, ich bin männlich« oder, in der verfehlten Geschlechtsrolle:»Ich bin feminin, ich bin wie eine Frau.« Solche Einstellungen überdecken die eigentlich geschlechtsspezifische Identität, und dennoch sind sie häufig unterschwellig vorhanden. Das gilt in besonderem Maße für Transvestiten: Ein Mann mit dem Gefühl, feminin zu sein, der sich überdies auch noch wie eine Frau kleidet, bleibt sich dennoch der Tatsache bewußt, biologisch ein Mann zu sein. Für seine Verwirrung sind dabei zwei Aspekte geschlechtsspezifischer Identität ausschlaggebend, der später gelebte (»Ich bin feminin«) und der früher zur Kernidee zählende (»Ich bin − dennoch − ein Mann«).

Das Bewußtsein der sexuellen Identität leitet sich also grundsätzlich aus drei Quellen her: 1. der Anatomie und Physiologie der Genitalien (biologische Geschlechtsrolle); 2. der Einstellung der Eltern, Geschwister und auch weiterer Bezugspersonen in bezug auf die Geschlechtsrolle des Kindes (soziale Geschlechtsrolle); und 3. einer biologischen Kraft, die durch lenkende Umwelteinflüsse mehr oder weniger stark mitbestimmt wird (Sexualtrieb und Sexualentwicklung).

Wer annimmt, daß Eltern grundsätzlich die anatomische Geschlechtsrolle bejahen, sieht sich getäuscht. Ich kenne eine junge Frau, die in der Kindheit von ihren Eltern nur mit dem Männernamen Fritz gerufen wurde.

Wenn Arzt und Standesbeamter nach der Geburt das biologische Geschlecht des Kindes festgestellt haben, beginnt bereits die soziale Geschlechtsrollenentwicklung, denn fortan betrachten die Eltern und die Gesellschaft dieses Kind als einen Jungen oder als ein Mädchen. Das Wissen des Kleinkindes um sein männliches oder weibliches Geschlecht und das Bewußtsein, zu einem Mann oder einer Frau zu werden, sind nicht angeboren, sondern die Eltern bringen es ihrem Kind bei; und sie könnten ihm ebensogut etwas anderes beibringen! In dem Augenblick, da die Eltern wissen, daß sie einen Jungen oder ein Mädchen haben, beginnt bei ihnen ein Prozeß, in dem sie Eigenschaften, die sie als männlich oder weiblich betrachten, fördern oder bremsen. Daß solche Ansichten und Leitbilder notwendigerweise subjektiv sind, leuchtet ein. Wer kennt nicht jene Väter und Mütter, die stolz darauf sind, wenn sich ein Mädchen zum richtigen »Jungen« entwickelt und auf Bäume klettert; oder die sich freuen, wenn auch der Junge mit Puppen zu spielen beginnt und männliche Spiele außer acht läßt.

Die Geschlechtsrollenerziehung der Eltern kann jedoch für Kinder auch dann gefährlich sein, wenn sie als Jungen und Mädchen in ihrer Gechlechtsrolle gefördert werden. Wenn zum Beispiel kleine Mädchen in ihrem (als »weiblich« angesehenen) Abhängigkeitsverhalten bestärkt werden, entwickeln sie − jetzt oder später − mit einiger Wahrscheinlichkeit keinen besonderen Drang, eigene Zuständigkeiten zu erhalten oder ihre Möglichkeiten zu realisieren. Jungen werden viel eher ermutigt, »ihre eigenen Kräfte« auszuprobieren. Wenig ermutigt, vertrauen Mädchen von Kind auf weder ihren Fähigkeiten noch ihrem Urteil, vor allem dann, wenn sie Mütter oder Großmütter hatten, die sie einengten und ihnen nicht erlaubten, mehr aus ihrem Leben zu machen als diese selbst. Auch Väter behindern nicht selten die intellektuelle Entwicklung und unabhängige Leistungsfähigkeit ihrer eigenen Töchter. Die in diesem Zusammenhang am meisten gebrauchte Formel kennen viele Frauen: »Du bist ein Mädchen, du wirst sowieso heiraten.« Ein Vater, der seine Tochter nur in traditionell weiblichen Verhaltensweisen fördert, kann damit bedauerlicherweise deren intellektuelle und schulische Entwicklung blockieren. Kann es da verwundern, wenn Mädchen die scheinbare Vormachtstellung ihrer Brüder zu beneiden beginnen? Sie möchten selbst in die männliche Rolle schlüpfen, um gleiche Chancen zu erhalten. Und so ist es nicht der Penis, der beneidet wird, sondern der Status der Jungen.

Mädchen haben kaum die Möglichkeit, derartige Schranken zu überwinden. Sie werden gebremst, blockiert, abgewertet und darauf vorbereitet, den Männern zu »dienen«. Das war schon immer so, und wer außer Mädchen und Frauen sollte das ändern wollen? Väter beschäftigen sich, mit seltenen Ausnahmen, lieber mit ihren Söhnen. Stellen Sie sich einmal einen Vater vor, der mit dem Mädchen und dessen Puppenküche spielt anstatt mit dem Jungen und der Eisenbahn.

Jungen werden beim Baden und Wickeln von der Mutter angenehm am Geschlecht berührt; Mädchen können, wenn ihnen dieses Lustgefühl versagt wird, sogar eine Abneigung der Mutter gegen das eigene Geschlecht übertragen bekommen. Viele Mütter verkennen aus falschem Schamgefühl die Lust ihrer Mädchen-Babies. Die Neugierde der Mädchen auf das »andere« Geschlecht wird oft unterdrückt. Stellen sie entsprechende Fragen, werden sie meist auf das Erwachsenenalter vertröstet: »Das erfährst du alles noch früh genug, wenn du einmal groß bist...« Der Mann soll sie einmal »erwecken«. Aus dem Dornröschenschlaf? Lust erwecken? Und wessen Lust soll er erwecken, seine Lust, ihre Lust, die gemeinsame Lust? Bei dieser Art von »Aufklärung« bleibt die Vagina ein Ort der Geheimnisse, aus dem es eines Tages plötzlich zu bluten beginnt, ohne daß das Mädchen darauf vorbereitet ist. Dann erfährt es höchstens: »Jetzt gehörst du auch dazu; das wird dich ein Leben lang begleiten.« Oder: »Jetzt bist du eine Frau.« Sieht so das Frausein aus?

Ein Mädchen zu sein bedeutet demnach, in Erwartung zu

leben: psychisch zu warten auf die Ankunft des Mannes als sexuellen Gegenpart. Physisch wie psychisch bedeutet das dann auch ein angespanntes Warten auf »Beweise« für die lange verborgen gebliebene Sexualität. Und dann wird ein solches Mädchen eines Tages ins Leben gestoßen. Jetzt soll sie auf einmal Frau sein, Mutter werden und hat doch nie Chancen gehabt, zu lernen, was dafür vonnöten ist.

Welchen Preis zahlen Frauen, die man ein Leben lang wie in einem Ghetto gehalten hat? Statt im entsprechenden Alter den Mann liebevoll empfangen zu können sind sie voller Ängste vor diesem unbekannten Wesen, das selbst dann unbekannt geblieben ist, wenn Brüder da waren. Denn diese waren ja eine Kindheit lang für die Erkundung tabu. Der Einstieg in die Liebe wird so oft zum Kampf. Er beginnt nicht selten mit Eifersucht, die an der Seite der erdrückenden Mutter-Rivalin erprobt wurde und die immer wieder neu durchlebt wird gegenüber jeder anderen Rivalin, die als Todfeindin erscheint. Wie können Mädchen eine gesunde Geschlechtsrollen-Identität entwickeln, wenn die Geschlechtsrollen-Erziehung so versagt?

Trotz aller Schwierigkeiten der Mädchen bei der Ausbildung eines gesunden sexuellen Identitätsgefühls darf man jedoch nicht verkennen, daß es Jungen zunächst weitaus schwerer haben können. Es wurde schon darauf hingewiesen, daß ein Säugling anfangs keinen Unterschied zwischen dem Körper der Mutter und seinem eigenen erkennt. Im Gegensatz zu seiner Schwester, die sich schon bald mit der Weiblichkeit der Mutter identifizieren kann, muß der Knabe erhebliche Anstrengungen unternehmen, um sich von seiner Mutter zu differenzieren, um sich seines eigenen männlichen Körpers bewußt zu werden und um in die Welt der Männer einzudringen. Er wird bald erkennen können, daß er in einem Körper lebt, aus dem keine Kinder hervorgehen. Er muß aus sich herausgehen, in die Außenwelt eindringen, etwas produzieren, einen eigenen Bereich finden, in dem er etwas leistet. Andererseits muß er sich der Tatsache bewußt werden, daß er ein von der Frau verschiedenes Wesen ist.

Die Ungewißheit seiner Männlichkeit wird noch dadurch gesteigert, daß es für den Knaben kein physiologisches Zeichen des männlichen Fortpflanzungsvermögens gibt. In allen menschlichen Gesellschaften, so primitiv sie auch sein mögen, weiß jeder, daß eine Frau nach dem Eintreten der Periode Kinder bekommen kann. Männer können das nicht. Jungen erleben genau wie Mädchen schwangere Frauen mit dicken Bäuchen. An Männern hingegen gibt es kein Zeichen der Veränderung. Aus der Erkenntnis dieses Unterschiedes entwickelt sich beim Knaben – analog zum Penisneid der Mädchen, der ja ein Neid auf männliche Rollenverteilung ist – ein ausgeprägter Neid auf die »Bevorzugung« der Frauen durch die Natur. Männer, die sich nie aus der Mutter-Identität lösen konnten, unterliegen noch als Erwachsene diesem Neid.

Dabei ist der Knabenneid meist nicht so offensichtlich wie der Neid des Mädchens auf die bevorzugte Männerrolle, weil er viel eher verdrängt wurde. Andernfalls würde sich eine Entwicklung zur Homosexualität anbahnen, wobei männliche Homosexualität in der Gesellschaft weit größeren Abscheu hervorruft als weibliche, die eher als eine relativ seltene Spielart der weiblichen Sexualität betrachtet wird. Als Jungen müssen die Männer also zunächst härter kämpfen, um sich vom anderen Geschlecht zu differenzieren; im Erwachsenenalter sollen sie diese Schranke aber wieder überwinden, um zur Frau zurückkehren zu können. Das macht vielen nicht unerhebliche Schwierigkeiten.

Etwa um das zehnte Lebensjahr herum bekommt die psychische Geschlechtsrollenentwicklung einen neuen Antrieb. Es setzt ein biologisch bedingter Entwicklungsschub ein: Der immer stärker werdende Sexualtrieb stellt das Ich nun vor schwierige Aufgaben; die Phase der Vorpubertät ist erreicht. Die sogenannten »Flegeljahre« erscheinen den Erwachsenen, die die eigene Pubertät längst vergessen haben, als »Verwahrlosungstendenz«.

Der junge Mann spielt noch einmal alle Phasen oraler, analer, aggressiver und phallischer Tendenzen durch, jetzt aber mit verstärkter Wirksamkeit. Das Über-Ich als moralische Instanz mit kontrollierender Wirkung antwortet mit »Strafreizen«, so daß Pubertierende zwischen Trieblust und Schuld, Selbstüberschätzung und Minderwertigkeitsgefühlen hin und her schwanken. So sind sie in ihrer Zerrissenheit oft sehr unglücklich. Längst haben sie den Sexualkunde-Unterricht hinter sich und spüren nachträglich, wie diese »Theorie« sie eher verunsichert hat. Das zeigt sich häufig in Angebereien und derben Witzen. Doch innerlich sind die Jungen zutiefst unsicher. In stillen Stunden spüren sie, sehen sie, fühlen sie ihren erigierten Penis, spüren auf der einen Seite ein noch unbekanntes Verlangen, wissen aus dem Sexualkunde-Unterricht sogar, worauf dieses Gefühl abzielt, aber in der Praxis fehlt ihnen noch der Mut, nach diesem Wissen zu leben. Sie beginnen, sich – wenn es gut geht – als Mann zu fühlen, ohne wirklich ein Mann zu sein.

Mädchen aber sind in diesem Alter, wenn sie nicht gerade frühreif sind, noch viel undifferenzierter. Weit davon entfernt, schon Frauen zu sein, flüchten sie während der frühen Pubertät wieder zurück in die Kindheit, wollen alles andere, nur keine Frau sein. Hat man sie nicht immer mit erhobenem Zeigefinger bedroht? Etwa so: »Warte nur ab, bis du mal deine Tage kriegst, dann wirst du schon sehen, was es heißt, eine Frau zu sein.« Oder: »Dir wird der ganze Spaß an dem ›Schweinekram‹ schon vergehen, wenn du erst mal schwanger bist und Mutter wirst.« Eine Kindheit voller Drohungen und halber Anspielungen liegt hinter dem Mädchen, wenn es zum ersten Mal seine Tage bekommt und nun zur Frau werden soll. Empfindet ein solches Mädchen Freude? Nein, bestimmt nicht; Angst und Unsicherheit begleiten diese Zeiten: einerseits Sehnsucht nach der ersten Liebe und andererseits Angst vor dem Mann. Viele entscheiden sich dann insgeheim dafür, lieber Mädchen, lieber Kind zu bleiben. Denn niemand ist bereit, ihnen beim »Sprung« in die Weiblichkeit zur Seite zu stehen. Wenn wir durch die Straßen unserer Städte gehen, wenn wir uns in den großen Kaufhäusern umschauen, dann ist unschwer zu erkennen, wie groß die Zahl der Kindfrauen ist, jener Frauen, die sich niemals trauten, die kindliche Entwicklungsstufe zu verlassen. Oft hassen sich diese Frauen selbst, doch sind sie nur zum Teil für ihre Lage verantwortlich. Allzu gegenwärtig war nämlich ihre Mutter, während der Vater in ihrer Kindheit ständig abwesend war. Ihnen wurde niemals das Muster vorgelebt, nach dem sie sich hätten angstfrei zur Frau entwickeln können.

Wichtig ist in diesem Zusammenhang das starke Bedürfnis der Mädchen, den Vater zu idealisieren, selbst wenn er mehr durch Abwesenheit geglänzt hat. Und so schwanken Mädchen in der Pubertät zwischen der Sehnsucht, endlich dem Mann zu begegnen, und der Angst, eine Frau werden zu müssen, die ihr Leben lang mit der Periode und gelegentlichen Schwangerschaften leben muß, ohne zu wissen, wie sie das bewältigen kann. Und wenn dann überdies der reale Vater aus der Sicht der Tochter nicht bestehen kann, weil er als Vater versagt hat, verstärken sich in der Pubertät die Depressionen, manchmal bis hin zu Selbstmordgedanken. Denn solchen Mädchen blieb etwas Wichtiges vorenthalten: eine idealisierte männliche Entsprechung zum Idealbild ihrer eigenen Weiblichkeit. Kann ein Mädchen in der Kindheit kein männliches Ideal verherrlichen, dann wird sie als Frau leicht zur Sklavin dieses fehlenden Bildes. Sie ist dann auch mit ihrer eigenen Geschlechtsrolle nicht im reinen; sie leidet tief im Innern an einer unerkannten »Krankheit«, sie wird anfällig für viele psychosomatische Störungen.

Mit dem Tag, da Veränderungen am Körper des Mädchens sichtbar werden, da der erste Junge ihr auf der Straße nachpfeift, wird sie unruhig. Inzwischen verläuft bei ihr wie bei anderen Altersgenossinnen die Geschlechtsrollenidentifikation bereits in positiven Bahnen; das Vaterbild geht im Strudel der kommenden Gefühle unter und taucht aus der Versenkung erst wieder auf, wenn sie begreift, daß sie ihn längst haßt. In dieser Phase muß ein Mädchen seinen Vater hassen, um dem Inzest zu entgehen. Doch nun ist das lange Warten auf den Mann bald zu Ende, der Kampf anscheinend bald ausgekämpft. Es kommt die erste Freundschaft. Irgendwann liegt der erste Junge in ihren Armen, findet sie bald zickig und verläßt sie. Es folgt der erste Liebeskummer. Auch mit den nächsten Partnern klappt es nicht, und irgendwann begreift sie, daß die Probleme immer die gleichen sind. Und solche Partnerschaftsprobleme rühren daher, daß der Vater seine Tochter niemals angenommen hat. Tief innen spürt sie, daß sie es nicht wirklich geschafft hat, eine Frau zu werden.

War sie zu etwas nicht fähig? Hat sie wirklich etwas nicht gekonnt? Meistens hat sie keine Schuld, denn die Fehlentwicklungen begannen schon sehr früh in ihrer Kindheit. Aber ist nun vielleicht ihr Vater schuld? Oder ihre Mutter? Die junge Frau wird ganz fest daran glauben. Was sollte sie auch anderes denken? Aber sie kann sicher sein, daß Kindheit und Jugend ihrer Eltern nicht wesentlich anders verlaufen sind. Die Eltern haben nur weitergegeben, was sie selbst empfangen haben. Und so ist die junge Frau letztlich das Opfer eines Familiengeistes, von Verhaltensweisen, die sich seit Generationen durch diese Familie ziehen. Ist ein solches Grundmuster aber erst einmal erkannt, dann kann diese junge Frau für sich, in welcher Weise auch immer, an dessen Überwindung arbeiten und durch gelungene Verarbeitung der Konflikte selbst nachreifen. Damit unterbricht sie die unglückselige Kette des Familiengeistes und kann später für ihre eigenen Kinder die Weichen anders stellen. In und nach der Pubertätszeit wird sich ein Mädchen mit gestörter Vaterbeziehung wahrscheinlich folgendermaßen verhalten: In steigender Vorfreude, bald begehrt zu werden, wird sie glauben, die Vernachlässigung durch den eigenen Vater künftig aufholen zu können. In vielen Männeraugen wird sie nach der Antwort auf die Frage suchen: »Bin ich nun eine Frau?« Und je mehr ihre weiblichen Formen sich entwickeln, desto mehr scheint sie durch die scheuen, verlangenden, aggressiven und machtvollen Blicke die Antwort zu erhalten: »Ja, du bist eine Frau.« Sie weiß jedoch noch nicht, daß mit dieser Antwort nur ihr Körper gemeint ist. Mit ihrem Verhalten und mit sehnsüchtigen Blicken hat sie zunächst nur den Punkt des Verlangens bei den Männern berührt. All die Fragen ihrer Kindheit und Jugend hingegen, die an den Vater gerichtet waren und denen dieser sich entzogen hatte, bleiben auch jetzt unbeantwortet. Wie soll sie sich da wirklich als Frau fühlen? Und wenn sie sich aus der großen Menge der Rivalinnen heraushebt, wenn sie wirklich eines Tages einen festen Freund hat und die Beziehung möglicherweise in einer Ehe endet, dann wird sie wieder Kind spielen. Sie wird all das tun, was sie bei ihrem Vater getan hat, um dessen Aufmerksamkeit zu erringen. Sie wird artig sein, flink und freundlich, und alles tun, damit der Mann zufrieden ist.

Die Pubertät ist für alle Mädchen die Zeit, in der sie sich von der Mutter endgültig abnabeln (oder zumindest abnabeln sollten). Niemand ist gegenüber der Mutter intoleranter als die pubertierende Tochter. Hier bricht sichtbar die Opposition gegen die Mutter aus. Denn das Mädchen will jetzt Frau werden, aber niemals so wie die Mutter. Sie hat die Mutter als Rivalin erlebt. Jetzt will sie zeigen, daß es anders geht.

Sie hatte – anders als die Jungen – in der Triangulierungszeit nicht die Chance, sich mit dem Vater zu identifizieren, sie durfte nur gelegentlich – wenn alles gut ging – zu ihm gehen, um an ihm Weiblichkeit zu üben. Sie war – nicht immer zu ihrem Wohl – mit der Mutter identifiziert. Die offensichtliche Gleichgeschlechtlichkeit zwischen Mutter und Tochter ist jedoch im Grunde ein Trugschluß. Denn die Mutter wird irgendwie als »die andere Frau« abgelehnt, während die körperliche Gleichheit immer deutlicher wird. Die Mutter ist älter geworden, und nun ist es die Tochter, die im Brennpunkt des Interesses steht. Mit jugendlicher Arroganz zeigt diese der Älteren jetzt, daß sie gefragt ist. Mütter erleben ihre Töchter in dieser Zeit als »boshaft und gemein«. Die Rivalität kommt jetzt von der Tochter.

Wenn Väter in dieser Zeit erkennen, wie hübsch ihre Töchter geworden sind, ändern sie oft ihr Verhalten, wenn auch etwas spät. Sie lassen sich gern mit ihren Töchtern in der Öffentlichkeit sehen, sind stolz auf sie und zeigen sich mit ihnen. Und die Töchter sonnen sich in der plötzlichen

44

Gunst: »Jetzt hab' ich ihn«, strahlen sie aus und lassen die Mütter wissen, daß diese im Rivalitätskampf die Unterlegenen sind. Wiederum ahnt die Tochter nicht, daß nicht sie als Mensch gefragt ist, sondern daß der Vater auf sie nur als »Weib« stolz ist, auf diese Schönheit, die er gezeugt hat und die ihm (noch) gehört. Wie schnell geht diese Zeit vorbei! Sie ist es spätestens in dem Augenblick, wenn der erste Freund als Rivale des Vaters auftaucht. Väter zeigen hier eine große Eifersucht; in Wirklichkeit sind sie neidisch auf diesen jungen Mann, der ihre Tochter besitzen darf, was sie selbst niemals durften. Väter sind neidisch auf die jugendliche Potenz des anderen und wissen zugleich, daß ihre Männlichkeit längst nachgelassen hat.

Und was erleben diese jungen Männer in der Pubertätszeit? Auch sie haben es nicht leicht, wurde doch auch ihre Geschlechtsrollenentwicklung von Rollenstereotypen eher behindert als gefördert; etwa von dem Grundsatz, daß ein Junge keine Gefühle zeigt. Doch nun »verknallt« er sich in ein Mädchen und kann mit diesen Gefühlen überhaupt nicht umgehen. In der Kindheit hat man ihm schließlich Gefühle »abgewöhnt«, um ihn zur »Männlichkeit« zu erziehen. Man hat ihn belächelt, wenn er mit Mädchen spielte; man hat ihm suggeriert: »Das ist doch nur ein Mädchen«; und man hat ihn ins pseudomännliche Ghetto verbannt. So ergeben sich nun qualvolle Widersprüche zwischen seiner Erziehung und den sozialen Erwartungen im Erwachsenenalter[11].

Sobald ein Junge zum Mann wird, erwartet man von ihm, eine Frau zu finden, die für alle Zukunft die »Mitte seines Lebens« sein soll. Auf diese (soziale) Geschlechtsrolle ist er aber nie vorbereitet worden. Er hat immer nur mit Jungen gespielt und er sollte »männliche« Spiele entwickeln. Wie »spielt« man nun mit einer Frau? Wie ist das mit der Liebe? Kann man Liebe »tun«? Er hat doch gerade gelernt, daß es auf Taten ankomme. Er soll handeln, Erfolg haben. Aber Liebe kann man nicht »tun«, man kann sie höchstens zulassen.

In seiner Pubertät wird auch der Junge in einen großen

Gefühlsstrudel gerissen. Seit seinem vierten Lebensjahr hat er sich zunehmend am Vater orientiert, sollte an ihm Männlichkeit lernen und sich auf den letzten Akt des »Ödipusdramas« vorbereiten: Er sollte Mann werden, sich vom Vater lösen, die eigene männliche Geschlechtsrollenidentität finden, um danach eine Frau zu erobern. Diese Orientierung am Vater ist der Normalfall. Doch was geschieht, wenn es keinen Vater gab, der den Jungen lenkte und führte? Oder wenn da ein Vater war, der dem Jungen niemals erlaubte, ein Mann zu werden, aus Angst, der Junge könnte erkennen, daß der Vater selbst niemals Mann war? Oder wenn der Vater nicht zuläßt, daß der Sohn mehr wird als der Vater (beispielsweise studiert)? In all diesen Fällen wird es dem Jungen — bewußt oder unbewußt — erschwert, wenn nicht gar unmöglich gemacht, in die Rolle als Mann hineinzuwachsen.

Die Pubertät ist für Jungen (genau wie für Mädchen) eine sehr wichtige und schwere Zeit, und es geht um viel mehr als nur darum, einen steifen Penis zu bekommen. Normalerweise sind die Eltern verbotene Liebesobjekte, und darum kommt es in der Pubertät darauf an, sich von ihnen zu lösen und den Zugang zu gleichaltrigen Partnern zu finden. Die erotischen Anteile der Beziehung zu den Eltern werden über das Schwärmen auf (oft elterliche) Ersatzpartner übertragen. Diese Ersatzfiguren sind in den Zimmern der Jugendlichen in Posterform leicht zu erkennen. Gleichzeitig steigt die Kritik an den Eltern. Der rein sexuelle Anteil findet zu dieser Zeit in der Selbstbefriedigung ein Ventil. In dieser wichtigen Phase können nochmals alte Kindheitskonflikte aufgearbeitet werden, besteht nochmals Gelegenheit, in die Geschlechtsrollenidentifikation hineinzuwachsen. Mißlingt dieser Prozeß jedoch, dann ist die Pubertät der Zeitpunkt, wo sich Neurosen und Psychosen endgültig verfestigen.

Aufwachsen ist nicht nur ein körperlicher Prozeß; Aufwachsen heißt auch seelisches Heranbilden. Eine Seelenreifung aber geschieht durch Gefühlsäußerungen und durch das Offensein und Offenbleiben für die Gefühle der anderen. Werden Kinder nur genährt und bekleidet und werden sie nicht geliebt, nicht mit Worten und Gesten der Zuneigung gefüttert, beginnen sie einen lebenslangen Tod zu sterben. Was dabei stirbt, ist ein Teil der eigenen Seele: die Gefühle, die Freude, die Spontaneität; manchmal stirbt sogar das Gefühl, ein Mensch zu sein.

Alle Kinder brauchen daher im gleichen Maße Zuwendung von der Mutter. Es ist ja die Mutter, die fast ausschließlich mit den Kindern umgeht. Die heranwachsende Tochter wird dadurch zur Frau, daß sie sich an der Mutter orientiert: Sie bleibt auch nach der Triangulierungsphase unter den Fittichen der Mutter. Auch der Sohn möchte eigentlich erst mal genauso wie seine Schwester bei der Mutter bleiben, und er »speist« sich aus den guten und schlechten Eigenschaften der Mutter. Dabei »speichert« er auch die Verzerrungen und Verunsicherungen der Frauenrolle, wenn die Mutter zwischen emanzipierter Frau und Hausfrau hin und her pendelt. Die erste Qual des männlichen Kindes besteht darin, daß es nicht wie seine Mutter oder Schwester werden darf, nicht das Leben, das es ihr abgeschaut hat, leben darf. Der Übergang zum Vater, zur beginnenden Männlichkeit, hat oft etwas Zwanghaftes an sich. Der Junge wird zunächst mehr geschoben, als daß er freiwillig ginge.

Wächst ein Junge unter den Fittichen einer anbindenden Mutter und unter einem selten präsenten Vater auf, dann wird die Ich-Bildung des Jungen gebremst und die Geschlechtsidentität vereitelt. Die von der Mutter vorgelebten Verhaltensmuster muß er irgendwann, spätestens in der Pubertät, verwerfen lernen. Gleichwohl schlägt sich das Tun und das Sein der Mutter im Wesen des Sohnes nieder. Hat die Mutter Depressionen, wird er diese Depressionen eines Tages auch ausleben müssen. Ist seine Mutter ängstlich, wird er kaum genügend Mut aufbringen, um bestimmte Situationen zu bewältigen. Ist sie untreu, wird er Treue kaum hoch einschätzen. Ist sie schwatzhaft, wird er kaum den Mund halten können. Noch ehe er auf der Seite des Vaters angekommen ist, noch ehe seine Ich-Entwicklung abgeschlossen ist, steckt der Junge voller Konflikte. Redet die Mutter außerdem noch schlecht oder verächtlich über den Vater, dann hat die Männlichkeit für den Sohn zusätzlich an Wert verloren, und er wird sich nicht groß bemühen, männlich zu werden. Er müßte ja sonst wie der Vater werden, der nichts taugt. Ähnliches geschieht im umgekehrten Fall mit der Tochter, wenn der Vater ein verächtliches Verhalten gegenüber Frauen an den Tag legt.

Wenn einem Jungen die Entfaltung seiner männlichen Rolle nicht gelingt, weil der Vater zu unnahbar, zu autoritär, zu oft abwesend und für den Jungen kaum wahrnehmbar war, ist er in seiner Geschlechtsrollenidentifikation blokkiert. Statt dessen »füttert« ihn die Mutter dann meistens mit pseudomännlichen Vorstellungen und hindert ihn gleichzeitig daran, ein wirklicher Mann zu werden. Wie jemand, der so aufgewachsen ist, die weibliche Rolle und das feminine Verhalten je wieder loswerden soll, ist schwer zu ersehen. Ehe er als »Halbmann« Ehefrau und Kinder mit seiner Pseudomännlichkeit drangsaliert und ihnen das Leben schwer macht, hat er sich längst selbst das Leben schwer gemacht. Er durfte einfach nicht innerlich wachsen; denn noch mehr Frau, noch femininer durfte er nicht werden, und den Mut zur Männlichkeit hatte er nicht. »Halbmänner« haben eine Seele aus Glas. Nach außen sind sie fleischgewordene Männlichkeit, aber der seelische Reifunsprozeß zum Mann hat nicht stattgefunden.

Frauen haben Töchter *und* Söhne. Die Saat einer mißlungenen Geschlechtsrollenentwicklung geht aber in erster Linie zwischen Mutter und Sohn auf, selbst wenn auch Töchter über die Mutter in ihrer Weiblichkeit stark behindert sein können. Eine unfreie Frau bindet Töchter nicht in gleichem Maß wie Söhne, und eine enge Beziehung der Mutter zu ihren Töchtern hat eine andere Wirkung als eine enge Beziehung zu den Söhnen.

Was Männer immer wieder behaupten, wenn sie Angst vor Frauen haben, spielt auch in der Kommunikation zwischen Mutter und Sohn eine große Rolle. Der Junge merkt es noch nicht, aber spätestens wenn er eine »eigene Frau« hat, bekommt er es bestätigt: Mütter und Ehefrauen rächen sich am Mann oder Sohn – meist unbewußt – für alles, was ihnen die Männer, denen sie begegnet sind, angetan haben. Ein Sohn ist auch ein werdender Mann, also wird er als potentielle Gefahr kleingehalten. Der Mangel an Liebe versteckt sich dabei oft hinter allzu großer »Affen«-Liebe. Keiner soll es merken, weder der Sohn noch der Ehepartner, noch der Vater. Die Seele einer solchen Frau schwingt auf einer ganz anderen Wellenlänge, nur nicht in Liebe zum Männlichen hin. Solange eine Frau an ihren Vaterhaß gebunden ist, kann sie gar nicht richtig lieben. Am Anfang ihrer Ehe gab es noch so etwas wie Liebe; meist nur am Anfang. Dann jedoch verteilte der Mann seine Energien, zog Liebesenergien von seiner Frau ab, weil sie ihm längst gleichgültig geworden war und er seine Energien für seinen Job brauchte und für Frauen, die ihm beim Aufstieg behilflich sein konnten. Über den Ehrgeiz – als Ersatz für nicht erhaltene Liebe – kämpfte er den Kampf ums Männerdasein.

Spätestens hier bricht dann bei der Frau der unbewältigte Vaterhaß wieder auf, und ihr Sohn muß mitleiden. Eine Frau steht immer zwischen ihrem Vater und ihren Söhnen; ein Mann zwischen seiner Mutter und den Töchtern.

Die Frühphase der Erziehung läuft fast ausschließlich über die Mutteridentifikation ab. Zwar werden in früher Kindheit Jungen und Mädchen noch gleich erzogen, doch sind die Folgen der Mutteridentifikation für Mädchen gravierender. Wenn Mütter ihre Töchter zu Hausmütterchen erziehen, dann werden diese wie ihre Mütter; sie lernen hinzunehmen, auszuhalten, zurückzutreten, abzulassen und aufzugeben. Die Nachahmung der Mutter durch die Tochter geschieht dabei fast zwanglos. Mädchen sollen – so erwartete es bislang die Gesellschaft – zahme Frauen werden, und so werden sie es. Mutter und Tochter halten zusammen, werden weder ideell noch praktisch von einem Partner/Vater gestört, der weit weg bei der Arbeit ist. So können Mütter und Töchter zu einer Seelenpartnerschaft zusammenfinden, die meist bis zum Tod der Mutter aufrechterhalten bleibt. Auf diese Weise werden Frauen zu »Lasttieren«, auf deren Rükken alle anderen Familienmitglieder ihren Frust abladen können.

Schon früh in ihrer Geschlechtsidentität Gestörte sind deshalb aber − neben den sogenannten Muttersöhnen − all jene Frauen, denen die Identifikation mit den Müttern mißlang oder deren Mutteridentifikation durch eine zu starke Identifikation mit dem Vater unterbrochen wurde. Solche Mädchen und Frauen sind über Kreuz identifiziert, das heißt, vom anderen Geschlecht geprägt − ebenso wie Söhne, die überwiegend von der Mutter geprägt wurden. Aus ihrer männlichen Identifikation schöpfen all jene Frauen, die tatkräftig, machthungrig, maskulin ihre Welt beherrschen wollen. Dieser Frauentypus hat sich gerade in den letzten Jahrzehnten besonders hervorgetan: als Führerinnen der Emanzipationsbewegung, in den Vorstandsetagen, in der Politik, überall dort, wo Führung und Macht gefragt sind.

Nicht selten wecken solche »starken« Frauen bei ihren Geschlechtsgenossinnen den Wunsch, sich von den Männern und der männlichen Vormachtstellung zu befreien. Unter dem Deckmantel der Weiblichkeit bieten sie aber nichts anderes als Männlichkeit an. Sie verbergen sich hinter einer Maske, die sie in Wahrheit niemals leben können. Sie schikken andere Frauen auf die Barrikaden und fordern für sie die Weiblichkeit. Dabei sind sie letztlich nichts anderes als »männliche Verführer«. Ein tüchtiger großer Bruder oder Großvater stand ihnen näher als die Mutter. Meistens waren die Mütter, die in dieser Konstellation lebten, schwach, und es »lohnte sich nicht« für die Töchter, sich mit ihnen zu identifizieren. Töchter aus starken Vateridentifikationen werden immer »starke« Frauen.

Anscheinend mühelos überwinden diese Frauen die Schranken zur Männergesellschaft. Sie haben keine Schwierigkeiten, sich in Konkurrenz zu den Männern zu stellen oder sich ihnen anzuschließen. Biologisch und nach außen hin sind sie Frauen, aber ihre seelische Entwicklung folgte mehr der männlichen Rolle. Sie werden von den Männern als ihresgleichen wahrgenommen und akzeptiert. Haben solche Frauen Ehepartner und Kinder, dann ergibt sich nicht selten ein Elternpaarbild, in dem die Frau der Vater ist und der Vater die Frau. (C. G. Jung spricht in solchen Fällen vom umgekehrten Anima-Animus-Verhältnis.)

Generell aber gilt, daß aufgrund der Unterschiede in der Erziehung die meisten Mädchen benachteiligt sind, wenn es darum geht, Selbständigkeit, Unabhängigkeit und die Fähigkeit zu zwischenmenschlichen Beziehungen zu beweisen. Da kleine Mädchen häufig in ihrem Abhängigkeitsverhalten bestärkt werden, entwickeln sie nur wenig Gespür für die eigene Kompetenz. Sie werden viel weniger ermutigt, ihre eigenen Schwingen auszuprobieren. So unterschätzen sie oft ihre eigenen Fähigkeiten und vertrauen dem eigenen Urteil vor allem dann weniger, wenn es im Widerspruch zum Urteil der anderen steht.

Sollen Mädchen wirklich gleichberechtigt erzogen und geführt werden, sollen sie ein gleiches ehrliches Selbstvertrauen erwerben wie Jungen, dann brauchen sie Ermutigung und Stützung in ihrem Unabhängigkeitsbestreben. Vor allem aber brauchen sie eine Mutter, die auch in der Lage ist zu bremsen. Nicht in der Form, daß Mütter sich wie Rivalinnen verhalten. Nein, schon bei kleinen Kindern kann man die Ablösung und das Unabhängigwerden innerhalb einer warmen, getragenen Beziehung erleben. Eine einfühlsame Unterstützung durch die Eltern sollte dazu führen, daß Mädchen sich allmählich kompetent und sicher fühlen. Auf der anderen Seite sollten auch die Jungen dazu angehalten werden, die Unabhängigkeitsbedürfnisse der anderen wie die eigenen zu akzeptieren. Das beinhaltet auch die Maxime, sich in zwischenmenschlichen Beziehungen einfühlsam zu verhalten. Unabhängigkeit, Abhängigkeit und gegenseitige Bezogenheit dürfen nicht als Qualitäten dargestellt werden, die sich gegenseitig ausschließen. Wenn sich Eltern zu allen ihren Kindern, egal ob sie Jungen oder Mädchen sind, derart verhalten, daß Söhne und Töchter auf ihrem Weg zur Unabhängigkeit Anleitung und Ermutigung erhalten, dann sind das Schritte auf ein gesundes kindliches Verhalten hin. Werden daneben die kleinen Söhne ebensowenig für Abhängigkeits- und Beziehungsverhalten bestraft wie die kleinen Töchter, so wird damit deutlich gemacht, daß Beachtung (und Ausdruck) emotionaler Bedürfnisse und Unabhängigkeitsstreben durchaus in ein und derselben Person koexistieren können. Auf diese Weise können Eltern entscheidenden Einfluß auf die Entwicklung »autonomer« Menschen nehmen. Dort, wo es eine neue Autonomie für die Frau gibt, sollte diese allerdings nicht als neue Machtposition verstanden und ausgenutzt werden[12].

Die Familienplanung obliegt heutzutage im Zeitalter der Pille fast ausschließlich den Frauen. Die Frau kann die Pille nehmen oder auch weglassen. Wenn sie das nicht gemeinsam mit ihrem Mann plant, liegt alle Macht in ihren Händen. In der Regel entscheidet nicht der Mann sondern die Frau, ob sie von und mit diesem Mann ein Kind haben will oder nicht. Das mag für die Frauen ungemeine Vorteile gebracht haben. Doch kann dabei auch ein latenter, unbewußter Männerhaß neu belebt werden. Jetzt sind es die Frauen, von denen in Sachen Fortpflanzung alles abhängt. Diese Verschiebung der Gewichte, aber auch der Verantwortlichkeiten, spaltet die Männer in zwei Lager: Die einen fühlen sich noch mehr eingeengt, vor allem jene, die sich nie ganz von der Mutter lösen konnten. Die Frau besitzt jetzt die Macht, einen solchen Mann über die eigene »Gebärfreudigkeit« im Ehebett zu halten. Sie kann sich hingeben oder verweigern und ihren Körper vor allem für den eigenen Lustgewinn einsetzen. Und sie kann auf diesem Weg Lob und Tadel ausdrücken. Die andere Gruppe, jene Männer, die sich nicht manipulieren lassen wollen, läuft weg, und so steht dann die Frau mit ihrer neuen Macht alleine da.

Die Frauen fordern ebenfalls das Recht, über Leben und Tod ihres Kindes zu entscheiden, wenn es zu ungewollten Schwangerschaften gekommen ist. Daß sie sich mit einer Abtreibung oftmals gegen sich selbst entscheiden, ist ihnen häufig nicht einmal bewußt. Früher wurde der Mann bei einer schwierigen Geburt vom Arzt gefragt, welches Leben geschützt werden solle, das der Mutter oder das des Kindes. Diese Macht wurde ihm gottlob entzogen. Heute hat die Frau Vorrang vor dem ungeborenen Kind und dem Vater. Derartige neue Machtverteilungen bringen neue Unsicherheiten in die Geschlechtsrollenentwicklung. Männer und Frauen sind gleichermaßen verunsichert und erkennen nicht, was sie sich in Machtkämpfen selbst antun. Zusammen mit der Tatsache, daß traditionelle Geschlechtsrollengrenzen sich verwischen, weil die Frauen die Macht mit den Männern teilen wollen, verstärken sich auch die Unklarheiten innerhalb der Geschlechtsrollen, und dadurch werden die Unsicherheiten wiederum noch größer. Die Fähigkeit zu lieben, sich körperlich ganz nahe zu sein und dabei auch noch die Seele zu öffnen, wird durch Macht- und Positionskämpfe und dadurch verdeckte Angst- und Haßgefühle immer mehr eingeschränkt, was nicht nur zur Beziehungslosigkeit führt, sondern unter Umständen auch zu Impotenz oder Frigidität oder gar zu physischen Erkrankungen in den Sexualorganen. Solchen Zusammenhängen soll in den folgenden Kapiteln dieses Buches nachgegangen werden.

In früheren Generationen war die Ehe gleichbedeutend mit Sicherheit, Ehrbarkeit und Fruchtbarkeit. Heute hat sie diese Wesensmerkmale verloren. Trotzdem leiden viele Ehepartner unter unerfüllten Kinderwünschen. Darüber hinaus wäre der verzweifelte Wunsch vieler Eltern, entweder einen Sohn oder eine Tochter zu bekommen, wobei der Wunsch nach Söhnen immer noch an erster Stelle steht, vollkommen überflüssig, wenn die Erwartungen für das entsprechende Geschlecht nicht so tief verwurzelt wären.

Über den natürlichen Selbsterhaltungstrieb gleicht sich unter dem Strich das Verhältnis der Geschlechter aus, denn für die Arterhaltung braucht die Natur eben Jungen und Mädchen. Der spezielle Wunsch nach einem Sohn oder einer Tochter hingegen ist eine urpersönliche Angelegenheit der Eltern, denn dahinter verbergen sich in der Tiefe der Psyche

Bedürfnisse und Wünsche, die mit der eigenen Geschlechtsrollenentwicklung zu tun haben[13].

Die Frage, ob Junge oder Mädchen, würde an Bedeutung verlieren, wenn man Jungen und Mädchen als komplexe Wesen sehen würde, mit jeweils ureigenen Fähigkeiten, sich im Leben zu verwirklichen. Jungen werden nicht selten um ihres männlichen Geschlechts willen geliebt, weil der Stammhalter, der Namensträger, geboren wurde. Der Vater sieht die Möglichkeit, aus diesem Jungen möglicherweise das zu machen, was er selbst niemals geschafft hat. Und die Mutter sieht ihren Sohn als möglichen »Herrn Doktor« oder als Direktor einer Firma. Frühkindliche, eigene Machtwünsche vom Traummann kommen wieder hoch, zumal wenn der eigene Ehemann gar nicht in dieses Rollenklischee paßt.

Mädchen hingegen sind vor allem dann erwünscht – wenn überhaupt –, wenn sie für den betreffenden Elternteil bequem sind. Hier spielen wiederum eigene Wünsche mit, die ebenfalls aus der Tiefe kommen. Der eigene Mangel an Liebe und Zärtlichkeit wird auf das Mädchen projiziert. Eltern meinen, Mädchen seien fügsamer, leichter zu lenken. Mädchen können dankbarer sein.

Dabei beginnt die Manipulation der Kinder in Richtung solcher Verhaltens- und Rollenstereotype bereits mit der Geburt. Von Jungen verlangt man viel seltener Dankbarkeit; bei ihnen wird über manches hinweggesehen: »Der wächst sich schon zurecht.« Da Mädchen in ihrer eigenen Entwicklung häufig behindert werden, sind sie gezwungen, Selbstverteidigungsstrategien aufzubauen, um nicht zu unterliegen. Diese Unterschiede in der Erziehung sollen Mädchen zu »Dienerinnen« und Jungen zu »Herren« machen. Die Geschichte der Menschheit hat gezeigt, wohin solche Einstellungen führen können[14].

Jungen werden leistungsorientiert erzogen. Diese Sozialisation kann dann beim erwachsenen Mann in seiner Erlebniswelt von Liebe, Erotik und Sexualität nur schwer durchbrochen werden. Es gilt die Devise: Zugreifen, verführen, erobern, in Besitz nehmen. Dieser aggressive, aktive Zugriff prallt auf das weibliche Verlangen nach Hingabe, Zärtlichkeit, sexuellem Rausch; Ebenen, die zur Liebe und Sexualität gehören. Hinzu kommt der ewige Kampf, sich zu lösen. Sich von der Mutter zu lösen und sich an die Sexualpartnerin zu binden, sind zwei derart unterschiedliche Vorgänge, daß es zu Konzessionen und Kompromissen kommen muß. Um alles »im Griff« zu haben, muß der Mann sich und die Frau kontrollieren; Sexualität verkommt zur Domäne der Macht. Pornografie, Kino- und Fernsehwerbung zeigen deutlich, wie Männer sich Kontrolle über das Wesen »Frau« vorstellen. Zumindest in den Werbespots wird die Frau zum manipulierbaren, glückverheißenden Wesen, das austauschbar ist. Der Mann macht die Frau zum Objekt seiner leistungsorientierten Genitalien. Die derart kontrollierte Frau schützt den Mann vor Spontaneität, Leidenschaft und besinnungslosem Aus-sich-Herausfließen.

Er hat die Macht – und den Frust. Berichte über ein graues Umfeld von männlicher Unzufriedenheit, sexueller Müdigkeit, vorzeitigen Samenergüssen, der Unfähigkeit, über einen erigierten Penis hinaus »Mann« zu sein, widerlegen das Image der Männlichkeit. Männer projizieren ihr Leistungsdenken auf den Penis und berauben sich damit gleichzeitig der Fähigkeit, Sexualität als Erlebnis mit tiefinnerlicher Erfüllung zu empfinden. Sie spielen das Spiel: »Ich will lieb sein durch Leistung«, sie teilen Körper und Geist in zwei getrennte Bereiche. Sie sorgen dafür, ewige Verlierer zu sein, machen sich zum Versager und wissen nicht, daß Versagen nichts anderes ist als sich selbst etwas zu versagen, nicht geben zu wollen.

Sexualität ist nicht nach erlernten Maßstäben zu leben. Sexualität kommt aus der Spontaneität, bedeutet, sich gänzlich zu öffnen, sich zu verströmen, einen »kleinen Tod« zu erleben. Aber als leistungsorientierte Wesen setzen viele auf Quantität, ohne jemals Qualität, jenes mitreißende Gefühl, zu erleben. Der Frust spiegelt sich in der Unterdrückung der Gefühle wider, im Kontrollzwang und im Dominanzstreben. In der Kindheit hat man dem Mann nicht beigebracht, seine

Gefühle zu leben. Und so findet er jetzt, da es erforderlich wäre, sich vollkommen zu öffnen, den Schlüssel zu der verborgenen Tür seiner Gefühle nicht mehr.

Wenn ich hier von »dem« Mann spreche, heißt das natürlich nicht, daß es allen Männern so geht. Jeder Mann ist in seinem Lebensausdruck verschieden. Er hat so viele Möglichkeiten, sein Inneres auszudrücken, wie es Möglichkeiten (Annahmen oder Ablehnung) der Geschlechtsrollenidentifikation gibt. Ebensowenig existiert natürlich »die« Frau; auch Frauen unterliegen der je eigenen persönlichen Gesetzmäßigkeit. Trotzdem kann man verallgemeinern, daß Männer in ihrer Sexualität viel störungsanfälliger sind, als es nach außen den Anschein hat.

Frauen sind ihrem ganzen Wesen nach feinfühliger als Männer. Sie sind sensibler für Berührungen, Gerüche und Geräusche. Sie sehen mehr und behalten das, was sie sehen, genauer im Gedächtnis. Aufgrund der spezifischen Eigenart ihres Gehirns legen sie größeres Gewicht auf die persönlichen zwischenmenschlichen Aspekte des Lebens. Deshalb sind sie aber im Sexualbereich auch anfälliger; ihre Organe sind weitaus störanfälliger als die des Mannes. Hat sich etwa die Mutter als Rivalin der Tochter profiliert, ist die Wahrscheinlichkeit besonders groß, daß die Tochter Schwierigkeiten mit der Sexualität haben wird. Überfüllte Praxen der Frauenärzte verweisen auf die Dimension des Problems. Häufig haben sexuelle Störungen organische Erkrankungen zur Folge. Frauen, die mit sich und ihrer Geschlechtsrolle nicht im reinen sind, Frauen, die Partnerschaftsprobleme haben, fühlen sich oft auch körperlich krank. Störungen im Menstruationsbereich, an der Gebärmutter, an den Eierstöcken und ähnliche organische Störungen begleiten das Sexualleben solcher Frauen. Die eine möchte Kinder haben und bekommt keine; die andere möchte keine Kinder haben und läßt eine Abtreibung vornehmen.

Immer noch sind viele Frauen so konditioniert, daß Sexualität etwas ist, das man über sich ergehen lassen müsse. Trotz verbesserter Sexualaufklärung sind diese Frauen

Erben ihrer Großmütter. Damals, in der Kriegs- und Nachkriegszeit, war Liebe Luxus; und für Sex blieb nicht viel Zeit. Harte Arbeit und der Kampf ums Überleben bestimmten die Tage und Nächte; man hatte anderes zu tun. Aus diesem Geist ist vieles auf die Töchter und Enkelinnen übertragen worden. Fragt die Enkelin ihre Großmutter nach deren Sexualleben, dann bekommt sie mit ziemlicher Sicherheit zur Antwort:»Ach Kind, darüber redet man doch nicht.«

Darüber redet man nicht. Doch Dinge, über die man nicht redet, kann man auch nicht erfahren. Frauen hatten es immer schwerer in Sachen Sex. Sie warteten, bis der Mann um sie warb. Und wenn es so weit war, dann hatten sie Angst. Sie wußten nicht, wie sie sich in der Liebe verhalten sollten. (»Am besten im dunklen Schlafzimmer, die Augen zu und darauf hoffen, daß alles bald vorbei ist.«) Die heutigen Frauen mit ihren sexuellen Freiheiten haben es besser, aber die Ängste und Schuldgefühle ihrer Großmütter und Mütter sind noch immer in ihnen lebendig.

Nicht wenige Frauen klagen:»Mein Mann schläft nicht mehr mit mir. Was soll ich tun?« Auch hier zeigen sich die Folgen einer fehlgeleiteten Erziehung: Man läuft einfach voreinander davon. Doch vom Partner sexuell nicht mehr beachtet zu werden ist sehr schmerzhaft. Zunächst wächst die körperliche Frustration. Die Lust liegt brach, und am Anfang dieser erzwungenen Abstinenz weiß man oft nicht, wohin mit seinen sexuellen Gefühlen und Wünschen. Mit der Zeit läßt diese drängende Empfindung aber bei den meisten Frauen etwas nach. Es ist, als hätte der Körper sich in das Schicksal gefügt, nicht mehr befriedigt zu werden.

Fast noch mehr als physische Entzugserscheinungen quälen jedoch die seelischen Folgen. Sexualität ist ja nicht nur auf die Zeit von Liebesspiel und Koitus beschränkt, sondern durchzieht den gesamten Alltag. Ein Paar, das eine befriedigende Sexualität miteinander erlebt, ist toleranter und entspannter gegenüber den Schwächen des anderen. Fehlt die erotische Basis, wird der Umgangston leicht gereizt; Streit entzündet sich an Kleinigkeiten. Wo die Beziehung trotz fehlender Sexualität harmonisch bleibt, weil die Partner sich auf sämtlichen anderen Gebieten blendend verstehen, erhält sie dennoch durch den Mangel an erotischer Spannung eine gewisse Distanz. Viele Paare verschließen vor der harten Wahrheit die Augen, daß eine Beziehung ohne Sexualität keine Liebesbeziehung ist.

Die großen Unterschiede zwischen männlicher und weiblicher Sexualität kann man am besten dadurch charakterisieren, daß beim Mann mehr die Triebhaftigkeit, bei der Frau mehr die sozialen Funktionen der Zweisamkeit hervortreten. Vereinfacht gesagt: Der Mann ist ein sexuelles, die Frau ein soziales Wesen. Doch sind Sexualität und Lust für viele Menschen beiderlei Geschlechts eine wichtige Art der Existenzerfahrung geworden. Diese Tatsachen müssen bei der Sexualerziehung durch die Eltern unbedingt beachtet werden; und ich halte es für eine ethische Pflicht der Eltern, ihre Kinder gut und sicher in die Sexualität einzuführen.

Doch oft sind die Eltern für diese Aufgabe denkbar ungeeignet. Ein sexuell verklemmter Vater wird weder seinem Sohn noch seiner Tochter behilflich sein können, ihre eigene Sexualität gut in ihr Leben zu integrieren. Und auch eine verklemmte Mutter kann keine gute Führerin in Sachen Sexualität sein. Ganz unbemerkt lassen die Eltern nämlich ihre eigenen Probleme, verbotenen Wünsche, Versagungen, Enttäuschungen und Ängste in die sexuelle Erziehung ihrer Kinder einfließen. Dabei sind sie ständig in Gefahr, ihre Glaubwürdigkeit und Überzeugungskraft zu verlieren, mehr noch, den Kontakt zu den jungen Menschen. Denn für eine(n) Jugendliche(n) ist es unsagbar schwer, sich vorzustellen, daß seine/ihre Eltern sexuelle Wesen sind, wenn er oder sie dies nicht während der ganzen Kindheit positiv gespürt hat.

So sehr indes die physische Geschlechtsrollenentwicklung über das individuelle Glück und das Schicksal des einzelnen mitentscheidet – sie ist letztlich auch ein gesellschaftliches Problem. Die gesellschaftlichen Vorgaben und Rollenstereotype sind wichtige Faktoren, die zur sexuellen Identitätsbildung beitragen – im guten wie im schlechten. Und die Eltern handeln in der Geschlechtserziehung nicht zuletzt als Agenten der Gesellschaft; sie vermitteln nicht nur die eigenen, sondern auch die gesellschaftlichen Vorstellungen von der Sexualität. Deshalb wäre es falsch, den Eltern alle Schuld zuzuschieben. Eltern waren auch einmal Söhne und Töchter, und es ist ihnen nicht viel anders ergangen als der heutigen Generation. Wenn der Begriff »Schuld« hier überhaupt anwendbar ist, dann nur im folgenden Sinn: Schuldig macht sich, wer einem anderen Menschen an Leib, Seele und Geist einen vermeidbaren Schaden zufügt. Weil nun der positiven Geschlechtsrollenentwicklung ihrer Kinder eine solch zentrale Bedeutung für deren späteres Leben und Liebesglück zukommt, ist es die Aufgabe eines jeden Vaters und einer jeden Mutter, ihre Kinder nach bestem Wissen und Gewissen zu führen und sie so zu lenken, daß autonome, freie und handlungsfähige Menschen aus ihnen werden – in allen Lebensbereichen, auch in der Sexualität.

Lust hat etwas mit Überleben, mit Fortpflanzung zu tun. Sie ist ein notwendiger Bestandteil unseres Lebens, unseres Triebsystems. Deshalb führt ein andauerndes Verstoßen gegen das Lustprinzip zur Zerstörung des verhaltensökologischen Gleichgewichts.

Wer bei sich oder bei anderen Lust abblockt, handelt gegen sich selbst und gegen andere. Lust zu unterbinden – von der frühkindlichen Sexualität bis zur Lust der älteren Menschen – führt zu Verhaltensstörungen und in letzter Konsequenz zur Selbstzerstörung. Aus Verhaltensstörungen entwickeln sich psychosomatische Erkrankungen. Es führt ein langer, aber verhängnisvoller Weg von der fehlerhaften Erziehung über die innere Verweigerung der eigenen Geschlechtsidentität bis in die Krankheit. Diese Zusammenhänge werden uns in den folgenden Kapiteln beschäftigen.

Fragen zur Selbstreflexion:

Es ist nicht immer einfach, den Verlauf der eigenen Geschlechtsrollenentwicklung zu erkennen. Doch auch hier gilt: Über die Gegenwart ist die Vergangenheit zu erforschen. Sind Sie gerne Frau – oder Mann? Fühlen Sie sich in dieser Rolle wohl? Wenn es keine großen partnerschaftlichen Schwierigkeiten gibt, wenn Sie den Partner gern in Ihrer Nähe haben und wenn Sie keine Ängste in seiner Nähe spüren, dann brauchen Sie sich keine Sorgen zu machen.

Es könnte aber auch sein, daß Ihnen eine noch nicht gelöste Bindung zum Vater oder zur Mutter zu schaffen macht. Auch negative Bindungen gehören in diesen Zusammenhang. Wenn in Ihnen das Gefühl lebt, daß Ihr Vater oder Ihre Mutter Ihnen immer noch etwas schuldig seien, dann ist Ihre Geschlechtsrollenreife noch nicht abgeschlossen.

Zwei Zeitpunkte in Ihrem Leben waren es vor allem, die darüber entschieden haben, wie Sie in die männliche oder weibliche Geschlechtsrolle hineingewachsen sind: Die Triangulierungszeit (2. – 4. Lebensjahr) und die Pubertät. Haben Sie vielleicht immer noch ein irgendwie kindliches Aussehen? Dann haben Sie möglicherweise den Reifungspunkt Pubertät innerlich nicht abschließen können. Ihre Geschlechtsrollenentwicklung können Sie immer noch vervollkommnen, wenn Sie sich den (Beziehungs-)Problemen Ihres Alltags bewußt stellen und Verantwortung für Ihr Handeln und Sein übernehmen. Sie haben in jeder Phase Ihres Lebens die Möglichkeit, zu sich selbst (als Mann oder als Frau) zu finden. Wenn Sie sich in Ihrem gesamten Sein bejahen können, haben Sie dieses Ziel erreicht. Das kann Jahre dauern, aber das Ziel lohnt sich immer.

Erwartung –
Verdrängung – Krankheit

3. KAPITEL

Psychosomatische »Als-ob«-Lösungen für sexuelle Probleme

Der Mensch ist in stetem Wandel begriffen: Heute sind wir anders als gestern, morgen schon werden wir nicht mehr so sein wie heute. Unser Körper verwandelt sich durch Nahrungsaufnahme und durch den Zustrom von Sauerstoff. Unser Bewußtsein verwandelt sich durch Sinneseindrücke, durch Gedanken, durch Lebenserfahrung. Unsere Umwelt gehört zu uns wie der ständige Atem. Wir sind Teil eines großen Kreislaufs. Wir nehmen vieles in uns auf; und was wir ausscheiden, ist verdaut.

Leider können wir nicht behaupten, daß alles, was geistig-seelisch in uns vorgeht, verdaut wird. Manches bleibt unverdaut im Magen und Darm liegen, quält uns durch Bauchweh und Magenschmerzen. Manche Menschen leiden so am Leben, daß sie es nur noch als Belastung empfinden. Doch sie wissen nicht einmal, was ihr Leben so schwer macht. Sie haben kein Gespür für das, was sie als Belastung mit sich herumschleppen. Das Leben macht mich krank, sagen sie; aber sie können ihre Erkrankung nicht klar definieren.

Ein großer Anteil an »Unverdautem« hängt jedoch mit der Sexualität zusammen, auch wenn dies oft nicht auf den ersten Blick zu erkennen ist. Generell wird die Sexualität des Menschen durch drei Faktoren wesentlich beeinflußt: Geschlecht, Alter und Partnerschaft. Alle drei Faktoren können die physiologischen Reaktionen, das sexuelle Verhalten und die innere Einstellung zur Sexualität verändern. Es ist zwar noch ungeklärt, wie stark sexuelle Unterschiede biologisch bedingt oder erworben sind, also erlernt wurden. Aber es ist naheliegend, daß geistig-seelische Prozesse auch den Körper beeinflussen. Wo tiefe Störungen im sexuellen Erleben zu beobachten sind, da treten auch Krankheiten auf.

Das eigene Wohlbefinden hängt auch, wahrscheinlich sogar ganz wesentlich, mit dem persönlichen Verhalten zusammen, also der Fähigkeit, mit den biologischen, ökologischen und sozialen Rahmenbedingungen des Alltags so gut wie möglich zurechtzukommen. Für ernsthafte Störungen des Wohlbefindens gilt deshalb auch:

- Krankheit (und es geht hier vor allem um psychosomatische Beschwerden) ist ein demonstrativer Hinweis des Körpers auf seelische Defizite;
- Krankheit ist Konfliktaustragung;
- Krankheit ist die »Als-ob«-Lösung für ein tieferliegendes Problem.

Bei psychosomatischen Störungen und Erkrankungen ist eine vorausgegangene psychische Fehlentwicklung zu beobachten, die Erkrankung selbst ist nur die Station, die am Ende eines solchen Entwicklungsprozesses steht. Nicht umsonst heißt es im Volksmund: »Was kränkt, macht krank.« Jeder hat in seinem Leben eine ganze Reihe von Kränkungen erfahren müssen. Kränkungen und Belastungen drücken sich zunächst in verschiedenen persönlichen Störungen aus, ehe sie – manchmal erst nach Jahren – in eine psychosomatische Erkrankung übergehen. Es handelt sich also zunächst um unverarbeitete Erlebnisse und die daraus entstandenen psychischen Störungen.

Derartige Störungen können schon im Mutterleib entstehen. Besonders aber sind es die frühen Prägungen in der Triangulierungsphase (2. bis 4. Lebensjahr) und die oft daraus resultierende verfehlte Geschlechtsrollenidentifikation, die maßgebend bei psychosomatischen Krankheitsprozessen mitwirken. Die mißglückte Erlebnisverarbeitung drückt sich in einem Verhalten und Erleben aus, das den betreffenden Menschen und dessen Umwelt beeinträchtigt. Psychosomatische Erkrankungen werden nicht organisch verursacht, sondern durch seelische Konflikte, die dem Betroffenen weitgehend unbewußt bleiben.

Folgende Problemkonstellationen können zu einer psychosomatischen Krankheit führen:

- Angst (unbewußte Bestrafungsängste, Ängste in Verbindung mit Schuldgefühlen);
- mangelnde Konfliktverarbeitung (etwa fehlgelaufene Geschlechtsrollenentwicklung durch Beziehungsstörungen zu Vater oder Mutter);
- mangelndes Konfliktbewußtsein (wenn Konflikte nur im Unbewußten wirken, entstehen häufig Wiederholungszwänge; die Betreffenden machen immer wieder denselben »Fehler« und verdrängen die Ursachen so lange, bis es kein Ausweichen mehr gibt);
- mangelndes Selbstwertgefühl (Launenhaftigkeit, Selbstunsicherheit, mittlere bis schwere Hemmungen);
- Kontaktschwäche (Bewegungshemmungen, Störungen im Bereich von Geben und Nehmen, sexuelle Probleme, fehlende Gelassenheit im Umgang mit Mitmenschen; Sich-Klammern an einzelne, Festhalten, Besitzen, Besetzen bis zu einer Art Besessenheit).

In den psychosomatischen Krankheitssymptomen äußern sich psychodynamische Konflikte zwischen den einzelnen Persönlichkeitsanteilen. Das wußte schon der griechische Philosoph Aristoteles (384 – 322 v. Chr.):»Seele und Körper reagieren mitfühlend aufeinander; eine Änderung im Befinden der Seele produziert eine Veränderung im Zustand des Körpers, und umgekehrt ein veränderter Körperzustand ändert das Befinden der Seele.« Die klassische Schulmedizin versteht Krankheiten als das Ergebnis von Veränderungen, die im Körper beginnen. Nach Auffassung der Psychosoma-

tiker können Krankheiten jedoch auch durch die Wechselbeziehungen von Erlebnissen und den diesem Erleben zugeord-
neten körperlichen Leistungen entstehen. Dies gilt besonders
bei Leistungsabfall in der Sexualität und bei Erkrankungen
der Geschlechtsorgane. Seelische Störungen sind hier oft
Ausgangspunkt körperlicher Erkrankungen; diese sind
somit Folge unbewältigter seelischer Konflikte. Seelisch
Kranke tragen häufig eine Art Sehnsucht nach der Sicherheit
von früher in sich, wobei meistens die Kindheit vor der
Triangulierungsphase gemeint ist, als Mutter und Kind noch
eine Einheit bildeten. Wer nimmt als Erwachsener schon bewußt wahr, daß er Wünsche nach Geborgenheit und Fürsorge
niemals äußern durfte? Es ist der Wunsch nach Rückkehr in
die Symbiose, nachdem die Triangulierung mißglückt ist.
Auch die großen Liebenden mit ihrem Hang zum Chaos und
ihrer Anfälligkeit für die großen Verlustschmerzen begeben
sich häufig in den Teufelskreis psychosomatischer Krankheiten.

Eine weitere Ursache für psychosomatische Erkrankungen können Entscheidungskonflikte sein. Ein Entscheidungskonflikt liegt dann vor, wenn jemand gleichzeitig ge-
gensätzlichen Impulsen ausgesetzt ist, einen bestimmten
Handlungsablauf zu vollziehen oder zu unterlassen. Dieser
Konflikt äußert sich im Zögern, im Hin- und Herschwanken
zwischen verschiedenen Alternativen und in Gefühlen der
Ungewißheit und Anspannung. Die Intensität psychologischer und physiologischer Symptome hängt natürlich vom
Ausmaß der wahrgenommenen Bedrohung oder der zu er-
wartenden Belastung ab, die die betreffende Person für jede
Wahlmöglichkeit akzeptiert.

Ein Entscheidungskonflikt liegt beispielsweise vor, wenn
ein Ehepartner einen Geliebten oder eine Geliebte hat.
Schuldgefühle stellen sich ein, Bestrafungsängste, Angst vor
Entdeckung und vieles andere mehr.

Wenn jemand sich nun mit den möglichen Gefahren nicht
auseinandersetzt, spricht man von konflikthaftem Verharren: Bisherige Verhaltensweisen werden unverändert fortge-

setzt, da eine offensichtliche Bedrohung nicht sichtbar ist. Tief in den unbewußten Schichten eines solchen Menschen lauert jedoch die Angst vor Entdeckung und Bestrafung. Bei einem meiner ehemaligen Patienten steigerte sich diese Angst derartig, daß er sie »wegschieben« mußte. Er brachte es nicht fertig, seine Geliebte zu verlassen, und so reagierte sein Körper mit einer Blasenentzündung; über den Schmerz wurde ihm das Sexualleben unmöglich gemacht. Blasenerkrankungen sind fast immer Angsterkrankungen.

Eine defensive Vermeidung als Sonderform konflikthaften Verharrens besteht dann, wenn bei schwerwiegenden Entscheidungen zunächst keine Hoffnung besteht, eine zufriedenstellende Lösung zu finden. Das kann sich im Verharren, Abgeben von Verantwortlichkeiten, im Wunschdenken und anderem darstellen. Es handelt sich um die berühmte Vogel-Strauß-Politik: die Dinge überhaupt nicht wahrnehmen zu wollen. Dieses Verhalten wird irgendwann ins Chaos und dann möglicherweise in die Krankheit führen. Im Extremfall wird der Betreffende unfähig, überhaupt noch eine »vernünftige Entscheidung« zu fällen. Nicht selten kommt es zu planlosem Wechsel zwischen verschiedenen Alternativen oder zu impulsiven Entscheidungen, die oft den Konflikt noch verstärken.

Konflikthaftes Beharren kann Zeit und Energie sparen, es kann aber auch äußerst problematisch werden, wenn schwerwiegende oder familiäre Belange auf dem Spiel stehen. Wer ständig zu solchem Umgang mit Konflikten neigt, wird eines Tages in die Sackgasse der Erkrankungen kommen. Zunächst sind es kleinere Störungen, aber im Laufe des Lebens können auch schwere Erkrankungen auftreten. Es kommt zu einem gefährlichen Teufelskreis von Erwartungen und Verdrängung. Nicht wenige Menschen neigen dazu, Krankheiten zu »annullieren«. Das heißt, sie wollen nicht wahrhaben, daß sie krank sind. Der Ernst der Erkrankung wird verleugnet, selbst die emotionale Betroffenheit beiseite geschoben.

Eine weitere Art des Umgangs mit der Erkrankung ist die mit der Frage: »Warum gerade ich?« Dieses Verhalten gleicht dem eines Ruderers, der mit einem Nagel im Schuh ein Loch im Boot verursacht hat. Erst bemerkt er das Loch nicht, dann ignoriert er es. Erst holt er sich nasse Füße, doch wenn ihm das Wasser bis zum Hals steht, wird auch er rufen: »Warum gerade ich?«

Die Folge von schweren Erkrankungen sind oft Depressionen, und der Kranke weiß dabei häufig nicht mehr, wann und wie alles begonnen hat.

Bei vielen Menschen halten sich Krankheitserwartung und Gesundheitserwartung nicht gerade die Waage, aber sie wechseln einander ab. Überhaupt haben Erwartungen bei Erkrankungen, aber auch in der Sexualität einen viel höheren Stellenwert als allgemein angenommen. Die Erwartung eines Menschen ist eine feste Vorstellung von einem möglichen zukünftigen Ereignis.

Immer wieder kommen Menschen in meine Praxis, die glauben, sie könnten Krebs bekommen, weil irgendein naher Verwandter an dieser Erkrankung verstorben ist. Krebs ist jedoch keine vererbbare Krankheit. (Wir werden in einem der folgenden Kapitel sehen, welche Konstellationen zu einer Krebserkrankung führen können.) Doch können andererseits Erwartungssituationen das zu erwartende oder zu befürchtende Ereignis auch herbeiführen. Erwartungen haben eine Art magische Anziehungskraft. Alles, was mit einem möglichen Erwartungsergebnis zu tun hat, tritt bei solchen Menschen mit mehr Deutlichkeit ins Blickfeld. Man hört, daß ein bestimmter Mensch an Krebs verstorben ist, und schon beginnt es im Inneren zu arbeiten. »Ich werde auch an Krebs sterben, wie Onkel Paul. Auch Tante Ottilie haben sie schon wegen Krebs die Brust abgenommen.« Doch Onkel Paul und Tante Ottilie sind völlig verschiedene Menschen, mit eigenen Schicksalen und ganz bestimmten inneren Konstellationen, die jeweils mit zu den Erkrankungen geführt haben.

Wir können unsere Definition von »Erwartung« noch vertiefen: Er-wartung bedeutet: auf etwas warten, das per innerer Entscheidung und Wertung eintreten wird, weil wir solche Erfahrungen bei anderen Menschen beobachten konnten. Dies trifft besonders häufig bei frigiden Frauen und impotenten Männern zu. Sie machen die Erfahrung sexueller Probleme, und so steigert sich bei jeder sexuellen Begegnung die Angst, daß es beim Liebesspiel nicht klappen wird, bis zum Schluß die Resignation einsetzt: »Es hat ja doch keinen Zweck, es klappt ja doch nicht.« Hintergründig hat es wahrscheinlich schon vor viel längerer Zeit die Entscheidung gegeben, daß es nicht klappen soll, weil die oder der Betroffene einen unbewußten Haß auf Männer oder Frauen hat. Haß und Entscheidung liegen in den unbewußten Bereichen und dringen nicht an die Oberfläche. Deshalb sind solche Menschen dann echt verzweifelt, wenn es mit der Sexualität nicht so ist, wie es sein sollte.

Wir kommen hier in Bereiche, die mit der Sexualität als solcher nur wenig zu tun haben. Es sind Entscheidungen gegen Väter oder gegen Mütter, die auf gegenwärtige Partner übertragen werden.

Zur Erwartung kommt der Bewertungsprozeß; eine Erwartung wird mit einer Bewertung abgeschlossen. Deshalb ist die subjektive Wahrscheinlichkeit für das Eintreten des vorgestellten möglichen Ereignisses nur ein Aspekt. Die Intensität einer Erwartung hängt darüber hinaus auch mit dem Zeitfaktor zusammen. Es ist ein Unterschied, ob ich als Zwanzigjähriger denke, ich bekomme irgendwann einmal diese oder jene Erkrankung, oder ob ein Fünfzigjähriger schon glaubt, Symptome dieser Erkrankung zu spüren, was seine innere Unruhe und Angst noch steigert.

Wir müssen Erwartungen auch noch von inneren Einstellungen unterscheiden. Einstellungen sind Grundhaltungen, die durch frühere Entscheidungen zustande gekommen sind und eine grundsätzliche Haltung eines Menschen definieren. Erwartungen hingegen können neu sein, können sich wandeln, sobald neue Erfahrungen gemacht werden. In Erwartungen kommen die Motivationen der betreffenden Menschen zum Ausdruck. Weiterhin können wir in Erwartungen (wie in Zielen, Werten und Überzeugungen) verhaltenslenkende Vorstellungen sehen. So ist anzunehmen, daß Erwartungen menschliches Verhalten zumindest teilweise mitbestimmen.

Ein Raucher, der eine steigende Angst vor Lungenkrebs spürt, wird das Rauchen aufgeben wollen, um nicht mehr gefährdet zu sein. Ein Mann, der Angst vor Impotenz hat, wird sich immer mehr den Begegnungen mit Frauen entziehen. Und das wiederum führt zu einem inneren Konflikt: auf der einen Seite die große Sehnsucht nach Nähe, Liebe und Geborgenheit; auf der anderen Seite die Unfähigkeit, aufgrund von Angst, Mißtrauen und Resignation diese Nähe überhaupt herzustellen. Die Bewertung eines möglichen zukünftigen Ereignisses − etwa ob es als angenehm oder unangenehm, als gut oder schlecht, als attraktiv oder unattraktiv eingestuft wird − erlangt entscheidende Bedeutung. Erst die Erwartung in Kombination mit der Bewertung macht Erwartungen so fatal.

Die Erwartung eines Herzinfarktes löst unbewußte Angst aus, verbunden mit der negativen Bewertung: »Das ist sehr schlimm für mich, ich werde daran sterben.« Über diese Angst kommt freilich nicht etwa eine Verhaltensänderung zustande, zum Beispiel das Rauchen aufzugeben, die Ernährung umzustellen und sich mehr zu bewegen; sondern häufig ist gerade das Gegenteil der Fall. Angst und Erwartung führen zu Unlust und Frust. Die Entwicklung geht nicht in die Richtung von Gesundheit und Wohlbefinden, sondern es wird, im Gegenteil, aus Frust mehr gegessen, die Bewegung noch mehr eingeschränkt (man muß ja das Herz schonen) und noch mehr geraucht. Herzkranke rauchen häufig mehr als andere. Das heißt aber, daß lange Zeit vor dem Ereignis − in diesem Beispiel: der Herzinfarkt − über Erwartungen in Verbindung mit Wertungen letztendlich die Spur zum tatsächlichen Herzinfarkt gelegt wurde. Die möglicherweise warnende innere Stimme wird nun noch durch mehr Leistung übertönt, so daß der Herzinfarkt wiederum näher rückt. Die sogenannten »großen Ahnungen« sind oft nichts anderes als über Erwartungen und Bewertungen sich selbst erfüllende Prophezeiungen.

Wissenschaftliche Beobachtungen sprechen dafür, daß sich das Verhalten von Menschen aus den Bewertungen von vorgestellten möglichen zukünftigen Ereignissen vorhersagen läßt. Wenn ein junges Mädchen sagt:»Ich werde nie heiraten«, kann Angst vor Nähe die Ursache sein. Und wenn diese Angst verdrängt wird, können gestörte Regelblutungen die Folgen sein.

Immer stehen Erwartungen im Zusammenhang mit einem Konflikt, der vielleicht am Anfang gar nicht spürbar ist, weil bei Erwartungen der Zeitfaktor und die Anzeichen einer Erfüllung eine wichtige Rolle spielen. Ein Raucher trägt zum Beispiel zwei verschiedene Erwartungen in sich. Alle angenehmen Facetten des Rauchens treten mit großer Wahrscheinlichkeit früh ins Bewußtsein.»Rauchen schmeckt gut. Rauchen beruhigt mich. Rauchen regt meinen Geist an.«

Die negativen Seiten werden zunächst verdrängt (»Ich kann Lungenkrebs bekommen« oder »Ich bekomme irgendwann einmal ein Raucherbein, wenn ich das Rauchen nicht aufgebe.« Eine ebenso schlimme Erwartung ist in diesem Zusammenhang die Befürchtung:»Ich werde durch das Rauchen impotent«). Treten nun, wenn auch erst nach Jahrzehnten, die ersten Symptome für Raucherbein oder Impotenz auf, bricht der Konflikt auf. Man möchte manches ungeschehen machen, oder es wird rationalisiert, etwa so:»Ich habe immer gewußt, daß ich einmal krank werde.« Dabei gerät dann völlig aus dem Blick, daß es der »eigene Nagel im Schuh« war, der das Boot zerstörte und es zum Untergang brachte.

Neben Erwartungen, die − so besehen − im Krankheitserleben und auch in der Sexualität eine große Rolle spielen, sind bei psychischen und pychosomatischen Erkrankungen (und in den entsprechenden Erwartungshaltungen) Verdrängungen ein wichtiger Faktor. Die tiefenpsychologische Betrachtungsweise definiert »Verdrängung« als etwas, das aus der bewußten Aufmerksamkeit »weggeschoben« wird. Es geht dabei vor allem um Bewußtseinsinhalte, die, subjektiv beurteilt, nicht verarbeitet werden können: Gedanken, die uns unangenehm sind, Wünsche, die wir nicht offen auszusprechen wagen, Phantasien, für die wir uns schämen, angstmachende Erwartungsvorstellungen sowie starke Gefühlswallungen. Treten solche unerwünschten Gedanken oder Gefühle ins Bewußtsein, werden sie rasch wieder auf die Reise ins Unbewußte geschickt. Unser Ich greift bremsend ins spontane Seelenleben ein, es macht die abgewehrten Inhalte »unerlebbar«, tut so, als sei nichts gewesen.

Triebwünsche, die in Form von Gedanken, Bildern, Vorstellungen auftauchen und vom Ich nicht akzeptiert werden, können Konflikte auslösen und Angst machen. So können − vor allem bei sexuellen Beziehungen − Impulse des Besitzergreifens, Machtwünsche und Geltungsstreben verdrängt werden. Aber auch von außen kommende Gefahren, Erlebnisse und Verletzungen, wenn die damit verbundenen Ängste, Schuld- und Schamgefühle nicht ausgehalten werden können; zum Beispiel bei Inzestfällen. Die Gefahr, sich unter Verwandten sexuell zu betätigen, ist in vielen Familien groß (Ersatzpartnerschaften), und die psychotherapeutische Praxis bestätigt, daß es sich nicht um Einzelfälle handelt. Geschwisterliebe, aber auch Mißbrauch der Töchter durch die Väter sind ständige Gefahren, und gerade beim Inzest ist die Dunkelziffer besonders hoch. Oft leiden die betroffenen Frauen noch nach vielen Jahren an den Folgen. Diese Ereignisse sind tief verdrängt und es kostet stets viel Mühe, sie aufzudecken.

Verdrängungen dienen also dem Ich dazu, durch innere Triebansprüche oder äußere Gefahren verursachte Angst und Unlust abzuwehren.

Das Weggeschobene ist jedoch nicht wirklich ad acta gelegt, sondern wirkt im Unbewußten weiter. Menschen, die zu Verdrängungen neigen, haben meist Lücken in der Wahrnehmung. Sie laufen sozusagen mit »Scheuklappen« umher. Analytische Therapien, zu denen auch die Imaginationstherapie gehört, arbeiten nun daran, die Verdrängungen wieder aufzuheben. Der ursprüngliche Konflikt, und mit ihm die unterbundenen Emotionen und Affekte, sollen wieder erlebbar gemacht werden. Das Ich kann und soll sich mit dem Verdrängten erneut auseinandersetzen und aktiv handeln. Der betreffende Mensch lernt, bewußt und selbständig zu handeln und neue Entscheidungen zu treffen, alte Erwartungen und Wertungen hingegen aufzugeben. Damit wird die für den Verdrängungsprozeß erforderliche psychische Energie freigesetzt, und der oder die Betreffende kann sie wieder konstruktiv für seine Handlungen nutzen.

Nicht jede Verdrängung ist freilich schon krankhaft, und die meisten Menschen können Verdrängungsprozesse an sich selbst beobachten. Man spricht dann davon, etwas »nicht wahrhaben zu wollen«. Oder: »Was ich nicht weiß, macht mich nicht heiß.« Andere sagen einfach: »Das kannst du vergessen« oder »Ich kann nicht mehr ertragen, was da Tag für Tag vom Bildschirm rüberkommt.« Wenn wir der Meinung sind, daß jemand sich selbst belügt oder enttäuscht, sind damit ebenfalls Verdrängungen angesprochen[15].

Wer sich mit Wünschen und Trieben auseinandersetzt, muß diese nicht unbedingt verdrängen. Man kann sich auch beherrschen oder auf Befriedigung ganz verzichten. Krankhaft wird die Versagung erst dann, wenn über Verdrängungen Lebensmöglichkeiten eingeengt werden, was zum Beispiel bei frigiden Frauen oder impotenten Männern häufig geschieht.

Auf der anderen Seite haben Verdrängungen auch ihre sinnvollen Aspekte, mehr noch, ohne sie könnten wir nicht leben. Es gibt Erlebnisse, die so verletzend und bedrohlich sind, daß unser Bewußtsein sie nicht ertragen kann. Wer schon als kleines Kind sexuell mißbraucht wurde, kann diesen tiefen Einbruch in sein Leben ohne Verdrängung nicht bewältigen; gäbe es die Verdrängungsmöglichkeit nicht, wären mit großer Sicherheit schwere psychische oder geistige Krankheiten die Folge.

An dieser Stelle gilt unser Augenmerk jedoch krankhaften Verdrängungen. Ich stelle deshalb im folgenden drei aufschlußreiche Fälle dar, die dem äußeren Anschein nach nichts mit Sexualität zu tun haben, in denen jedoch die unheilvolle Wirkung von sexuellen Verdrängungen deutlich wird.

Wenn Männer ständig mit nassen Augen herumlaufen, dann entsteht meist der Eindruck, sie würden weinen. Und doch handelt es sich überwiegend um Männer, die seit ihrer frühen Kindheit nicht weinen können. In der Regel bringen die Untersuchungen des Augenarztes kein Resultat, in psychotherapeutischen Sitzungen werden jedoch meist Aggressionen und Haß als Ursache offenbar, etwa Haßgefühle auf die eigene Mutter. Schon in der Kindheit wurde solchen Männern das Weinen abgewöhnt, und nicht selten sind diese noch stolz darauf. Doch hinter den Haßgefühlen und Aggressionen verbergen sich überwiegend Gefühle der Traurigkeit, die in der Kindheit verdrängt wurden, um überleben zu können, um von Verwandten oder gleichaltrigen Jugendlichen nicht ausgelacht zu werden. Darüber hinausgehend zeigt sich außerdem, daß diese Männer meistens eine trostlose Kindheit hatten. Im Falle meines Patienten hatten Rivalitätserlebnisse mit Brüdern die Situation noch verschlimmert (Ersatzpartnerschaft). Wer würde aber auf Anhieb erkennen, daß die früher nicht geweinten Tränen in den Augen des Patienten etwas mit seiner Impotenz zu tun hatten?

Auch bei Frauen besteht nicht selten ein Zusammenhang zwischen Augenerkrankungen und Sexualität. Eine Frau, die sich von ihrem Ehemann ständig Augentropfen verabreichen ließ, erzählte ihrem Augenarzt: »Mein Mann muß mich jetzt oben tröpfeln, und zwar muß er es oben tun und nicht mehr unten[16].« Der Sohn dieser Patientin hatte vor sieben Jahren eine Frau geheiratet, die sehr attraktiv war, aber (wie die Mutter meinte) »aus kleinen Verhältnissen stammte«. Vor der Hochzeit hatte diese junge Frau viele Männerbekanntschaften gehabt, und die Mutter meinte, die Verbindung des Sohnes sei ein reines Abhängigkeitsverhältnis. Nach der Heirat widmete sich der Sohn ganz seiner jungen Frau und zog sich von den Eltern zurück. Sie sahen sich nur selten. Ein halbes Jahr später bekam die Mutter Glaukombeschwerden.

Als der Sohn aus dem Haus ging, seien ihre eigenen sexuellen Ansprüche an den Mann stärker geworden, obwohl sie sich schon in den Wechseljahren befand (Triangulierung und Ersatzpartnerschaft). Der Ehemann konnte die gestiegenen Bedürfnisse seiner Frau nicht erfüllen, wurde in der Sexualität immer zurückhaltender und war dann irgendwann impotent. Die Erkrankung der Frau ergab sich aus dem Konflikt ihrer sexuellen Erfahrungen und dem nachlassenden Sexualverlangen des Mannes. Sie bekam von ihm keine »Tröpfchen« mehr in die Vagina und ließ sich statt dessen in die Augen »tröpfeln«.

Sexualtherapeuten neigen generell zu der Ansicht, daß die sexuelle Funktionsstörung ein stillschweigendes, unbewußtes Arrangement zwischen den Partnern sei[17]. So weiß man zum Beispiel, daß Männer von Frauen, die unter Vaginalkrämpfen leiden, besonders sanft und behutsam sind: passiv, mitfühlend, scheu und manchmal bis zum Exzeß rücksichtsvoll. Frauen mit Vaginismus suchen sich unbewußt sexuell unerfahrene, triebschwache und sexuell wenig aggressive Partner, weil sie mit einer solchen Partnerwahl unbewußte sexuelle Ängste abwehren. Beide Partner nehmen sich sozusagen wechselseitig die Angst vor der Sexualität, und damit fühlen sich beide beieinander aufgehoben, nicht bedroht. Es entsteht eine Art Status quo, der die Partnerschaft stabilisiert; es fehlen die großen Schwankungen und Stürme, denen herkömmliche Partnerschaften mit ihren leidenschaftlichen Ausbrüchen unterworfen sind. Manchmal ist es nicht leicht festzustellen, ob der nicht vollzogene Sexualakt auf die momentanen Verkrampfungen der Frau oder auf die Potenzschwierigkeiten des Mannes oder auf beides zurückzuführen ist.

Es wird sozusagen eine Umgehungsstraße zur Sexualität gebaut. Zuerst gibt es eine Reihe von moralischen Vorstellungen, Erwartungen und Bewertungen, die »rational« eingebracht werden, warum man »damit noch warten« solle. Dann, nach den ersten mißglückten Versuchen, wird alles »eingekellert«. Behandlungsversuche, Psychotherapie und andere Möglichkeiten werden gar nicht erst in Betracht gezogen oder schon in der Anfangsphase wieder aufgegeben. In Wirklichkeit wollen sich beide nicht den Gefährdungen des Trieblebens aussetzen. Gegenseitig ziehen sie sich in die Lustlosigkeit. Und das kommt häufiger vor, als man gemeinhin annimmt.

Lustlosigkeit und Widerstand gegenüber der Sexualität sind die wichtigsten Probleme schon bei der sexuellen Annäherung. Im Extremfall kann solche Lustlosigkeit die gesamte Sexualität betreffen. Solche Menschen haben noch nie sexuelles Verlangen wahrgenommen, wahrscheinlich auch noch nie Lebenslust gespürt. Die totale Lustlosigkeit führt soweit, daß der eigene Körper überhaupt nicht wahrgenommen wird. Gefühle und Emotionen »wohnen« in einem Panzer, der alle Tage gleich sein läßt. Sehr häufig handelt es sich bei solchen Fällen um Depressionen, die in den Körper verdrängt wurden. Bedauerlich ist dabei allerdings, daß diese Menschen, die eigene Lust nicht mehr empfinden können, moralisierend und mit erhobenem Zeigefinger in das Liebesleben jener Menschen eingreifen möchten, die Lust im vollen Umfange erleben können. Tiefverwurzelter Neid und die damit verbundenen Ohnmachtsgefühle bringen diese Personen dazu, ihre Ohnmacht auf andere zu projizieren und ihnen das nicht zu gönnen, was sie selbst nicht leben können.

Wir sprechen hier von gebremsten Menschen, die nach keiner Seite hin offen sein können. Da sie ihre Depressionen − hinter denen häufig Wut und Ohnmacht stecken − in den Körper verdrängt haben, haben sie nicht selten auch Krankheitssymptome verdrängt, die sie nur unterschwellig wahrnehmen und immer wieder wegdrücken. So mühen sie sich ständig damit ab, eine Art künstliche Balance aufrechtzuerhalten, um überhaupt den Tag »über die Runden« zu bringen. Häufiger ist jedoch ein Nachlassen oder Versiegen von früher vorhandenem sexuellen Verlangen zu beobachten.

Überall ist heutzutage von »Aufklärung« oder »sexueller Revolution« zu hören und zu lesen, von Begriffen, die für jeden Menschen heute eine Selbstverständlichkeit sind. Die

Erwartungen an die Sexualität sind hoch, doch allzuoft muß Sex als Ersatz für ganz andere Ansprüche und Wünsche herhalten. Falsche Vorstellungen von dem, was Sex vermag, behindern die volle Entfaltung der Lust. Weil Sexualität immer wieder nur in ihren Verhaltensaspekten abgehandelt wird, hat sich in Sachen Sexualität trotz aller Aufklärung grundlegend nicht viel geändert.

Dabei muß Sexualität von einer wesentlich tieferen Ebene her verstanden werden. Sie bezieht den ganzen Menschen mit ein, sein ganzes Sein, Fühlen und Denken, die früheren Jahre ebenso wie die Jahre des Alterns. Sexualität gehört immer zu uns, im oberflächlichen Geplänkel wie im tiefen Erleben. Wer Sexualität nur von der Oberfläche her spürt, hat sich auch in anderen Bereichen im Kern seines Seins bisher nicht erleben können.

Die Früchte der sexuellen Revolution sind der heutigen Generation in den Schoß gefallen. Junge Frauen und Männer profitieren davon schon seit ihrer Teenagerzeit und begeben sich immer wieder ohne Zaudern auf die Jagd nach jenen subtilen Erlebnissen, die in den letzten zwanzig Jahren von Zeitschriften jeglicher Couleur genüßlich aufbereitet und unter dem Stichwort »Aufklärung« veröffentlicht worden sind. Die daraus entstehende Erwartung ist groß. In manchen Köpfen herrscht die Vorstellung von der sexuellen Vereinigung als »Sesam-öffne-dich« zu einer Welt voller Abenteuer und Leidenschaft. Die meisten kennen die Formel jedoch nicht. Und so wird die Verschmelzung mit dem Universum zu einem Reinfall. Junge Menschen von heute wachsen in eine Zeit hinein, in der sie erleben müssen, daß die Sinnlichkeit dem harschen »Alles oder Nichts« nicht gewachsen ist. Falsche Vorstellungen darüber, was Sexualität kann und wozu sie nicht dienen sollte, behindern die Entfaltung der Lust[18].

Das Phänomen der Lustlosigkeit kann natürlich nicht ohne weiteres verallgemeinert werden. Jeder hat seine eigene Lustlosigkeit, die mit seinem persönlichen Schicksal, mit seinem gegenwärtigen Umfeld und mit seiner Erziehung zu tun hat; auch damit, wie Lust in der Ursprungsfamilie gelebt wurde. Ein sexuell verklemmtes Elternpaar kann seine Kinder wohl kaum zu lustvollen Menschen erziehen. Sexuelle Lustlosigkeit geht fast immer einher mit einer Aversion gegen Sexualität. Häufig ist es so, daß nur einer der beiden Partner Lust verspürt; entweder »opfert« sich der andere dann auf oder wendet sich unwillig ab. Nicht selten kommt es zum Streit. Als ich einen etwa 40jährigen Mann darauf aufmerksam machte, daß eine schöne Liebesnacht eben eine schöne Liebesnacht bedeute, nämlich ein Beisammensein, das sich über mehrere Stunden hinziehen kann, machte er ein Gesicht, als ob er mich für nicht ganz normal hielt. Bei ihm dauerte Sexualität, wenn es hoch kam, höchstens eine halbe Stunde.

Aversionen können sich in passivem Widerstand, in Widerwillen und Ekel äußern. Solche Reaktionen sind bei Frauen häufiger als bei Männern. Eine andere − eher »männliche« − Form sexueller Aversion resultiert aus der Angst zu versagen. Widerwillige Reaktionen gehen in jedem Fall mit Vermeidungsverhalten einher, dem Versuch, um die Sexualität einen großen Bogen zu schlagen. Die sexuellen Wünsche des Partners werden wütend abgewehrt oder in einer Form von Resignation geduldet, oder sie führen zu Fluchtreaktionen. Auf dieser Ebene handelt es sich noch nicht um sexuelle Funktionsstörungen; auf einer nächsten Stufe kann es aber dazu kommen, zum Beispiel dann, wenn der Widerstand des anderen Partners nicht beachtet wird und die Forderungen des aktiven Partners massiver werden. Dann kann es zur »Flucht in die Krankheit« kommen, zu ersten sexuellen Funktionsstörungen, denen weitere Schritte in die psychosomatische Erkrankung folgen.

»Komm, mein Freund, laß uns aufs Feld hinausgehen und unter Zyperblumen die Nacht verbringen. Da will ich dir meine Liebe schenken.« So freimütig spricht das Mädchen im »Hohen Lied« des Alten Testaments zum Geliebten. Welche Welten liegen zwischen ihr und der unbekannten englischen Dichterin, die 1688 über das »Unglück ihres Geschlechts« klagte: »Unsere Gedanken, wie Zunder bereit, Feuer zu fangen, waren oft von liebendem Verlangen ergriffen. Doch die Sitte verfügt so strenge Gebote, wir dürfens um unser Leben nicht zeigen.« Im Westen war es schon immer so, daß sexuelle Lust und das Verlangen nach »dem anderen Menschen« nicht gezeigt werden durften. Doch Lust richtig leben zu können bedeutet, sich ganz als Mann oder als Frau zu empfinden. Wer sich mit seiner Geschlechtsrolle nicht voll identifizieren und diese Identität nicht ausleben kann, wer also nicht voll zu sich stehen kann, ist auch nicht in der Lage, Lust zu bejahen. Wer sich nicht voll als Mann fühlt, wird auch nicht aus voller Überzeugung sagen können: »Mit dieser Frau möchte ich beisammen sein.« Die Frau, die voll zu ihrer weiblichen Identität steht, wird ihr Verlangen nach einem echten Mann zeigen können. Auf dieser Ebene kann Lust dann bis zur höchsten Potenz ausgekostet werden. Wenn aber »Jungen« und »Mädchen« herumspielen, sozusagen »hinter vorgehaltener Hand« lieben, voller innerer Schuld-, Scham- und Angstgefühle, kann »tierische« Lust, jene Elementargewalt, die ganz unten aus unserer Triebschicht kommt, nicht erlebt werden.

Simone de Beauvoir hat einmal gesagt: »Man kommt nicht als Mann auf die Welt, man wird es.« – Oder auch nicht. Konnten sich die Jungen in früheren Gesellschaften bei der Entwicklung von Männlichkeit an gesellschaftlichen Vorbildern orientieren, so ist ihnen diese Orientierung inzwischen längst genommen. Dadurch ist das »Mann-sein« schwieriger geworden. Es ist aber ebenso klar, daß nicht eines der beiden Geschlechter leiden kann, ohne daß das andere ebenfalls leidet. Die Identitätsschwierigkeiten der Männer schlagen sich auch in ihren Beziehungen zu Frauen nieder. Auf ihrem Weg zu wahrer Männlichkeit wurden die meisten Männer »kastriert« und können deshalb ihre Lust nicht voll ausleben.

Eingesperrt in einen Pseudomännlichkeitspanzer, sind viele Männer nicht mehr in der Lage, jene entstressenden Verhaltensweisen zu bejahen und zu praktizieren, die sie wieder ins innere Gleichgewicht brächten. Lust heißt nämlich auch, frei von Streß, im Augenblick des Liebesspiels ein totales körperliches und seelisches Wohlbefinden zu spüren. So ist es kaum verwunderlich, wenn überwiegend Frauen vom »Glücklichsein« sprechen; Männern ist dieses Gefühl meist fremd.

Aber auch Frauen können sich, solange sie ihre eigene Geschlechtsrolle nicht voll bejahen, dem Höhepunkt der totalen Lust nicht hingeben. Wie können sie auch ganz Frau sein, wenn der Vater in ihrer Kindheit zu selten anwesend war, um an ihm »Liebe zu erproben« und frühkindliche Erfahrungen zu machen? So werden für sie später »bedrängende« Männer leicht zu beängstigenden »Monstern«, denen sie entfliehen möchten.

Frauen und Männer leiden nicht selten an einer Beziehungsleere, die bereits in der Kindheit durch eine innerlich abwesende Mutter verursacht wurde. Schon früh begannen sie deshalb in der Kindheit, selbst andere zu »bemuttern«, den Geschwistern beizustehen. In der Sexualität erleben sich solche Menschen später nicht als sexuelle Wesen, vielmehr werfen sie Mütterlichkeit und Sexualität in einen Topf. So entsteht in der Partnerschaft jene Bevormundung, die letztlich die Lust abwürgt. Umgekehrt hat der andere Partner in solchen Beziehungen meistens das Bedürfnis, ständig bemuttert zu werden.

Die Wurzeln solcher letztlich asexuellen Verhältnisse und lustlosen Beziehungen reichen tief. Meistens verlief schon die frühkindliche Mutter-Kind-Beziehung (symbiotische Phase) unbefriedigend. Aus dieser ersten mangelhaften Symbiose entsteht eine enge, ungelöste Mutter-Bindung, die häufig auch das Resultat eines real oder emotional fehlenden Vaters ist. Weiter entspringt aus dieser mangelhaften ursprünglichen Symbiose auch das beständige Bestreben, eine erfüllende Symbiose zu erreichen. Ein solcher Mensch braucht ständig jemanden, der sich um ihn kümmert, mit entsprechenden Prägungen auch in der Sexualität des Erwachsenen.

So wiederholt sich dieses Beziehungsmuster ständig, auch im Erwachsenenalter. Freilich wird dieser Beziehungskonflikt dann gar nicht mehr als Konflikt erlebt, sondern als sexueller Defekt. Wenn es um die Geschlechtsrolle und um das Lusterleben geht, wünscht ein Partner, der sich ganz als Mann oder ganz als Frau fühlt, nicht unbedingt einen Partner, der bemuttert werden möchte, sondern einen, der ebenfalls ganz in seiner Geschlechtsrolle steht. Wenn beispielsweise ein Mann mehr Spaß daran hat, dauernd an der Brust der Partnerin zu nuckeln, als daran, sich mit ihrem gesamten Körper in seiner vollen Empfindungsfähigkeit auseinanderzusetzen, dann braucht er eher eine Mutter als eine Partnerin. Das gilt häufig auch für lesbische Frauen: Nicht selten ist es das Bedürfnis nach Symbiose, das eine Frau in die Arme einer meist mütterlichen Freundin treibt.

Es ist längst bekannt, daß durch Zynismus oder Lebensfeindlichkeit geprägte Verhaltensweisen den Körper schädigen, ebenso, daß im psychosomatischen Geschehen die Sexualität eine zentrale Rolle spielt. Schließlich ist es auffällig, daß eine vor Kraft strotzende Persönlichkeit gesünder ist als andere. Im Bewußtsein seiner vollen Kraft und Gesundheit kann aber nur sein, wer sich voll mit seiner Geschlechtsrolle identifizieren und seine potentielle Lust ausleben kann. In einer Zeit zunehmender Klagen über die Körperfeindlichkeit findet seit einigen Jahren jedoch in den westlichen Kulturen auf breiter und populärer Basis eine Renaissance der Körperaufmerksamkeit statt. Freizeit-Sportaktivitäten nehmen zu und wir erleben einen Boom der Freizeit-Sportindustrie; aber es hat manchmal den Anschein, daß es mehr um tolle Sportkleidung und -ausrüstung geht, als um wirkliches Interesse an körperlichen Aktivitäten. Vieles hat eigentlich mehr Alibifunktion; das tatsächliche Interesse daran, den Körper wieder erlebbar zu machen, hält sich in Grenzen. Immerhin wird aber Körperfeindlichkeit inzwischen kollektiv wenigstens als Problem empfunden. Um Lust wieder erlebbar zu machen ist es sicherlich wichtig, zunächst den Körper wieder fühlbar zu machen. Zur Erreichung dieses Zieles sind eine Reihe körperlicher Aktivitäten sinnvoll und therapeutisch empfehlenswert, andere haben nur Alibifunktion. Als Hilfestellung habe ich deshalb in einem früheren Buch eine ganze Reihe körperlicher Übungen und Körpertherapien empfohlen, die den Körper sensibilisieren und aktivieren können[19]. Für unser Krankheitserleben und unser Wohlbefinden ist unser Körperbewußtsein, die kognitive wie emotional affektive Erfahrung unseres Körpers, seines Aussehens und Funktionierens, von entscheidender Bedeutung. Deshalb ist bei jeder Therapie von Fehlentwicklungen auch hier anzusetzen. Der Begriff »Körperbewußtsein« umfaßt die Aufmerksamkeit, die wir – generell oder in bestimmten Funktionen – unserem eigenen Körper schenken. Diese Beziehung zum eigenen Körper wird auch als »Körpereinstellung« bezeichnet. Wir verstehen darunter die subjektive, auf den eigenen Körper bezogene Merkmals- und Eigenschaftszuschreibung. Unser Körperbewußtsein und unsere Körpereinstellung konzentrieren sich hauptsächlich auf folgende Aspekte:

1. Wir nehmen den Körper als etwas Ästhetisches wahr, das gepflegt werden muß und besondere Aufmerksamkeit verdient. Diese Einstellung wird gelegentlich überbetont, und in dieser Eitelkeit kommt dann ein bestimmter Narzißmus zum Ausdruck.
2. Die wohl wichtigste Bedeutung kommt unserem Körper für unser Sexualleben zu. Wer sich in seiner Körperlichkeit nicht positiv erleben kann, ist auch unfähig, Lebenslust im allgemeinen und sexuelle Lust im besonderen zu erleben.
3. Wer sich von seinem Inneren abgespalten hat, erlebt seinen Körper nur noch als »Behälter des Schmerzes«. Der körperliche Schmerz steht dann als Ersatz und Ausweg für verdrängte seelische Schmerzen.

Unser körperlicher Allgemeinzustand hat Einfluß auf unser sexuelles Erleben, auf unsere Funktions- und Erlebnisfähigkeit. Darum ist es so wichtig, etwas für unseren Körper zu tun. Nur mit einem voll funktionsfähigen Körper können wir sexuelle Lust, Liebe und Höhepunkte erleben. Dabei kommt neben den primären Sexualorganen der Haut eine besondere Bedeutung zu. Jeder weiß, wann ihm etwas »unter die Haut gegangen« ist oder nicht. Die Haut ist ein wichtiges Ausdrucksorgan der Seele. Was in der Psyche vorgeht, macht sich leicht auf der Haut bemerkbar. Die Haut ist aber auch ein großes Lustorgan. Über die Haut spüren wir das Geben und Nehmen, auf der Haut spüren wir die Berührungen, die im Körper zu unseren Herzen und zu den Genitalien weitergeleitet werden. Die Haut vermittelt uns Freunde und Unbehagen.

Aber statt unseren Körper für die Lust erlebnisfähig zu machen, haben wir die Sexualität zur größten Lüge unseres Lebens gemacht. Und über unsere Lebenslügen ist Sexualität ein sehr störungsanfälliger Knotenpunkt bewußter Gefühle und unbewußter Reaktionen geworden. Seelische Fehlentwicklungen und Probleme schlagen genauso auf die Sexualität durch wie Alltagsprobleme und körperliche Schwächen. Wollen wir Sexualität als ein großes Medium für Lebendigkeit verstehen, müssen wir in die Tiefen der menschlichen Seele hinabsteigen, um von der Basis her krankmachendes Geschehen aufzurollen.

Fragen zur Selbstreflexion:

Kränkungen machen uns krank. Überdenken Sie einmal die großen und kleinen Kränkungen Ihres eigenen Lebens. Wie sind Sie damit umgegangen? Lassen Sie sich Kränkungen gefallen, setzen Sie sich gleich damit auseinander? Auch diese Fragen können Sie aus Ihrem gegenwärtigen Verhalten beantworten. Wenn Sie sich bei Kränkungen nur verletzt zurückziehen, tragen Sie wahrscheinlich ein großes Potential an Kränkungen in sich, das Sie ständig unbewußt oder bewußt quält. Wenn Sie sich aber mit dem Inhalt von zugefüg-

ten Kränkungen direkt auseinandersetzen und möglicherweise sogar erkennen können, daß bei Aggressionen gar nicht Sie persönlich gemeint sind, sondern daß Ersatzpartnerschaften oder ungute Dreieckskonstellationen im Spiel sind, dann können Sie sich auch vom Inhalt der Kränkung distanzieren und dem Aggressor bedeuten, daß Sie so nicht mit sich spielen lassen. Am Anfang mag das schwer sein, aber auf Dauer lösen Sie sich so auch von alten Kränkungen. Beziehen Sie in diese Selbstanalyse auch Ihre Schuldgefühle mit ein. Denn Kränkungen wirken als negative Bewertungen – eigene Schuldgefühle sind beim Kränkungsprozeß genauso beteiligt wie negative Urteile anderer. Über Schuldgefühle lassen wir häufig zu, daß andere so mit uns umgehen. Da Schuldgefühle und Kränkungen sehr schmerzhaft und auf Dauer nicht zu ertragen sind, verdrängen wir sie in die tiefen Schichten unserer Seele, von wo aus sie krankmachend wirken. Unbewußt bauen wir dann entsprechende Erwartungshaltungen auf und ziehen weitere Kränkungen auf uns.

Vielleicht gelingt es Ihnen sogar, solche Erwartungshaltungen bei sich zu entdecken. Um solche Muster und Kreisläufe aufzubrechen, müßten Sie zuerst eine Entscheidung treffen und den Entschluß zur Änderung der Verhaltensmuster fassen. Dieser Entschluß sollte nicht nur aus dem Kopf kommen, sondern sozusagen aus dem Bauch. Zu jeder Entscheidung gehört eine Überzeugung: Wenn Sie zu der Überzeugung gelangen, daß Sie Ihr Verhalten ändern und daß Sie es schaffen können, da herauszukommen – wenn Sie diese Überzeugung und Entscheidung aktivieren können, dann werden Sie es auch schaffen.

Der Penis
im Spannungsfeld zwischen
Macht und Ohnmacht

4. KAPITEL

Tiefenpsychologische Problemkonstellationen

Nirgendwo ist die wechselseitige Abhängigkeit zwischen seelischen und körperlichen Prozessen so stark wie im Bereich der Sexualität, denn die Sexualfunktionen sind der Willkür des Menschen weitgehend entzogen. Willentlich können wir nur entscheiden, ob wir unserem sexuellen Verlangen nachgeben wollen oder nicht. Alles weitere hängt von unserer Gemütslage ab, der »seelischen Temperatur«, die über das vegetative Nervensystem den körperlichen Vorgang weitgehend beeinflußt. Deshalb ist der störungsfreie Ablauf des sexuellen Aktes nur möglich, wenn die Energien ohne Beeinträchtigung durch negative Gefühle frei fließen können.

Paradoxerweise gestattet es sich der Mensch jedoch erst lange nach seinen mechanischen Fortschritten wieder, seine grundlegenden Bedürfnisse und Erfahrungen als selbstverständlich hinzunehmen. Ein solcher gemeinsamer Nenner, der ihn mit seinen unzähligen Vorfahren verbindet, ist die Berührung. Seit Urzeiten sind die grundlegenden Empfindungen, die von körperlichen Kontakten herrühren, die Schmerzen und die Freuden unverändert. In unserer technologischen Zeit und in einer von Vernichtungswaffen bedrohten Welt werden zwar Maschinen und Medikamente geschaffen, die uns entspannen und beruhigen sollen, aber nichts von alledem kann eine tiefe Umstellung bewirken, wenn die Sexualität bereits gestört ist. Es gilt vielmehr, an die Wurzeln der Sexualstörung heranzukommen.

Der menschliche Sexualakt verläuft in zwei Phasen: In der ersten, der Zeitspanne vom Eindringen in die Vagina bis zum Orgasmus, ist der Penis erregt, angeschwollen, mit Blut gefüllt, aber noch nicht übererregt, zur »großen Entladung« bereit. Mann und Frau steigern die Erregung gemeinsam durch Berührung und Reibung des Penis mit den inneren Schamlippen, wobei der Mann zustößt und die Frau ihm mit ihrem Becken entgegenkommt. Durch ständiges kraftvolles Zustoßen werden beide Partner immer erregter, doch sind ihre Bewegungen in dieser Phase noch kontrolliert. Die Atmung ist tief und regelmäßig. Die Erregung baut sich vor allem in den Becken beider Partner und in den Genitalien auf, bis sie nicht länger zurückgehalten werden kann. Hier setzt nun die zweite Phase ein, die zum Höhepunkt führt: Bei der Entladung kommt es zu einem tiefen Loslassen, das oft von Seufzern und Schreien begleitet ist, da das Ausatmen wie eine mächtige Woge durch den Körper läuft. Mit diesen Wogen bäumen sich die Becken von Mann und Frau auf und der Orgasmus nähert sich immer mehr der »Schwelle«. Der Mann entlädt sich in der Frau. Die Erregungskurve ist oben und baut sich allmählich wieder ab.

Sexuelle Befriedigung kommt nicht in erster Linie aus den willkürlichen Bewegungen, sondern vor allem aus den unkontrollierten Bewegungen der zweiten Phase. Damit diese möglich werden, muß die bewußte Kontrolle aufgegeben werden. Die Ejakulation bedeutet für den Mann eine tiefe Entspannung, weil das Geschehen unwillkürlich abläuft, und auch die Frau verliert beim Orgasmus die Selbstkontrolle, sie »verströmt« sich.

Nicht selten geht es Menschen jedoch beim Geschlechtsakt tiefinnerlich nicht um das Beieinandersein und nicht um Liebe. Sie jagen einem Höhepunkt nach dem anderen nach. Der Liebesakt wird zur Leistung. Die Partner benutzen ihn, um innere Spannungen loszuwerden. Ebensogut könnten sie dieses Ziel durch häufiges Masturbieren erreichen. Grundlegend aber hat der sexuelle Impuls mit unserem sozialen Verlangen nach Nähe, nach Kontakt, nach »schweigender Kommunikation« zu tun. Ein zweiter Impuls ist der sexuelle Trieb, der nach Verwirklichung drängt.

Die enorme Mannigfaltigkeit, die das sexuelle Erleben für die verschiedenen Menschen besitzt, ist in hohem Maße vom früheren taktilen Erleben mitbestimmt, denn dieses ist ja die Sprache, in der man dem anderen mitteilen kann, was sprachlich sonst nicht mitteilbar ist: Berührungen können dem Austausch von Liebe und Zärtlichkeit dienen, aber auch den anderen verletzen oder ausnutzen; sie können eine Form der Selbstverteidigung darstellen, sie können der Selbstverleugnung oder Selbstbehauptung dienen. Vor allem aber stellen taktile Erlebnisse eine Bejahung oder Verneinung der eigenen Männlichkeit bzw. Weiblichkeit dar.

Solche Erfahrungen kennen wir schon aus der Kindheit. Die physische Intimität zwischen Mutter und Kind spiegelt nämlich auch die Einstellung der Mutter zur Intimität des Geschlechtslebens wider. Ist die Sexualität für sie ein Erleben voll Ekel, dann wird sie diesen Ekel bei jedem physischen Kontakt spüren und die Berührung mit dem Kind meiden. Wenn eine Frau sich ihres Körpers schämt, ist es ihr nicht möglich, dem Säugling mit Liebe und Zärtlichkeit die Brust zu geben. Wenn Genitalien sie mit Abscheu erfüllen, wird sie die Genitalien ihrer Kinder, vor allem die der Jungen mit Widerwillen anfassen und waschen. Jede Berührung, die ein Kind auf diese Weise erfährt, kann ihm das Gefühl vermitteln, zurückgestoßen zu werden; Schamgefühle oder die Furcht vor Kontakten werden so von der Mutter auf das Kind übertragen. Damit sind die Wurzeln für eventuelle spätere sexuelle Störungen bereits gelegt.

Es ist nämlich schwierig, ein gutes sexuelles Verhältnis zu einem anderen Menschen zu haben, ohne ihn zu berühren. Ebenso wichtig ist es für jeden Menschen, berührt zu werden. Und die stärkste Abhängigkeit in Sachen Berührung besteht nun einmal zur Mutter, die uns vom Säuglingsalter an immer wieder berührt. Der Säugling möchte seine Haut an der Haut der Mutter spüren, den Mund genüßlich saugend an der Mutterbrust erfahren und den Unterleib gegen ihren Leib pressen. Wir leben, um berührt zu werden. Für einen Säugling ist Berührung sogar lebensnotwendig.

Wir wissen, daß Sexualität uns ein Leben lang begleitet. Kleinkinder können ihre sexuellen Empfindungen zwar noch nicht als solche erkennen, doch besteht kein Zweifel, daß sie bereits sexuelle Empfindungen haben. Der affektive Kontakt zwischen Mutter und Kind ist die Grundlage der späteren körperlichen Zutraulichkeit. Wenn aber diese Früherfahrungen fehlen oder wenn sie überwiegend negativ geprägt sind, kommt es im Erwachsenenleben zu Kontaktschwierigkeiten, die in die Impotenz führen können. Weil die Mutter immer da ist, verinnerlicht nämlich der kleine Junge ihre Präsenz als lebensnotwendig; und die mit der Mutter gemachten Erfahrungen erlangen enorme Bedeutung. Die Mutter ist nicht nur ständig gegenwärtig, sondern sie lebt auch in seinem Innern; sie wird ein Teil seiner selbst, den er ein Leben lang in sich trägt.

Wenn der Knabe der Mutter entwachsen ist und als junger Mann erste Erfahrungen mit dem anderen Geschlecht gemacht hat, ergeben sich als nächstes Bindungswünsche an die Geliebte oder die Ehefrau.

Doch hier zeigen sich dann die Folgen einer gestörten Beziehung von Mutter und Sohn, bis hin zur Impotenz. Daß Impotenz fast immer — ganz oder teilweise — seelische Ursachen hat, wollen viele Männer jedoch nicht wahrhaben. Die Praxen der Ärzte sind voll mit Patienten, die über Störungen ihres Urogenitaltraktes klagen. Obwohl viele von ihnen die Diagnose längst kennen, gehen sie immer wieder zum Arzt, um sich ihre körperliche »Unversehrtheit« bestätigen zu lassen. Manche laufen sogar von einem Spezialisten zum anderen, um doch noch einen Arzt zu finden, der eine Krankheit diagnostiziert, die sich über Pillen und Injektionen beheben läßt. Denn die Diagnose »Impotenz« ist für die meisten Männer vernichtend. Unter dem viel zu allgemeinen Begriff »Impotenz« sind jedoch eine ganze Reihe von Funktionsstörungen zu verstehen, die zum Teil körperliche, zum Teil aber auch psychosomatische Ursachen haben. Untersuchen wir darüber hinaus die körperlichen Erkrankungen genauer, die mit sexuellen Funktionsstörungen im Zusammenhang stehen, so ist das Ergebnis häufig, daß selbst diese körperlichen Störungen einen psychischen Hintergrund haben.

Eine weitverbreitete Funktionsstörung im Genitalbereich ist die Unfähigkeit, zu einer Ejakulation zu kommen. Daß gerade diese Störung so verbreitet ist, hat seine Ursache darin, daß Lust und Unlust des Menschen insgesamt über bestimmte Bereiche des limbischen Systems im Gehirn gesteuert werden. Auch die Ejakulationsfähigkeit hat ihren Ursprung im limbischen System. Reizungen im spinothalamischen Trakt, im Thalamus und in den Projektionsstellen des Thalamus im limbischen System führen zur Ejakulation. Genitale Empfindungen, ausgelöst durch Berührung des Genitals, werden wahrscheinlich über den spinothalamischen Trakt, den Thalamus und Verbindungen mit den sogenannten »Lustzentren« im Hypothalamus und limbischen System mit Projektionen zum sensorischen Kortex wahrgenommen. Es wird angenommen, daß dadurch der Ejakulationsprozeß kontrollierbar ist.

Auch die Erektionen gehen vom limbischen System aus. Erektionszentren im limbischen System finden sich in der Nähe von Ejakulationszentren, sind aber nicht mit diesen identisch. Sie befinden sich vor allem in den hypokampalen Projektionsbereichen zum Septum, im inneren Teil des Thalamus und Hypothalamus[20].

Im limbischen System sind aber auch frühere Erfahrungen gespeichert. Denken wir an das Beispiel der sexuell negativ eingestellten Mutter mit ihrem Säugling. Dessen limbisches System hat solche negativen Emotionen gespeichert. Noch als Mann kann dieser Junge auf solche frühen Gedächtnisinhalte in seinem limbischen System zurückgreifen, auch wenn sie ihm wahrscheinlich gar nicht willkommen sind. Denn während späterer sexueller Annäherungen werden unbewußt auch die frühen Erfahrungen und Gedächtnisinhalte aktiviert. Alle sinnlichen Wahrnehmungsbereiche aus dem Cortex wie Riechen, Tasten, Hören, Sehen und Schmecken werden mit alten Erfahrungen »verglichen«.

Ist nun einer dieser Bereiche negativ besetzt, dann werden Widerstände aktiviert. Diese wirken zweigleisig: Erstens leiten sie über die Hypophyse den Abbau der Erregung ein, und zweitens wirken sie gleichzeitig auf die sensorischen Wahrnehmungen ein. Rückmeldungen aus der Umwelt, etwa der Geruch der Partnerin, das Gefühl ihrer Haut, ihr Geschmack beim Küssen werden nun negativ belegt und rufen einen Widerstand hervor. Eine solche Rückmeldung verstärkt den Abbau der Erregung noch zusätzlich. Solche Erfahrungen können fixiert werden und sich zusammen mit den alten Inhalten zu einer neuen negativen Erlebniskette verknüpfen, die dann ihrerseits im limbischen System gespeichert wird. Über diese Kette kommt es zu einer negativen Erwartungshaltung; man rechnet schon im voraus damit, daß keine Erektion oder Ejakulation gelingen wird. Dieser komplexe Vorgang gilt übrigens auch für Frauen mit frühen negativen Erfahrungen.

Erektionen können beim Mann in jedem Alter ausbleiben. Er kann die Fähigkeit, den Geschlechtsakt auszuüben, schon vor dem Eindringen verlieren. Er kann nach einer langen Zeit voller wunderschöner sexueller Erlebnisse versagen. Es kann auch sein, daß es bei der einen Partnerin »klappt« und bei einer anderen nicht.

Wenn ein Mann sich durch nichts bedroht fühlt, im Zustand des Wohlbefindens, senden die Neuronen Acetylcholin aus, ein Hormon, das die Blutgefäße im Penis erweitert. Blut strömt ein und staut sich im Penisschaft. Der Mann ist erregt – aber nur, wenn keine Angst im Spiel ist. Angst trocknet die Schleimhäute im Mund aus, läßt das Herz schneller schlagen und läßt den Penis leer werden. Denn jetzt wird über die Angst eine Flucht- und Angriffssituation geschaffen; der Organismus fühlt sich bedroht und für sexuelle Erlebnisse bleibt kein Spielraum mehr.

Egal, ob es sich um Erektionsschwierigkeiten, um Ejakulationshemmungen oder um einen zu schnellen oder zu schwachen Orgasmus handelt – immer ist Angst mit im Spiel. Und wo Angst aufkommt, da ist auch die Aggression nicht weit. Wie generell beim Flucht- und Angriffssyndrom ist das Hormon Adrenalin an den körperlichen Prozessen beteiligt, die Lustempfinden und Sexualität blockieren. Solche Aggressionen können oft ursächlich mit »kastrierendem« Verhalten von Müttern in Verbindung gebracht werden; häufig werden sie auch auf die gegenwärtige Sexualpartnerin projiziert.

Sexuelles Vermeidungsverhalten kann sich außerdem in einer Aggressivität äußern, hinter der inzestuöse Wünsche stehen, die über bestehende Tabus nicht ausgelebt werden konnten und die jetzt auf die jeweilige Sexualpartnerin projiziert werden[21].

Ängste und Aggressionen, die durch Fehlverhalten der Mütter entstanden sind? Der Mann als Opfer der Frau? Handelt es sich bei männlichen Potenzstörungen wirklich um derart infantile, archaische Ängste? Oder, umgekehrt, haben Frauen ihre sexuellen Störungen einer gestörten Vaterbeziehung zu verdanken? Es spricht leider sehr vieles für diese Zusammenhänge. Andererseits gibt es aber auch Männer, die die Liebe einer Frau ausbeuten und die das geliebte Opfer zerstören. Ein ewiger Kampf der Geschlechter also? Ja und nein. Die Wurzeln liegen tief, aber wir haben ebenso die Chance, aus Fehlentwicklungen im Geschlechtsrollenbereich zu lernen, neue Wege einzuschlagen, die Weichen neu zu stellen. Damit, daß wir dem jeweils anderen Geschlecht Vorwürfe machen, kommen wir nicht weiter. Wir müssen uns bemühen aus dem Dilemma herauszukommen.

Impotent sind nicht nur solche Männer, die keinen Geschlechtsverkehr haben können, sondern manchmal auch Männer, die irgendwie nicht wollen. Dahinter können unbewußte Wünsche und Gefühle wie Rache an der Mutter oder

Beherrschung der Frau über die Verweigerung stehen. Über seinen nicht »vollzugsbereiten« Penis kann ein Mann auch Macht über die Frau ausüben, die er im tiefsten Grunde seines Herzens haßt. Oft haßt er nicht die Partnerin, sondern in ihr die Mutter, die ihn nicht aus der Symbiose entlassen und ihn zum »Muttersöhnchen« gemacht hat. Die Mutter hat dann das Feuer entzündet, an dem sich die Ehefrau oder Geliebte verbrennt.

Um pychosomatische Störungen des männlichen Urogenitaltraktes zu verstehen, sollte man sich auch die symbiotische Funktion des Penis beim Sexualakt und beim Urinablassen vergegenwärtigen. Der Phallus steht – vor allem in patriarchalischen Gesellschaften – nach wie vor für Macht und Grandiosität: Er ist symbolisch mit Geltung und Leistung identifiziert.

Kinder hingegen stellen häufig einen Leistungsvergleich an, wer am weitesten pinkeln kann. Die Jungen gehen dabei immer als »Sieger« hervor. Der Anspruch der Knaben, »im hohen Bogen« zu pinkeln und damit den Mädchen zu »beweisen«, daß sie etwas besser können, ist eine bedeutsame Selbsttäuschung. Diese Leistung vollbringen sie nämlich nur dadurch, daß sie ihren Penis berühren, hochheben, um so zu einem »weiten Strahl« zu kommen. Würden sie das unterlassen, könnten die Mädchen nämlich weiter pinkeln.

Diese narzißtische Gefühlsbesetzung des Penis und die Möglichkeit, sich hier »lustvoll verströmen« zu können, ist die Basis für ein gesundes Körperempfinden im Urogenitalbereich. Gleichzeitig ist das urogenitale Selbstbewußtsein ein wichtiger Baustein für die eigene Identität. Daneben zeigen sich Gefühle der Gelassenheit, Intimität und Hingabe. Daß gerade die Hingabefähigkeit in der Sexualität eine bedeutende Rolle spielt, ist bekannt.

Bei Männern mit Potenzschwierigkeiten aber ist vor allem die Hingabefähigkeit gestört. Die Hingabe oder das Gefühl, »sich vertrauensvoll verströmen« zu können, ist eine wesentliche Voraussetzung für die Beziehungsfähigkeit. Aus dieser Sicht ist es nicht verwunderlich, wenn der urogenitale Bereich für beide Geschlechter zum Konfliktbereich werden kann.

Der folgende Symptomkomplex zeigt einige der im männlichen Urogenitaltrakt auftretenden psychosomatischen Symptome und Erkrankungen:
1. Sexualstörungen;
2. Infektionen und Irritationen der Genitalschleimhäute (Mykosen, Herpes genitalis u. a.);
3. unklare Schmerzen im Genitalbereich;
4. Infektionen der Harnröhre, der Prostata oder der Hoden und Nebenhoden.

Immer mehr Männer lassen sich wegen Impotenz vom Therapeuten oder Facharzt beraten. Zu den Ursachen dieser Störung können Mißbrauch von Drogen, Alkohol und Nikotin ebenso gehören wie die Einnahme von blutdrucksenkenden Medikamenten, Arteriosklerose oder Diabetes (Zuckerkrankheit). Ich möchte noch einige weitere Gründe aufführen, die zur sexuellen Störung führen können:
Rückenmarksverletzungen,
Multiple Sklerose,
Prostata-Operationen,
Mangel des Hormons Testosteron.

Bei genauerer Betrachtung der Zuckerkrankheit als scheinbarer Mitverursacherin von sexuellen Funktionsstörungen ergeben sich allerdings interessante Einsichten: Die Zuckerkrankheit gibt dem betroffenen Menschen nämlich zunächst ein »Alibi« für die Impotenz; jetzt kann er sagen: »Dafür kann ich nicht, daran ist mein Zucker schuld!« Daß es sich dabei jedoch um eine Selbsttäuschung handelt, werden die folgenden Ausführungen zeigen.

Wenn wir von einer psychosomatischen Krankheit sprechen, müssen solche Aussagen natürlich über Faktenvergleiche belegbar sein. Deshalb haben Wissenschaftler der psychosomatischen Medizin ein Persönlichkeitsprofil für Zuckerkranke herausgearbeitet. Danach sind bei diesem

Personenkreis schon in der frühen Kindheit starke Ambivalenzkonflikte erkennbar. Der Diabetiker schwankte schon hier zwischen Auflehnung und gefügiger Unterordnung gegenüber Vater und Mutter (»Lieb-Sein« durch Gehorsam). Viele waren verzogene Kinder. Eifersucht zwischen den Geschwistern und Eifersucht zu einem der Elternteile weisen auf eine größere Störung im Triangulierungsprozeß hin. Männer, die an Diabetes leiden, hatten oft eine starke bevormundende Mutter, konnten also mit großer Wahrscheinlichkeit nicht zur Identifikation mit dem Vater gelangen. Der Diabetiker will nun – genau wie andere, an (nicht organisch bedingten Formen der) Impotenz leidende Männer – bemuttert werden. Schon diese Zusammenhänge zwischen Impotenz und Zuckerkrankheit legen es nahe, Diabetes nicht isoliert von der »kleinen Form« der Impotenz zu betrachten[22].

Das Schema der mißglückten frühkindlichen Triangulierung wiederholt sich nun zwanghaft in den Partnerschaften der Betroffenen. Die Partner teilen eine Abneigung gegen den Geschlechtsakt, und obwohl Zuckerkranke mit anderen Menschen scheinbar gut auskommen, sind sie im Grunde auch hier ambivalent und schwanken zwischen großer Nähe und Zugeknöpftheit hin und her.

Bei der Arbeit zeigen sie Fleiß, aber wenig Initiative und verzetteln sich mit Unwesentlichem, so daß sie ihre oft überdurchschnittlichen Gaben nicht zum Tragen bringen. Verantwortung wälzen sie gerne ab. Sie sind mehr passiv als aktiv, mehr masochistisch als sadistisch, und oftmals sind latente Anlagen zur Homosexualität zu erkennen[23].

Die Grundhaltung dieser Menschen neigt zu Trauer und Depression. Kamen solche Patienten in der Hypnose mit ihrer Traurigkeit in Berührung, dann stiegen die Glucosewerte während des Versuchs an. Andere Versuche, bei denen ein Gefühl von Geborgenheit suggeriert wurde, führten hingegen zu einem Abfallen der Glucosewerte.

Daß psychische Faktoren in Krisenzeiten eine bestehende Zuckerkrankheit aktivieren, ist unumstritten. Fast immer besteht in solchen Fällen ein Zusammenhang zwischen Glucosewerten, Krankheit, Depression und Impotenz. Indes ignorieren viele Wissenschaftler einen Zusammenhang zwischen frühkindlichem Trauma und der Entstehung von Zuckerkrankheit, wie überhaupt Phänomenen wie dem Triangulierungsprozeß und der psychischen Geschlechtsrollenentwicklung in der psychosomatischen Medizin wenig Beachtung geschenkt worden ist.

Diabetes, im Volksmund auch Zuckerharnruhr oder einfach Zuckerkrankheit genannt, ist – physiologisch betrachtet – eine möglicherweise erbliche Stoffwechselstörung des Körpers; psychologisch gesehen wird eine bestimmte geistige Haltung im Partnerschaftsbereich über den »Familiengeist« an die nächste Generation weitergegeben.

Als wichtigstes Merkmal tritt bei dieser Erkrankung ein absoluter oder relativer Mangel an Insulin auf. Insulin ist das wichtigste Hormon der Bauchspeicheldrüse, sein Vorhandensein Voraussetzung für eine geregelte Zuckerkonzentration im Blut. Das Hormon sorgt nämlich dafür, daß der »Brennstoff« Zucker den Körperzellen für ihre Arbeit zur Verfügung gestellt wird. Fehlt Insulin oder wird es nicht ausreichend produziert, kann der Zucker im Stoffwechsel nicht ausreichend oder überhaupt nicht verwertet werden. Der Zuckerspiegel im Blut steigt an.

Da diese Stoffwechselprozesse der Verdauung zugeordnet werden, können wir psychosomatisch auch folgendermaßen definieren:

Verdauung – ist Umgang mit – existenzsicherndem – Besitz;

– ist Besitzverwaltung;

– ist Besitzverwertung.

Wenn wir in diesem Zusammenhang nicht nur unsere materielle Verwertung von Nahrung betrachten, sondern auch die geistig-seelische »Verdauung« mit einbeziehen, kommen wir zu dem Schluß, daß der Diabetiker sich weigert, Liebe herzugeben und ebenso Liebe zu empfangen. Er läßt es nicht zu, daß Zucker (Liebes-Besitz) verwertet wird.

Menschen mit Potenzstörungen und Diabetiker mit sexuellen Funktionsstörungen haben eines gemeinsam: Sie sind irritiert in ihrem Gefühlsausdruck. Übereinstimmend kann man feststellen, daß Ängste, insbesondere Versagensängste, eine wichtige Rolle spielen. So kommt in beiden Krankheitsbildern, die in wesentlichen Zügen übereinstimmen, depressiver Ängstlichkeit eine Schlüsselrolle zu. Impotente, Zuckerkranke und Depressive neigen zu einer starken kontrollierenden Selbstbeobachtung. Und damit kommen wir auf das fehlende Geborgenheitsgefühl in diesem Personenkreis zurück. Vertrauen und Geborgenheit sind Faktoren, die für ein glückliches Sexualleben unerläßlich sind. Die Angst jedoch, wieder nicht angenommen zu werden (Triangulierungs-Trauma) und – damit einhergehend – die Angst, eine bestimmte Leistung nicht vollbringen zu können (durch die man den Eltern oder dem Sexualpartner gefallen will), führen ins Fiasko. Angst, Wut und Hoffnungslosigkeit lassen den Zuckerspiegel steigen, und die Stoffwechselstörung führt ihrerseits zu sexuellen Funktionsstörungen.

Welche Resultate hat nun aber die herkömmliche medizinische Forschung über die Zusammenhänge von Diabetes und Impotenz vorzuweisen? Auf alle Fälle scheint ein Faktor gesichert: Diabetes führt zu Venenverengungen, auch im Penis, so daß dieser sich nicht mehr mit Blut füllen kann. Bestimmte Erektionsstörungen führt man auf Stoffwechselstörungen zurück; sie treten immer im Zusammenhang mit endokrinen »Entgleisungen« auf. Forscher fanden ebenfalls heraus, daß bei einer bestimmten Gruppe von impotenten Diabetikern häufig ein neurogener Tonusverlust der Blase vorlag. Es ist erwiesen, daß auch eine Störung des autonomen pelvinen Nervensystems eine Rolle spielt. Vorwiegend sind jedoch – medizinisch gesehen – die Erektionsstörungen bei Diabetes als Gefäßverengung am Penis zu definieren.

Wenn wir den Spuren der Impotenz folgen, dann ist jedoch vor allem ein psychologischer Aspekt nicht zu verleugnen: Männer mit funktionellen Sexualstörungen tragen ein Frauenbild in sich, das von den Polaritäten »Hure – Heilige« geprägt ist. Hier wird das »Hohelied der Mütterlichkeit« gesungen. In den Phantasien der Knaben sind »Helden« sterblich, Mütter hingegen sind ewig unsterblich. Doch ist ja, wie wir schon gesehen haben, auch die Mutterliebe nicht von aller »sündigen« Sinnlichkeit frei. Seit der Triangulierung weiß der Sohn: Mütter lieben nicht nur aus Pflicht, sondern auch aus Neigung (den Vater). Damit ist ihre Liebe aber auch »unsittlich«, denn während der Triangulierungszeit erfährt der Sohn ja auch, daß Liebe verboten ist. Schon ab dem Kindergartenalter wird ihm meistens Liebe als etwas hingestellt, »das man nicht tun darf«. Und so gerät er in den Konflikt von der Hure und der Heiligen.

Auf der einen Seite verehrt der Sohn die Mutter. »Ich möchte dich heiraten, Mama.« Auf der anderen Seite empfindet er es als Verrat, wenn die Mutter den Vater in die Arme nimmt. Für den Sohn ist die sexuelle Liebe der Mutter auch darum »unmoralisch«, weil sein eigenes Verhältnis zur Mutter keine Beziehung zu einem fremden Ich darstellt, sondern ein »Verwachsensein von Anfang an«. Es fällt dem Sohn schwer, die Dinge in sich zu trennen. Sogar noch schwieriger wird es für ihn, wenn die Mutter geschieden ist oder noch nie verheiratet war. Der gelegentlich auftretende Hausfreund und die heimlich beobachtete Umarmung mit ihm, stoßen das Vertrauen des Sohnes in eine Krise.

Bei den inneren Zusammenhängen von Depression und Impotenz spielen die jeweiligen Erlebnisse in der Triangulierungsphase also eine wichtige Rolle. Der Sohn sieht seine Felle hier auf jeden Fall davonschwimmen und kann in seiner Hilflosigkeit nicht anders als mit Depression reagieren. Er zieht sich »gekränkt« in sein Innerstes zurück und schafft es manchmal ein ganzes Leben lang nicht, aus diesem »Gefängnis« wieder herauszukommen.

Depressionen haben viele Gesichter. Die reaktive Depression etwa entsteht aus einem schmerzhaften Ereignis, wie der Trennung von einem Partner oder dem Tod eines nahestehenden Menschen. Der Betroffene fühlt sich dann von diesem Einschnitt unnatürlich lange und intensiv gequält. Depressionsgefährdet sind ganz allgemein besonders sensible

Menschen. Bei sogenannten neurotischen Depressionen liegen die Ursachen in der besonderen Persönlichkeitsstruktur des Betroffenen. Zu diesem Personenkreis zählen auch sexuell funktionsgestörte Männer, ganz besonders aber solche, die die Fähigkeit zur Sexualität teilweise oder ganz über die Diabetes verloren haben. Frühkindliche Erfahrungen, etwa zu strenge Eltern oder das Fehlen von Zärtlichkeit und Geborgenheit, können bei solchen Menschen depressionsauslösend wirken, wenn sie mit unüberwindlich scheinenden Situationen konfrontiert sind.

Die Erschöpfungsdepression stellt sich hingegen erst nach jahrelanger psychischer Dauerbelastung ein. Die ersten Alarmzeichen sind Reizbarkeit, schnelle Ermüdung, Einschlafstörungen, Nervosität. Später leiden die Betroffenen an innerer Unruhe und Ängsten; sie fühlen sich zunehmend willensschwach. Anfällig für diese Depressionsform sind freilich wieder besonders Menschen mit einer neurotischen Charakterstruktur.

Die endogene Depression wird nach Ansicht vieler Ärzte durch biologische Prozesse im Körper ausgelöst. Der Begriff ist leider nicht klar definiert. Mit ziemlicher Sicherheit spielen auch hier unverarbeitete Kindheitserlebnisse eine Rolle. Man müßte eigentlich eher von einer chronischen Depression sprechen. Davon strikt zu trennen sind manisch-depressive Phasen, die durch chemische Prozesse hervorgerufen werden und eine Geisteskrankheit darstellen; selbst hier sind allerdings auch geistig-seelische Einwirkungen zu vermuten. Charakteristisch sind schwere Schlafstörungen, Wahnideen und extrem schwankende Stimmungen zwischen Euphorien und Todessehnsüchten. Als letztes ist noch die sogenannte somatogene Depression zu nennen, die aus körperlichen Erkrankungen resultiert.

Depressionen können zu verschiedenen Schmerzen im Urogenitalbereich führen, die nicht immer, aber oft mit Impotenz zu tun haben. Es kann sich beispielsweise auch um innere Staus infolge einer nicht zur Entspannung gekommenen Sexualerregung handeln. Wesentlich häufiger erweisen sich

Schmerzzustände im Urogenitalbereich jedoch (vor allem, wenn sie häufiger vorkommen) als Depressionsäquivalente. Unter den psychischen Faktoren stehen aggressive, unterdrückte Enttäuschungen des Selbstwertgefühls an erster Stelle. Wenn nicht zugelassen wird, daß sich solche Aggressionen gegen einen anderen Menschen richten, kehren sie sich gegen den Aggressor selbst, werden also zum Selbstzerstörungstrieb. So bedingte Depressionen werden nun ihrerseits verdrängt oder verleugnet, denn Kränkungen des Selbstwertgefühls treffen jenen Bereich, in dem der Mann am empfindsamsten ist, seine Geschlechtsrollenidentität. Deshalb manifestieren sich solche Kränkungen in Form von nach innen gerichteten Aggressionen als schmerzhafte Überbesetzung der betreffenden Körperteile. Für den Mann sind diese männlichkeitsbetonten Körperteile der Penis oder die Hoden. Solche Schmerzen »schützen« dann sozusagen vor einer Depression, die ihrerseits wieder als unmännlich abgelehnt wird. Ärzte mit psychosomatischen Kenntnissen und Erfahrungen können jedoch erkennen, daß bei solchen Patienten Schmerzen im Hodenbereich mit depressiven Phasen abwechseln.

Bei Patienten, die unter sexuellen Störungen in Verbindung mit Depressionen leiden, stellt sich auch immer eine ziemlich stark gestörte Partnerbeziehung heraus, die meistens Resultat von Fehlentwicklungen in der Triangulierungsphase und − als Folge davon − einer mißlungenen Geschlechtsrollenentwicklung sind. Wenn sich in solchen Fällen beide Partner in eine psychotherapeutische Behandlung begeben, sind sie anschließend besser in der Lage, ihre Wünsche und Bedürfnisse in der Liebe zu äußern. Sie fühlen sich intensiver erlebnisfähig. Ihr sexuelles Erleben ist dann nicht nur angstfreier, offener und von weniger stereotypen Auffassungen geprägt; es wird auch weniger durch das vielfache Störfeuer der Beziehungskonflikte beeinträchtigt. Das wiederum führt zur Verminderung der Depressionsneigung und damit zur Steigerung der Potenz. Denn die Patienten haben nun Gelassenheit und Ruhe in jenem Bereich der

Männlichkeit gewonnen, der auf Rivalität verzichten kann; dies läßt ein freieres Fließen in der Partnerschaft zu.

Hat ein Mann die Fähigkeit, eine für den Geschlechtsverkehr ausreichende Erektion zu bekommen oder zu halten, noch nie gehabt, gilt dies als primäre Impotenz. Tritt dieser Defekt jedoch erst nach erfolgreichen Zeiten des Sexuallebens auf, handelt es sich um eine sekundäre Impotenz. Letztere Form tritt etwa dann auf, wenn ein Mann im Streß steht, wenn er älter und müder geworden ist. Ist ein Mann nur sporadisch zum Sexualverkehr in der Lage, sprechen wir von sekundärer Impotenz.

Man kann davon ausgehen, daß fast jeder Mann einmal Zeiten von sekundärer Impotenz erlebt (hat). Keine Erektion zu bekommen, belastet jeden Mann. Deshalb sollten wir den Begriff Impotenz hier auch am besten vermeiden. Denn es geht häufig nur um Müdigkeit und Erschöpfung.

Schließlich kann diese Form von Potenzstörung in jedem Alter vorkommen, und sie hat weder etwas mit der sozialen Rolle noch mit der männlichen Rolle zu tun.

Die Zusammenhänge von Depressionen, Stimmungsumschwüngen und Veränderungen der sexuellen Energie zeigen andererseits, wie sehr uns die eigenen Gefühle und der eigene Körper entfremdet sind. Männer klagen über Impotenz, Frauen über sexuelle Indifferenz. Man spürt die Impotenz, man spürt die sexuelle Gleichgültigkeit, nicht aber die – eigentlich viel zentralere – Depression. Dabei dämmen Depressionen mit ihren Empfindungen von körperlicher Schwere und totaler Lustlosigkeit alles ein. Es wäre deshalb eine glatte Lüge sich selbst gegenüber, wenn man so tun wollte, als wäre alles in Ordnung, wenn man sich gegen Impotenz behandeln und die Depression außer acht ließe.

Gewöhnlich ärgern sich Leute mit unentdeckten Depressionen durchs Leben, sie schlafen unruhig, haben wenig Lust zur Arbeit oder zu irgendwelchen Aktivitäten. Es ist, als wäre man in dunkle Watte gepackt und an einem Ort, zu dem die Signale der Welt nicht vordringen. Der Geschlechtstrieb aber leidet bei allen Formen von Depressionen. Lust und Interesse bewegen sich meist auf niedrigem Niveau. Sehr häufig kommen Erektionen überhaupt nicht mehr zustande, und auch Frauen reagieren nicht mehr mit Lustgefühlen. Selbstverständlich braucht ein depressiver Mensch Hilfe. Seine Lebensschwierigkeiten hängen mit geblockter Aggressionsabfuhr und somit auch mit Schwierigkeiten der Selbstbehauptung zusammen. Wer sich daran gewöhnt hat, sich zum Sündenbock für dieses oder jenes abstempeln zu lassen, wird sich kaum als ganzer Mann fühlen können. Wenn jemand nicht aussprechen kann, was er wirklich möchte, wenn er Wünsche und Bedürfnisse nicht artikulieren kann, dann ist das für den Betreffenden nicht nur deprimierend, sondern auch ein klarer Hinweis auf Entwicklungsstörungen.

Es ist ja nicht so, daß ihm die Umwelt Befriedigung erst verweigert, seit er erwachsen ist. Seit frühester Kindheit schon hat er verlernt, Bedürfnisse zu äußern. Und als Erwachsenem ist ihm nicht einmal mehr bewußt, daß er sich nicht traut. Eine machtvolle oder überbehütende Mutter hat ihm die Bedürfnisäußerung schon in der Kindheit für alle Zeiten abgenommen: »Ich weiß besser, was du brauchst«, hat sie gesagt oder: »Du bist viel zu klein, laß mich das nur machen.« Und diese Kinder bleiben dann auch als Erwachsene »viel zu klein«.

Die depressive Persönlichkeit lebt ständig mit dem Gefühl, die Welt werde bald untergehen oder es werde ihr ganz persönlich bald etwas passieren. Der neurotisch-depressive Mensch ist der Prototyp des »leidenden Menschen«. Er leidet an allem, und alles passiert gerade nur ihm. Wollte man bei einem solchen Menschen zuerst oder nur die Impotenz behandeln, dann wäre das so, als würde man den Mast eines Schiffes reparieren, das tief unten im Rumpf ein Loch hat und durch das eingedrungene Wasser zu sinken droht.

Natürlich hat bei jedem Menschen auch der körperliche Allgemeinzustand Einfluß auf das Sexualleben, auf die Funktionsfähigkeit ebenso wie auf die Erlebnisfähigkeit. Schwere Infektionskrankheiten, Stoffwechselstörungen und chronische Vergiftungen (zum Beispiel durch Nikotin) können auf Wochen und Monate die sexuelle Funktionsfähigkeit mindern. Ebenso kommt den in immer größerem Umfang eingenommenen Medikamenten (vor allem Psychopharmaka, aber auch Mitteln gegen Bluthochdruck und Schlaflosigkeit) wachsende Bedeutung zu. Es sind vor allem die auf das Nervensystem wirkenden Arzneimittel, die für sexuelle Funktionsstörungen verantwortlich gemacht werden können.

Wird Impotenz durch eine Erkrankung ausgelöst, sollte auf jeden Fall mitbedacht werden, ob neben den körperlichen auch seelische Faktoren ursächlich beteiligt sein könnten, wie im Falle von Impotenz in Verbindung mit der Zuckerkrankheit. So kommen zum Beispiel auch bei Patienten mit chronischen Nierenschäden sehr häufig sexuelle Störungen vor. Die Lust läßt nach; bei Männern kommt es zu Erektionsschwierigkeiten, bei Frauen zu Erregungs- und Orgasmusstörungen. Selbst wenn in diesem Fall die toxische Wirkung der Erkrankung auf den Organismus unstrittig ist, liegen die Verhältnisse ähnlich wie bei der Diabetes.

Beide Erkrankungen sind »echte« Krankheiten, aber beide haben auch psychosomatische Komponenten, besonders in der Entstehungsgeschichte. Wenn wir etwa die Orgasmusstörungen bei Frauen sowie die Erektionsschwierigkeiten und Ejakulationsschwierigkeiten bei Männern betrachten, dann kommen wir auch hier zu dem Ergebnis, daß beide über die Krankheit verhindert sind zu »geben«. Nicht geben und nehmen zu können, haben wir aber als ein wichtiges Indiz bei der Impotenz allgemein erkannt. Deshalb ist es sinnvoll, sich auch die Persönlichkeitsstruktur von Nierenkranken anzusehen.

Auffällig ist beispielsweise, daß Nierenerkrankungen sehr oft in Zusammenhang mit dem Verlust eines Menschen oder anderer »Besitztümer«, etwa der sozialen Position oder des Arbeitsplatzes, auftreten. Funktionsstörungen der Nieren beruhen also, vom psychosomatischen Standpunkt aus betrachtet, auf unverarbeiteter Trennungstrauer. Der Tod eines nahestehenden Menschen sowie der Verlust des Partners durch Scheidung oder Trennung sind beim Erwachsenen die häufigsten Auslöser von Nierenerkrankungen. Ursächlich ist dabei die Unfähigkeit, nach dem Verlust echt zu trauern, aber versteckt sind auch Wut, Haß und Aggressionen im Spiel. Nierenerkrankungen stehen nämlich ebenfalls in einem Zusammenhang mit Trotz und Aggressivität, und hier ergibt sich ein naheliegender Zusammenhang zur frühkindlichen Triangulierungsphase. Denn Trotz oder »Bock« prägen genau jene Lebensphase, etwa um das vierte Lebensjahr.

Für Nierenkranke typische Formen der Abwehr sind Verleugnung, Verschiebung, Rationalisierung und Projektionen, somit genau jene Abwehrmechanismen, die zur analen Phase der psychosexuellen Entwicklung gehören. Das wird besonders dann verständlich, wenn wir bedenken, daß die »Nierengifte« genau über jene Organe abfließen, die zur Sexualität gehören, nämlich Penis und Vagina.

Natürlich kann man nicht eindeutig sagen, Nierenerkrankungen seien Verursacher von funktionellen Sexualstörungen. Nierenerkrankungen sind ebenso nur Symptome wie Impotenz oder Frigidität. Die Ursachen und Anfänge sind oft auf einer frühkindlichen Entwicklungsstufe zu finden. So, wie der Impotente seinen Samen nicht hergeben kann oder die Frigide nicht zum Orgasmus kommt, ist der Nierenkranke im Extremfall nicht in der Lage, seinen Urin herzugeben. Schlimmstenfalls wird er − wie über die Nabelschnur im Mutterleib − mit einem Schlauch an ein Dialysegerät angeschlossen.

Eine weitere Erkrankung, die in den störanfälligen Bereich des Gebens und Nehmens gehört, ist die Herzerkrankung.

Bei männlichen Herzinfarktpatienten werden häufig Erektionsstörungen verzeichnet. Meistens sind damit Ängste vor einem erneuten Infarkt verbunden. In vielen Fällen lagen aber schon vor dem Infarkt sexuelle Störungen vor.

Auch die Herzerkrankung entsteht nicht erst mit dem Infarkt; die Wurzeln reichen vielmehr auch hier oft bis in die frühe Kindheit zurück. Ich halte fehlende menschliche Nähe für einen entscheidenden Faktor bei Herzleiden, vor allem die fehlende menschliche Nähe in der Kindheit. Deshalb ziehen sich viele Herzpatienten im Erwachsenenalter innerlich immer mehr von den sie umgebenden Menschen zurück. Auch hier wird das Geben und Nehmen, das für die menschliche Kommunikation so wichtig ist, nicht gelebt.

Anatomisch-physikalisch ist das Herz ganz einfach eine Pumpe, mit anderen mechanischen Pumpen vergleichbar. Das Herz ist aber auch jener Ort, an dem uns Verletzungen und Kränkungen treffen. Die frühkindliche Erfahrung in der Triangulierungsphase, von der Mutter mit dem Vater »betrogen zu werden und ausgeschlossen zu sein«, ist hier der Angelpunkt. Das Kind erlebt, daß die Mutter noch einen anderen liebt. Wenn Eltern ihrem Kind nicht helfen, diese Tatsache auch zu akzeptieren, zieht es sich innerlich mit dem gekränkten Gefühl zurück: »Mich liebt keiner. Ich bin ausgeschlossen. Sie haben einen Pakt gegen mich geschlossen.« Für ein Kind ist diese Erkenntnis verheerend. In vielen Fällen wird sie sich zu einer Überzeugung, mehr noch, zu einem Grundmuster verfestigen.

Im Rückblick können viele Herzkranke erkennen, daß sie anderen Menschen, die ihnen ihre Liebe versicherten, immer mit Vorsicht, Zweifeln und Mißtrauen begegnet sind. Herzkranke sind immer etwas vorsichtig im Umgang mit anderen Menschen. Zutiefst im Innern fürchten sie, es könne ihnen nochmals so ergehen wie als Kind.

Man nimmt bislang an, daß die psychische Ursache für den Herzinfarkt das Leistungsstreben des betreffenden Menschen sei. Diese Erklärung geht allerdings nicht weit genug. Denn die immer wieder bis ins Extrem gesteigerte Leistung entspringt vor allem dem Bedürfnis, über Leistung zunächst von den Eltern und/oder (ersatzweise) von anderen Menschen anerkannt zu werden. Der Herzpatient ist leistungsorientiert, weil er anerkannt werden will. Seit dem Zeitpunkt der Triangulierung besteht das übergroße, tiefe Bedürfnis, dazuzugehören, nicht vor der Tür stehen zu bleiben. Nicht umsonst haben sehr viele Herzpatienten immer wieder Partnerschaftsstörungen.

In manchen Fällen beeinträchtigen zwar schwere Arterio-
sklerosen und ernstliche Herzbeschwerden die Sexualität,
aber meistens gehen sexuelle Schwierigkeiten im Anschluß
an einen Herzinfarkt nicht auf körperliche, sondern auf
psychische Probleme zurück.

Bei einem Herzinfarkt kommen Blutgerinnsel in den zum
Herzen führenden Venen über eine verengte Stelle nicht hinaus und bleiben dort stecken. Infolgedessen kann das nach-
fließende Blut nicht mehr zum Herzen gelangen, und dadurch wird auch die Sauerstoffzufuhr zum Herzen unterbrochen. Das erste Kriterium ist also: Etwas in mir ist zu eng,
ich bin am Herzen eng. Das Blut, der Lebenssaft, kann nicht
mehr zum Herzen fließen und es mit den lebensnotwendigen
Stoffen versorgen. So stirbt in dem betreffenden Patienten
etwas ab. Aber ist nicht schon vor Jahren, damals, in der
Triangulierungszeit, etwas in ihm »gestorben«, nämlich die
vertrauensvolle Nähe zu seinen Eltern?

Viele Männer spüren nach dem Herzinfarkt einen starken
Einbruch der Potenz. Sicherlich sind einige von ihnen so
schwer geschädigt, daß das Herz den physischen Streß eines
Sexualaktes nicht ertragen könnte. Das trifft aber nur auf
einen geringen Prozentsatz zu. Viele Herzkranke könnten
normalen Sexualverkehr haben, trauen sich aber nicht so
viel zu, aus Angst, sie könnten während des Sexualaktes
einen erneuten Infarkt bekommen. (Natürlich kann ich als
Buchautor nicht allen Infarktpatienten »grünes Licht«
geben; aber Ihr Arzt kann Ihnen präzise sagen, was Sie
Ihrem Herzen noch zumuten können.) In den meisten Fällen
liegen die Schwierigkeiten jedenfalls mehr in den Ängsten
und Befürchtungen, die als Folge des Infarktes entstehen, als
im medizinischen Befund.

Auch die Sprache hilft uns, wenn es um »herzliche Dinge«
geht: Herzlich, herzhaft, hartherzig, warm- und kaltherzig,
barmherzig, sich ein Herz nehmen, ein Herz haben, anderen
Herz zeigen. Und man spricht von gebrochenem Herzen,
wenn jemand eine schwere Enttäuschung erlebt hat. Eine
mißlungene frühkindliche Triangulierung kann eine solche

Enttäuschung sein, und sie hat manchem schon sehr früh das »Herz gebrochen«.

Jede Affektion des Geistes, die von Schmerz oder Freude, Hoffnung oder Furcht begleitet wird, ist Ursache einer – auch körperlichen – Erregung, die sich auf das Herz auswirkt. Wenn auch viele bezweifeln mögen, daß fehlende Liebe und Nähe »das Herz brechen« lassen, so bleibt doch die Tatsache, daß Herzinfarktpatienten, die über eine Trennung oder Scheidung zu ihrem Infarkt kamen, später, wenn sie wieder in einer glücklichen Beziehung leben, körperlich und seelisch erneut aufblühen und sich wesentlich gesünder fühlen. Die neue Nähe schließt dabei auch neue sexuelle Kontakte ein, so daß Sexualität für Infarktpatienten nicht generell schädlich sein kann, sondern gerade für herzkranke Menschen, wenn eine tiefe Liebe hinzukommt, gesundheitsfördernd ist. Dazu gehört aber, daß Herzkranke über die Aufarbeitung ihrer tieferen Probleme zu einer inneren Lockerung kommen.

Die These, daß Leistung zum Infarkt führen kann, ist allerdings nur erst die halbe Wahrheit; denn die infarktauslösenden Konflikte entstehen meistens, wenn sich dem Leistungsdrang plötzlich Hindernisse in den Weg stellen: berufliche Mißerfolge, Androhung von Scheidung oder Trennung, finanzielle Schwierigkeiten. Durch solche Situationen fühlt sich der betroffene Mensch in seinem Gleichgewicht gestört, denn er kann – das ist der entscheidende Punkt – über Mißerfolge nicht die Aufmerksamkeit jener Personen auf sich ziehen, die er so gerne auf sich aufmerksam machen möchte. Die Antwort auf eine solche Bedrohung ist deshalb noch mehr Anstrengung, noch mehr Leistung – auch in der Sexualität. So treiben solche Menschen immer mehr auf einen Engpaß im doppelten Sinne zu: auf das Chaos, die Katastrophe – und den Herzinfarkt.

Unsere Gesellschaft fordert von uns ein immer höheres Maß an Selbstkontrolle. Man darf nicht zeigen, daß man einsam ist; man darf nicht zeigen, daß man tiefunglücklich ist; man darf niemals zeigen, daß man besiegt ist. Und dieses

Gefühl, nun endlich doch besiegt zu sein, ist es, das schließlich in die Impotenz führt, nicht der Herzinfarkt selbst, wenn man von einer kurzen Zeit unmittelbar nach dem Infarkt absieht. Ein Mann sagte einmal zu mir:»Ich habe mich gefühlt wie eine gefällte Eiche.« Mit anderen Worten, er fühlte den Verlust der Männlichkeit.

Schwäche und Niedergeschlagenheit in einer Situation zuzugeben, ist für diese Menschen besonders schwer. Denn damit ist man klein, unbedeutend, wertlos, was im offenen Gegensatz zu den Allmachtsphantasien des Erfolgsmenschen steht. Die Betroffenen werden in einem solchen Fall mit ihrer Pseudomännlichkeit konfrontiert. Sie haben zwei Ziele nicht erreicht: erstens, andere zu beherrschen (denn das wollen sie, seit die Eltern ihnen entglitten sind), und zweitens, wirklich ein Mann oder eine Frau zu sein.

Sexualstörungen können wir grundsätzlich als Abwehrmechanismen von Ängsten betrachten, die sich aus frühen Trieberfahrungen und aus der Art der Eltern-Kind-Beziehungen ableiten lassen. Demnach können auch spätere Sexualstörungen ihre Ursache in der Abwehr von Ängsten aus der oralen, analen und phallischen Phase der psychosexuellen Entwicklung (nach Sigmund Freud) haben. Wenn die Mutter das Kind in der ersten, der oralen Phase einschränkt, entsteht ein generelles Gefühl, zu kurz gekommen zu sein. Das macht Angst. So erleben gerade diese Menschen als Erwachsene überwiegend Enttäuschungen. Über Sexualstörungen werden sie unbewußt versuchen, solchen Enttäuschungen vorzubeugen. Wird in der zweiten, der analen Phase die Körperbeherrschung überbetont, entstehen später oft Orgasmusschwierigkeiten, aus Angst, sich fallenzulassen. Aus der dritten, der phallischen Phase resultieren Kastrationsängste, die auf entsprechende reale oder phantasierte Strafandrohungen zurückgehen.

Solche Ängste spielen im Leben eines Mannes eine besondere Rolle: Die Lösung des Ödipuskomplexes, zu dem die Triangulierung und die Geschlechtsrollenentwicklung gehören, war schon für Sigmund Freud die Zentralfrage und –

im Falle einer mißglückten Lösung – Ursache aller Sexual-störungen. Ich kann diese Zusammenhänge aus meiner praktischen Arbeit als Psychotherapeut nur bestätigen. Mehr noch, nicht nur die Sexualstörungen haben hier ihr Zentrum, sondern die gesamte Persönlichkeitsentwicklung und die Entstehung vieler psychosomatischer Erkrankungen sind hier angesiedelt, selbst jene, die nicht unbedingt im Zusammenhang mit der Sexualität stehen.

Eine übermäßig starke Mutter-Kind-Beziehung kann später den Wunsch entstehen lassen, auch mit der Partnerin eine sehr enge Beziehung eingehen zu wollen. Solche Verschmelzungswünsche werden vom Ich als bedrohlich erlebt, weil sie mit Angst und Selbstaufgabe verbunden sind. Die sexuelle Störung dient dann dem Zweck, die gefährliche symbiotische Nähe der Partner zu vermeiden.

Egal unter welchen inneren oder äußeren Einflüssen ein Kind aufwächst, es verfügt darüber hinaus über Kräfte, die es weder erworben noch erlernt hat. Man muß eine Föhre nicht lehren, wie eine Föhre zu sein hat, denn sie entwickelt sich nach einem inneren Lebensplan als Föhre und wird niemals eine Kastanie sein. Ähnlich verhält es sich mit dem Menschen. Wenn er eine Chance bekommt, strebt er danach, all seine menschlichen Fähigkeiten zu realisieren. Er wird dann die einzigartigen Kräfte seines Menschseins entwickeln. Er wird im Laufe der Zeit all seine Kräfte mobilisieren: die Klarheit und Tiefe seiner Gefühle, Gedanken, Wünsche und Interessen; die Fähigkeit, seine eigenen Möglichkeiten zu erschließen; die Stärke seiner Willenskraft; die besonderen Fähigkeiten und Begabungen, die er unter Umständen besitzt; die Möglichkeit, sich zu offenbaren und sich mit seinen spontanen Gefühlen wie mit seiner Sexualität offen zu anderen Menschen in Beziehung zu setzen. Dies alles wird ihn mit der Zeit befähigen, seine Wertmaßstäbe und Ziele im Leben selbst zu finden. Kurz gesagt: Wenn der Mensch in der Triangulierungsphase nicht in seiner Entwicklung gebremst, wenn er in seiner psychischen Geschlechtsrollenidentifikation nicht behindert wird, dann strebt er zur Selbstverwirklichung als Mann oder als Frau und wird sein inneres Entwicklungsziel erreichen.

Nur der einzelne selbst kann die ihm mitgegebenen Fähigkeiten entwickeln. Auch die Auflösung der ödipalen Situation kann nur jeder für sich selbst bewirken; nachträglich können weder Vater noch Mutter helfen. Ein gegenwärtig anwesender Vater kann die Abwesenheit in der Vergangenheit nicht mehr rückgängig machen und eine symbiotisch festhaltende Mutter kann den Prozeß der Loslösung nicht mehr nachvollziehen. Irgendwann ist jeder Mensch persönlich aufgerufen, sein Leben eigenverantwortlich in die Hand zu nehmen. Wir können zwar ein Leben lang unseren Eltern vorwerfen, Fehler gemacht zu haben, aber für unsere Persönlichkeitsentwicklung hilft das wenig. Es wird unsere eigene Aufgabe sein, die Last der Vergangenheit abzuwerfen.

Aber wie jeder andere lebende Organismus braucht auch der Mensch günstige Bedingungen für sein Wachstum vom »Samen bis zur Föhre«. Er braucht eine Atmosphäre der Wärme; nur so erlangt er ein Gefühl von Sicherheit und Freiheit, nur so kann er zu seinen Gefühlen stehen und sie auch zeigen. Über Triangulierungsprobleme, über die Ödipus-Situation, über die Fehlentwicklung in der psychischen Geschlechtsrolle aber wird es einem Kind verwehrt, sich in Übereinstimmung mit seinen individuellen Bedürfnissen und Möglichkeiten zu entwickeln.

Nicht nur beim Triangulierungsprozeß wird immer wieder deutlich, daß die Menschen in der Umgebung des Kindes zu sehr in ihren eigenen Neurosen befangen sind, um das Kind zu lieben oder es sogar als besonderen Menschen anzuerkennen. Die Haltung der Eltern dem Kind gegenüber wird oft von den eigenen neurotischen Bedürfnissen und Reaktionen bestimmt: Eltern können herrschsüchtig, überängstlich, reizbar, übermäßig anspruchsvoll oder unberechenbar sein. Niemals ist es nur ein Faktor allein, sondern immer ist es die Gesamtkonstellation, die den ungünstigen Einfluß auf die Entwicklung des Kindes ausübt.

Als Folge entwickelt ein solches Kind kein Zusammengehörigkeitsgefühl. Es fühlt sich nicht als »wir«, sondern empfindet eine tiefe Unsicherheit und vage Furcht als Grundangst. So ergibt sich das Gefühl, isoliert und hilflos in einer als latent feindlich empfundenen Welt zu sein. Der einengende Druck seiner Grundgefühle hindert das Kind daran, sich anderen ungezwungen und offen zu zeigen. Es wird gezwungen, Wege zu finden, um mit allem allein fertig zu werden. Es muß so mit sich umgehen, daß die Grundangst nicht erregt oder verstärkt, sondern beschwichtigt wird. Das Kind versucht, sich an die stärkste Persönlichkeit seiner Umwelt zu klammern; vielleicht versucht es auch zu rebellieren und zu kämpfen; vielleicht, die anderen aus seinem Innenleben auszuschließen und sich gefühlsmäßig von ihnen zurückzuziehen. Das bedeutet, ein Kind kann sich anderen zuwenden, sich gegen sie wenden oder sich von ihnen abwenden.

Diese drei Grundmuster werden in der Regel auch im Erwachsenenalter noch beibehalten, weil das Kind sie erlernt und sich in seinem Leben danach ausgerichtet hat. In jedem menschlichen Leben sind − bei einer gesunden Entwicklung − alle drei Muster vorhanden und wechseln sich ab. Diese sind auch für eine gesunde Geschlechtsrollenentwicklung unentbehrlich. Die Fähigkeit, Zuwendung zu wünschen oder zu schenken, die Bereitwilligkeit nachzugeben, der Wille zu kämpfen und die Möglichkeit, sich auf sich selbst zurückzuziehen, sind notwendige komplementäre Inhalte guter zwischenmenschlicher Beziehungen. Sie helfen auch in den entscheidenden Phasen der Entwicklung, sich aus der engen Symbiose mit der Mutter zu lösen, und in der Triangulierungsphase auftretende Probleme wie Neid, Eifersucht und Isolierung zu bewältigen. Bei einem Kind aber, das sich wegen seiner Grundangst auf unsicherem Boden fühlt, bleiben diese Beziehungsmuster, manchmal bis ins Erwachsenenalter hinein, extrem starr: Zuneigung wird zum Anklammern, Nachgeben zur Beschwichtigung. In ähnlicher Weise wird das Kind dazu getrieben, zu rebellieren oder sich abseits zu halten, ohne Rücksicht auf seine eigenen Gefühle oder die Angemessenheit seines Verhaltens. In der Sexualität unter Erwachsenen jedoch bedrängt das Anklammern den Partner und treibt ihn nicht selten in die Flucht, führt Nachgeben zu dem Versuch, sich über Sexualität »Liebe« zu holen, wird Sexualität somit zur Ersatzhandlung. Die Rebellion führt zum Fremdgehen und zum Ausleben von Aggression in der Sexualität. Das Sich-Abseitshalten schließlich führt in die sexuelle Isolation. Der Grad von Blindheit oder Starrheit in den Verhaltensweisen steht dabei in unmittelbarem Verhältnis zur Intensität der Grundangst, die in den meisten lauert.

Weil ein Kind unter solchen Bedingungen nicht nur in eine dieser Richtungen getrieben wird, sondern in alle gleichzeitig, entwickelt es widersprüchliche Verhaltensweisen gegenüber seiner Umwelt. Die drei erwähnten Antriebsrichtungen führen somit zu einem Konflikt, dem Grundkonflikt im Zusammenleben mit anderen. Eine der Verhaltensweisen entwickelt sich meist zur dominierenden. Wird jedoch der Grundkonflikt nicht gelöst, sondern steigert er sich noch im Laufe des Lebens, dann führt dies nicht nur in Krankheiten, sondern es kann sogar zu schweren Erkrankungen kommen.

Fragen zur Selbstreflexion:

Ist Sexualität für Sie ein Bereich, um Nähe, Offenheit und Freude zu erleben, oder eher geprägt von diffusen, abwehrenden Gefühlen? Wie frei können Sie Ihren Körper betrachten und ihn als Teil Ihrer persönlichen Individualität annehmen? Haben Sie Ekelgefühle, wenn Sie Ihren Körper oder den Ihres Partners berühren, oder vermeiden Sie unbewußt Nähe und Berührung allgemein?

Welche Erinnerungen haben Sie an Ihre eigene Kindheit? Wie weit gehörte Nähe und Berührung zum Alltag? Wie würden Sie Ihre Beziehungen innerhalb der Familie beurteilen? Eher offen oder mehr von Neid und Eifersuchtsgefühlen geprägt?

Ist es Ihnen lieber, nur mit dem Partner allein zu sein oder fällt es Ihnen leicht, ihn mit einer Gruppe zu »teilen«?

Fällt es Ihnen schwer, Nähe zuzulassen, bedeutet für Sie Partnerschaft eher Bewertung und Leistung oder eher Freiraum, Offenheit, Entspannung? Äußern Sie Ihre Bedürfnisse nach Zuwendung offen und aktiv oder wehren Sie diese Bedürfnisse ab? Wie gehen Sie mit den dabei auftretenden Gefühlen von Niedergeschlagenheit um?

Psychischer Streß und Selbstkastration

5. KAPITEL

Prostata-Leiden

Im letzten Kapitel sind wir den tiefenpsychologischen Zusammenhängen von Depressionen, bestimmten Krankheiten
(Diabetes, Nieren- und Herzerkrankungen) und Impotenz
nachgegangen und sind dabei nicht zuletzt wieder auf die
Langzeitfolgen frühkindlicher Beziehungsstörungen in der
Triangulierungsphase gestoßen. Im folgenden sollen nun
zwei mit sexuellen Funktionsstörungen einhergehende Sym-
ptomkomplexe betrachtet werden, die unter anderem mit
sexuellem Begehren, mit Lust und Unlust des Mannes, zu
tun haben: Prostata-Erkrankungen und Prostata-Krebs.
Außer sexueller Unlust spielen allerdings auch hier Ängste
und Depressionen eine wichtige Rolle. Prostata-Erkrankungen stellen sich nämlich oft ein, wenn ein Mann befürchtet,
über Alterungsprozesse die Potenz zu verlieren: Pensionierung, das heißt, Machtverlust und Trennung von der »Familie« der Kollegen, und andere Faktoren der sogenannten
Midlife-crisis machen ihn krank. Wir können Prostatitis
deshalb als eine Krankheit verstehen, die während der Midlife-crisis ein Begleitsymptom zur Depression darstellt.
Schon im letzten Kapitel ist ja deutlich geworden, daß der
Urogenitaltrakt besonders sensibel auf den Verlust von Potenz und männlichem Selbstbewußtsein reagiert. Ursachen
für Prostata-Erkrankungen lassen sich indes schon im Kin-

desalter von drei bis vier Jahren finden. Manche Wissenschaftler meinen – sicher nicht ganz zu Unrecht –, daß eine zu frühe Sauberkeitserziehung in der analen Phase mitverantwortlich sein könnte. Weiterführender und präziser wird die Aussage jedoch dann, wenn wir uns erinnern, daß genau dieser Zeitpunkt in die Triangulierungsphase fällt. Mißglückt die Triangulierung, dann fühlt sich ein Junge in seinem beginnenden Männlichkeitsgefühl behindert. Weil die Mutter die Lösung des Sohnes nicht zuließ, konnte er beim Vater (und damit bei seinem männlichen Selbst) nie ankommen. Das aufkeimende männliche Selbstwertgefühl wurde untergraben, und jedesmal, wenn der erwachsene Mann an diesem Punkt berührt wird, kann es zu nervösen Störungen kommen.

Die Midlife-crisis, jene Lebensphase also, in der es häufig zu Prostata-Erkrankungen kommt, ist jedoch weit mehr als nur eine Störung; sie ist eine tiefe Krise des Mannes, die auch und gerade sein männliches Selbstwertgefühl betrifft. Tief im Innern befürchtet er Einbußen an Männlichkeit; er fürchtet, impotent zu werden; er ist nicht mehr der »tolle Hecht« seiner Jugend. Er ist innerlich zutiefst verunsichert und fühlt sich an der Grenze seiner sexuellen wie beruflichen Leistungsfähigkeit. Viele betroffene Männer begeben sich nun auf eine Irrfahrt von Arzt zu Arzt, weil sie glauben, daß alles organische Ursachen habe. Natürlich gibt es auch organische, durch Bakterien hervorgerufene Prostata-Erkrankungen, doch in aller Regel sind es psychische Ursachen, die hinter den Krankheitssymptomen stehen.

Viele Männer befürchten sogar, an Prostatakrebs zu leiden, der jedoch viel seltener vorkommt, als allgemein angenommen. So waren 1984 in der Bundesrepublik Deutschland etwa 8000 Patienten an Prostatakrebs erkrankt, 770 000 Patienten litten an Prostata-Entzündungen; gutartige Prostata-Vergrößerungen hatten hingegen etwa 2,5 Millionen Bundesbürger.

Die Prostata (Vorsteherdrüse) gehört zu den anfälligsten Organen des Mannes, dessen Geschlechtsdrüsen (Hoden) im

Gegensatz zu allen anderen Drüsen außerhalb des Körpers liegen: Wie die Eierstöcke bringen auch die Hoden Fortpflanzungszellen und Keimdrüsenhormone hervor. Der Hoden besteht aus etwa tausend fadenfeinen Röhrchen, deren Länge insgesamt etwa zweihundert Meter beträgt und die mit Zellen besetzt sind, aus denen die Samenzellen hervorgehen. Diese vielfach gewundenen Röhrchen vereinigen sich schließlich zu einem Gang, der sich am hinteren Rand des Hodens entlang wie eine Liane im Urwald krümmt und Nebenhoden genannt wird. Gestreckt wäre dieser Gang etwa fünfzehn bis zwanzig Meter lang – im Vergleich zur Winzigkeit einer Samenzelle eine ungeheure Strecke. Die Gänge aus beiden Nebenhoden laufen durch den Leistenkanal in die Bauchhöhle und gelangen zur Harnröhre, die aus der Blase kommend, durch den Penis verläuft. Harn und Samen werden also durch denselben Kanal ausgeschieden, bleiben aber normalerweise getrennt. Bevor nun die Samengänge in die Harngänge münden, werden sie durch die Prostata geführt, eine Drüse, die nahe der Blase die Harnröhre umfängt. Die kastanienförmige Prostata enthält neben Muskelfibrillen Drüsenzellen, die eine milchige Flüssigkeit absondern. Ist nun infolge sexueller Erregung der Penis aufgerichtet, dann ziehen sich die Muskelfasern der Vorsteherdrüse zusammen und drücken die Harnröhre zu; dadurch wird die Blase verschlossen und der Harn kann nicht in die Samenflüssigkeit gelangen.

Bei älteren Männern kann sich die Prostata vergrößern und verhärten; in solchen Fällen ist die Entleerung der Blase nicht mehr so einfach wie früher. Eine gewisse Menge Harn bleibt in der Blase zurück, was als unangenehm empfunden wird. Schließt die vergrößerte Drüse jedoch die Harnröhre ganz ab, muß die Prostata durch eine Operation entfernt werden. Kurz bevor der Samenleiter durch die Prostata verläuft, fügen zwei kleine Drüsen, die Samenblasen, dem Samen ein Sekret zu, von dem die Lebensfähigkeit und Beweglichkeit der Samenzellen abhängt. Mit den Absonderungen der Prostata mischt sich dieses Sekret zur Samenflüssigkeit, in der dann die Samenfädchen umherwimmeln – bis zu zweihundert Millionen pro Ejakulation.

Die Prostatavergrößerung können wir als rein psychosomatisches Leiden betrachten, das in der Regel dann vorkommt, wenn Männer ihr Sexualleben innerlich aufgegeben haben. Wenn der Mann auf die Sechzig zugeht, ist die eigene Ehefrau meist nicht mehr so attraktiv, jedenfalls aus seiner Sicht. Hinzu kommt auch ein beruflicher Verfall, und so beginnt der Mann, tiefstinnerlich an seiner Männlichkeit zu zweifeln. Selbstbild und Selbstwertgefühl sind während dieser Phase nicht sehr stabil. Innerlich kommt es deshalb zu einem Gefühlsstau, wobei die geblockten Energien über die Weigerung entstehen, Liebe, Sexualität und letztlich sich selbst zu geben. Über den Umweg der innerlichen Verweigerung »bläht« sich der Mann nochmals auf, und dieses innere »Scheinmanöver« beeinflußt die Prostata. Letztlich ist es dann die Prostata, die sich aufbläht. Viele Prostatakranke beklagen sich über einen Mangel an Lust und über das Nachlassen der Potenz, andere wieder erleben ihre sexuelle Beziehung als befriedigend.

Für das Verständnis psychosomatischer Störungen des männlichen Urogenitaltraktes ist es sinnvoll, wenn wir uns nochmals die symbolische Bedeutung des männlichen Sexualzentrums vergegenwärtigen, denn in patriarchalischen Gesellschaften steht der Penis nach wie vor für Potenz, Macht oder Grandiosität. Mehr oder weniger haben demnach auch alle Prostataerkrankungen mit diesem Symbolkomplex zu tun.

Die Selbstwert- und Identitätsbilder vieler Männer mit psychosomatischen Störungen ihres Urogenitaltraktes zwingen sie in diesem Kontext unbewußt, sich ihre männliche Unversehrtheit immer wieder von den Ärzten bestätigen zu lassen. Der neurotische Wiederholungszwang veranlaßt sie jedoch, dem Arzt Unglauben entgegenzubringen. Eine direkte Körperbeschädigung würden sie gelten lassen. Daß aber Ängste und Befürchtungen sie in eine schwierige Position gebracht haben könnten, wollen sie nicht verstehen. In der Hoffnung, daß ihnen endlich einmal einer bescheinigen würde, daß alles doch organisch sei, suchen sie sich immer neue Ärzte. Doch das Dilemma besteht darin, daß jede Diagnose in Richtung »verletzte Psyche« für manchen Mann schon eine neue, zusätzliche Verletzung beinhaltet, die man nicht wahrhaben möchte. Hier werden im Sinne einer Ersatzpartnerschaft die Ärzte gegeneinander ausgespielt, bis einer kommt (der »Vater«), der dem Patienten bestätigt: »Es ist nicht deine Schuld, es ist das Schicksal!«

Lautet die Diagnose aber: Prostatakrebs, dann finden sich – anders als Frauen – Männer mit der Krebsdiagnose eher ab. Krebs ist etwas Physisches, eine »echte« Diagnose. Damit muß man sich eben arrangieren.

Jene Ärzte, die sich mit den psychischen Hintergründen von Krankheitsbildern befassen, wissen freilich längst, daß auch bösartige Geschwulstbildungen psychische Vorläufer haben können. So hat etwa Lawrence LeShan herausgefunden, daß bei vielen Tumor-Patienten die allmähliche Entwicklung der kindlichen Fähigkeit, mit anderen Menschen in Beziehung zu treten, nachhaltig gestört wurde. Das führte im Verlauf der emotionalen Lebensgeschichte zu ausgeprägten Isolationsgefühlen[24].

Gestörte Beziehungen des Kleinkindes zu den Eltern, vor allem in der Triangulierungszeit, führen schon sehr früh zu einem Gefühl tiefer Hoffnungslosigkeit und innerer Verzweiflung. Später wird dann eine sinnvolle Beziehung hergestellt, in die der Betreffende eine Menge Energie investiert. Eine Zeitlang freut er sich darüber, von anderen akzeptiert zu werden und ein erfülltes Leben zu haben, obwohl das Gefühl der Einsamkeit nie ganz verschwindet. Mit dem Verlust der zentralen Beziehung durch Tod, Scheidung, erzwungene Pensionierung oder das Fortziehen der Kinder entsteht dann aber ein Gefühl äußerster Verzweiflung. Die Kindheit hat diesen Menschen wieder eingeholt. Das resignierende Gefühl sagt: »Das Leben hat nichts mehr zu bieten.« Da Prostatakrebs vor allem in jenes Alter fällt, das wir auch Midlife-crisis nennen, können wir den Zusammenhang von Chaos und

Erkrankung verstehen. Stellenwechsel, Wohnungswechsel, Pensionierung, Auszug der Kinder und andere derartige Faktoren können ein solches Chaos verursachen.

Konfliktbeladene Partnerschaften können bei solchen Männern, die unbewußt Sexualität vermeiden wollen, letztendlich zum Krebs führen. Als Schlußpunkt einer entsprechenden Entwicklung verhindert eine Krebserkrankung ja tatsächlich die Ausübung von Sexualität. Die häufigen sexuellen Störungen von Krebspatienten beeinträchtigen deren Lebensqualität und Partnerschaftsbeziehungen, vor allem, wenn Organe betroffen sind, die für die sexuelle Funktion und Identität wichtig sind.

Sexuelle Störungen bei männlichen Krebspatienten können durch folgende Fakten ausgelöst werden:
- Schädigungen der vegetativen Nervenversorgung und des Penis können bei Männern mit urologischem Karzinom (Prostata-, Hoden-, Penis-, Blasenkrebs) zu Störungen der Erektion und der Ejakulation sowie zur Sterilität führen.
- Körperliche Allgemeinveränderungen (wie physische Erschöpfung, Schwäche, Übelkeit und Schmerzen) stellen allgemeine Ursachen für sexuelle Unlust und Impotenz dar.

Daß durch eine und nach einer Krebserkrankung vermehrt Depressionen auftauchen, leuchtet ein. Hinzu kommen Erwartungsängste, die Krankheit könne erneut aufflackern. Doch gerade diese Haltung verstärkt den Grundkonflikt, anstatt ihn aufzulösen. Geistig kommt es zu Störungen von Körpergefühl, Selbstbild und sexueller Identität. Scham und Schuldgefühle sowie die Angst, vom Partner abgelehnt zu werden, treiben den Kranken noch weiter in die Isolation. Tatsächlich ziehen sich Partner von Krebskranken gelegentlich aus der unbewußten Angst heraus zurück, sie könnten selbst erkranken. Ein Vermeidungsverhalten des Partners entsteht auch dann, wenn dieser glaubt, der sexuelle Akt »erinnere« den Kranken zu sehr an sein Schicksal. Bedauerlicherweise unterliegen Krebserkrankungen ja immer noch einer beträchtlichen Tabuisierung und Stigmatisierung, was zu Verhaltensweisen führt, die den Kranken in seinem Genesungsbestreben behindern. Wie für den Herzinfarkt, bei dem neue menschliche Wärme und Nähe die Allgemeinsituation des Kranken deutlich verbessern, gilt nämlich auch für Krebspatienten, daß Wärme und Nähe in ihrem Umfeld die Lebensqualität wesentlich bessern können. Es ist wichtig, das Vertrauen in die heilende Kraft menschlicher Nähe wiederherzustellen. Jeder einzelne von uns ist dabei imstande, einsamkeitsbedingte Krankheiten zu verhüten und zu heilen, wenn er sich um die krebskranken Mitmenschen kümmert: Nicht dadurch, daß ständig über die Krankheit geredet und der Kranke mit sorgenvollem Mitleid überschüttet wird, sondern dadurch, daß ihm das Gefühl vermittelt wird, es lohne sich, noch einmal anzufangen, werden die Heilungschancen vergrößert. Es ist immer belebend, wenn Kranke dem Leben einen neuen tiefen Sinn geben.

Manch einer mag bei dem Gedanken den Kopf schütteln, daß Krebs etwas mit der Psyche zu tun habe. Lange Jahre hindurch wurden ja auch in anderen Fällen die Ansichten der Psychosomatiker belächelt. Doch hat die wissenschaftliche Untersuchung dieser Zusammenhänge inzwischen längst zu stichhaltigem Detailwissen und zu Beweisen geführt, selbst wenn noch längst nicht alle Einzelheiten des komplizierten Wirkungszusammenhanges von seelischen Belastungen, Streß, Schwächung des Immunsystems und Krebsanfälligkeit erforscht und einsichtig sind.

Im Jahre 1990 trugen auf einer Tagung in Tutzing über »Psychoneuroimmunologie und Krebs« Spitzenforscher aus zwölf Nationen Indizien für den starken Einfluß des Nerven- und Immunsystems auf Tumore im Körper zusammen. Demnach werden alle Aspekte des komplexen Geschehens von der Entstehung einer Krebsgeschwulst bis hin zur Heilung oder zum Tod des Kranken nach Ansicht der Teilnehmer, unter denen sich Neuroanatomen, Immunologen, Molekularbiologen, Endokrinologen, Psychologen, Psychiater und in der Krebsbehandlung erfahrene Klinikärzte befanden, erheblich von seelischen Faktoren beeinflußt: zum Guten wie zum Schlechten. Die Vielfalt der Fachrichtungen unter den Kongreßteilnehmern spiegelt dabei die Absicht des Treffens wider: die Krebsforschung auf all diese Bereiche auszudehnen[25].

Daß die Psyche schon bei der Entstehung eines Tumors von Bedeutung ist, wurde bereits erwähnt: Menschen, die durch Scheidung oder Tod eine Bezugsperson verloren haben, sind weit häufiger unter den Krebskranken vertreten, als statistisch zu erwarten wäre. Nach dem Verlust eines Menschen ist das Immunsystem im ersten Jahr danach deutlich schwächer als bei psychisch stabilen Vergleichspersonen, und damit anfälliger für Störungen.

Daß zwischen körperlichem wie seelischem Streß und einer Schwächung des Immunsystems in der Tat ein fundamentaler Zusammenhang besteht, wird in den Ergebnissen eines Experimentes deutlich, die Ronald Glaser auf der genannten Tagung vortrug. Glaser untersuchte weiße Blutkörperchen (Blut-Leukozyten), die Medizinstudenten unter Prüfungsstreß entnommen worden waren, und verglich sie mit den Blutwerten im Normalzustand lange vor der Prüfungssituation. Er fand dabei heraus, daß sich fast alle untersuchten Parameter unter dem Prüfungsstreß verändert hatten. So nahm zum Beispiel die Aktivität der sogenannten »Killerzellen«, die für die Vernichtung von Eindringlingen im Körper verantwortlich sind, ab: Die Immunzellen antworteten schwächer auf Reizungen. Die weißen Blutkörperchen produzierten deutlich weniger Botenstoffe (wie Gamma-Interferon), mit deren Hilfe sie normalerweise untereinander kommunizieren und sich zum Kampf gegen eingedrungene Parasiten animieren. Und auch die »Empfangsstationen« der Zellen für entsprechende Nachrichten waren in den Blut-Leukozyten der gestreßten Prüflinge weit weniger aktiv als einen Monat vor der Prüfung. Es konnte also nachgewiesen werden, daß das Immunsystem der Kandidaten tatsächlich geschwächt war. Ist das Immunsystem jedoch geschwächt, dann sind bestimmte Viren in der Lage, die »Killerzellen« zu vernichten. Es kann zu Zellwucherungen und zum Krebs kommen. Andere Wissenschaftler haben inzwischen anatomische Verbindungen zwischen Immunsystem und Nerven nachgewiesen. In den Lymphknoten, in der Thymusdrüse, im Knochenmark und in der Milz reichen winzige Nervenfasern direkt an die Entstehungsorte der Abwehrzellen heran. Diese erhalten dort beispielsweise über chemische Stoffe wie Noadrenalin Botschaften aus dem Gehirn. Noadrenalin wird bei der Erregung einer Nervenzelle ausgeschüttet − ein Vorgang, der allgemein auch für Streß verantwortlich gemacht wird.

Wenn man vom erhöhten Adrenalinspiegel spricht, hat man also intuitiv recht, denn Adrenalin dient der Stimulierung des Immunsystems. Bei andauerndem Streß wird dann jedoch anstelle von Adrenalin das Hormon Kortisol ausgeschüttet, das die Tätigkeit der Abwehrzellen bremst. Darum werden Dauergestreßte schneller krank. Weil das Immunsystem sehr kompliziert ist, würde es den Rahmen dieses Buches sprengen, wollte ich ausführlich darüber schreiben. Manche Vorgänge sind auch noch nicht völlig durchschaubar; aber mir geht es hier vor allem um den Nachweis, daß Zusammenhänge zwischen der Arbeit des Immunsystems, zwischen seelischen Vorgängen (wie Streß, Trennungsschmerz u. a.) und Krebserkrankungen bestehen. Das Immunsystem ist über die Streßhormone an der Entstehung von psychosomatischen Erkrankungen beteiligt. Das kann schon heute als gesicherte Erkenntnis gelten.

Auch wenn sich ein Krebstumor bereits gebildet hat, ist seine weitere Entwicklung stark von der Psyche abhängig. Eine wichtige Rolle spielt dabei ein besonderer Typ von Immunzellen: die Nk-Zellen (natürliche Killerzellen). In der Fachwelt überwiegt die Ansicht, daß diese nicht spezialisierten »Polizisten des Körpers« bei der Entwicklung von Tumoren nur eine Statistenrolle spielen. Ihr großer Auftritt kommt, wenn es darum geht, Metastasen zu verhindern, wobei Tochtergeschwüre bei Krebskranken weit häufiger zum Tod führen als der Tumor selbst. Im Tierversuch wurden eindeutige Zusammenhänge von Streß und Metastasenbildung festgestellt. Demnach kann Streß auf zweierlei Weise die Aktivität der Killerzellen und die Metastasenbildung beeinflussen: Zum einen veranlaßt der psychische Spannungszustand die Ausschüttung von Hormonen, vor allem aus dem Hypothalamus. Diese Drüse im Gehirn faßt einen Großteil der dort einlaufenden Signale zusammen und übersetzt sie bei Bedarf über das limbische System in stoffliche Reaktionen. Die dann wirksam werdenden Hormone, die direkt oder indirekt das Immunsystem beeinflussen oder steuern können, sind gut untersucht. Den zweiten Reaktionsweg, das autonome Nervensystem, dessen Nervenstränge in alle wichtigen Immunorgane führen, haben u. a. japanische Wissenschaftler näher erforscht[26]. Als sie im Tierversuch das vegetative Nervensystem mit chemischen Hemmstoffen blockierten, bildeten sich bei den gestreßten Ratten nach einer Injektion mit Brust-Tumor-Zellen Lungenmetastasen − ein deutlicher Hinweis darauf, daß Streß über das vegetative Nervensystem auf das Immunsystem einwirkt und so vor allem die natürlichen Killerzellen beeinflußt. Über die Nk-Zellen wiederum wird die Bildung von Tochtergeschwüren kontrolliert.

Mit 66 Jahren erkrankte auch Sigmund Freud an Krebs; insgesamt 33 Operationen konnten die Krankheit nicht aufhalten, und die Schmerzen steigerten sich immer mehr. Dennoch lebte Freud, der für seine kämpferische, ausdauernde und zähe Natur bekannt war, noch sechzehn Jahre, bevor er 1939 starb. Seine Krankengeschichte beweist, daß man dem Krebs etwas entgegensetzen kann: den Lebenswillen. Jene, die sich von ihrer Erkrankung nicht unterkriegen lassen, haben sicher eine längere Lebenserwartung als jene, die resignieren, sobald sie von ihrer Erkrankung erfahren haben.

Aus den schon mehrfach angedeuteten Gründen sind an dieser Stelle auch Blasenerkrankungen in die Betrachtung einzubeziehen, wenn es um psychosomatische Erkrankungen

125

der männlichen Geschlechtsorgane geht. Denn zum einen besteht eine enge anatomische Verknüpfung zwischen Sexualorgan und Harntrakt. Und zum anderen besteht, obgleich Prozesse wie Harnproduktion und Harnabfluß in die Blase rein reflektorisch ablaufen, ein enger Zusammenhang zwischen psychosexueller Entwicklung und Blasenproblemen. Blasenschwierigkeiten jeglicher Art beginnen meistens im Alter von drei bis vier Jahren und fallen damit genau in die Triangulierungszeit. Frühkindliche Sexualität wird hier nämlich über das Urinieren ausgelebt. Erste Hinweise auf Störungen ergeben sich, wenn der Junge seinen Harn zurückhält. Harnverhalten kann als eine Vorstufe der Impotenz des Erwachsenen angesehen werden. Die enge anatomische Verknüpfung zwischen Ausscheidungsstruktur und Genitalfunktion erklärt, warum häufig sexuelle Abwehrvorgänge zur Störung des Wasserlassens führen. Vor allem Patienten mit psychosexueller Unreife machen bei äußeren und inneren Triebkonflikten eine Regression auf eine frühkindliche Phase durch, in der das Körperkonzept noch keine ausreichende Differenzierung zwischen Ausscheidungsfunktion und Genitalfunktion erfahren hat. Hemmungen bei der Blasenausscheidung können dann geeignete Ausdrucks- und Entlastungsmöglichkeiten für angestaute intrapsychische Konflikte bieten.

Man kann bei Blasenerkrankungen ebenfalls von aggressiven erotischen Konflikten sprechen, wobei das körperliche Symptom einen auffordernden Charakter an den Partner hat – ein weiterer Hinweis, daß alle psychogenen Störungen des Urogenitaltraktes unter die Lupe genommen werden müssen, wenn sich der behandelnde Psychotherapeut ein genaues Bild machen will.

Männer mit Störungen im Urogenitalbereich haben nicht erst mit ihrer Erkrankung das Begehren aufgegeben; vielmehr verhält es sich umgekehrt: Erst verschwand das Begehren, danach erkrankten sie. Der tägliche Leistungsstreß und die Gewöhnung an eine – mit den Jahren immer unattraktivere – Partnerin führen oft dazu, daß ein Mann sich ganz aus der Sexualität zurückzieht. Grundsätzlich liegt das Begehren (Libido) – nicht nur in der Sexualität – zwischen Genuß und Bedürfnis, Gewinn und Verlust. Begehren ist zuallererst ein Verlangen nach Belohnung und kann in einem Gewinn bestehen, der aus einer Leistung resultiert. Ein junger Mann wird um eine junge Frau werben; er wird sie zum Essen einladen und nicht wenige Anstrengungen unternehmen, bis die Begehrte sich ihm hingibt. Die vom jungen Mann mühsam »er-worbene« Bereitschaft der Partnerin zur Sexualität hat beim älteren Mann natürlich nicht denselben Stellenwert; Sex ist ihm längst zur Routine geworden. Der junge Mann läßt sich leicht erregen: vom nackten jungen Busen, von einem »knackigen Hintern«, einem süßen Venushügel. Der ältere Mann kennt das alles seit zehn, zwanzig, dreißig Jahren. Ihm fehlt der Reiz des Neuen, der Jugend. Er muß sich nicht mehr anstrengen, häufig will er es auch nicht mehr. Es lohnt sich nicht für ihn.

Begehren ist ein ganz natürliches Verlangen nach Lust, ohne mit der Lust identisch zu sein. Begehren ist alles. Es ist anderen Kriterien übergeordnet. Außer der Lust ist auch das Bedürfnis Bestandteil des Begehrens. In unserem Beispiel fehlt den älteren Männern – vor allem jenen mit Erkrankungen im Urogenitalbereich – jenes Bedürfnis nach sexueller Erfüllung, das jüngere Männer auszeichnet. Ihre Lust hat sich auf Ersatzobjekte verlagert: Sie widmen sich dem guten Essen, dem Wein, der »guten Zigarre« als Symbol der Männlichkeit. Ein Bedürfnis erleben wir immer als unerträglich, weil es etwas zu stillen gibt. Dem Bedürfnis liegt eine innere Motivation zugrunde. Wenn wir Hunger haben, müssen wir essen. Der Durst verlangt nach Flüssigem. Wenn etwas, das wir zum Überleben brauchen, ganz oder teilweise fehlt, spricht man von einem primären Bedürfnis. Bedürfnisse und ihre Befriedigung sind Ausgangspunkt des Begehrens.

Sigmund Freud ging in seiner Libido-Theorie von einem inneren Spannungszustand aus, der durch Befriedigung des Bedürfnisses nachläßt. Wenn ältere Männer kein Begehren, keine Libido mehr haben, bedeutet das, daß sie nicht mehr mit ihren Frauen – oder überhaupt mit einer Frau – zu schlafen wünschen. Es gibt nach dieser Definition keinen Spannungszustand mehr zu seiner Partnerin hinüber. Das Problem liegt freilich darin, daß sich die Libido-Sexualenergie dann nach innen richtet und dort selbstzerstörerisch wirkt.

Ist nun aber das sexuelle Begehren Selbstzweck? Zum einen bleibt ja bei der nun nicht mehr begehrten Partnerin das Begehren als Bedürfnis oft bestehen. Durch den Rückzug des Mannes kann sich ihre Sexualphantasie verstärken, obwohl sie ahnt, daß für sie nun wohl auch alles »vorbei« ist. Nicht die urogenitale Krankheit läßt freilich die Sexualität zwischen zwei Menschen sterben, sondern die Aufgabe des Begehrens.

Und zum anderen gibt es einen inneren Raum des Begehrens. Das ist unser gesamter Organismus: Hirn, Herz, Penis, Vagina, Haut. Es sind die Nervenbahnen, die Hormone und die Blutgefäße. Es ist das Ganze: ein Körper, ein Geist, eine Seele. Dieses Ganze »weiß«, wann wir essen oder trinken wollen. Es weiß auch, wann wir Lust haben und Sexualität wollen. Nicht wenige Menschen aber haben verlernt, auf das Ganze zu horchen. Sie haben verlernt, in die Gefühle hineinzuhorchen, und sie verwechseln das Bedürfnis zu essen mit der Lust auf den Partner. Das »Ganze« ist gleichbedeutend mit der subjektiven Kenntnis, die wir von unserem inneren Organismus haben. Wenn wir nicht verlernt haben, auf das Ganze zu horchen, dann spüren wir Hunger und Durst, dann fühlen wir Lust und Verlangen oder erfahren unseren Widerwillen, etwas zu tun. Der Widerwille ist das, was Freud mit Unlust bezeichnete.

Die Kumpane der Unlust aber sind Angst, Zorn, Depression und Leid. Wenn Männer das Begehren aufgeben, dann »gesellen« sie sich zu den Gefolgschaften der Unlust. Die Kumpane der Lust hingegen sind Freude, Übermut, Froh-»sinn« und Leicht-»sinn«. Sie entstehen im Gehirn – wie die Kumpane der Unlust. Sie sind die Folge unseres Denkens und unserer Geisteshaltung. Sehr oft wird die Lust moralisch verpackt, mit »gut« und »böse« etikettiert. Demnach wäre gut, was lustvoll ist und »böse«, was Schmerzen und Leid bereitet. Dabei wird freilich übersehen, daß Lust nichts anderes als Lust sein will und daß Unlust einfach die Abwesenheit von Lust ist. Das »Gute« und das »Böse« aber sind Wertbegriffe und damit etwas Gesellschaftliches: relativ und von Gesellschaft zu Gesellschaft verschieden.

Lust bedeutet nicht passives Warten, sondern immer auch aktives Tun, zumindest aktive Hinwendung zum Lustobjekt. Lustvoll leben ist nicht gleichbedeutend mit triebhaft leben.

Für den Mann, der im Urogenitalbereich erkrankt ist, bedeutet das: den Wunsch nach Rückkehr zum Begehren wekken, damit dieser Mann wieder lustig, lustvoll, sinnvoll leben kann.

Fragen zur Selbstreflexion:

Wenn Sie für sich die Hintergründe Ihrer Erkrankung klären wollen, dann versuchen Sie, sich zu erinnern, wann Sie das letzte Mal in Ihrem Leben eine Frau aus tiefstem Herzen begehrt haben. Wie sind Sie mit diesem Wunsch umgegangen? War es Ihnen möglich, ihn in die Tat umzusetzen? Oder haben Sie ihn mit Wertungen und Beurteilungen beiseite geschoben? Wie haben Sie sich dabei gefühlt? Hatten Sie Unlustgefühle, als Sie ihn beiseite geschoben hatten?

Auf welchen Gebieten können Sie Lust, verbunden mit Freude und Frohsinn, genießen? Können Sie Lust auf breiter Ebene genießen, oder ist Ihre Lust eingeschränkt?

Menstruation
und Weiblichkeit

6. Kapitel

Von der Unlust,
eine Frau zu sein

Lust- und Unlust-Probleme sind natürlich kein männliches »Privileg«. Im Gegenteil, Unlustgefühle gehen bei Frauen fast naturgegeben mit ihrer Geschlechtsrolle einher, wenn sie ihre »Tage« bekommen. Etwa 2300 Tage in ihrem Leben plagen sich Frauen mit ihrer Monatsblutung herum, die bekanntlich bei den meisten Beschwerden wie Niedergeschlagenheit, Reizbarkeit, Kopfschmerzen, Übelkeit, Müdigkeit, Brustspannungen, Unterleibsschmerzen, Verdauungsbeschwerden und Rückenschmerzen mit sich bringt. Wie intensiv solche Menstruationsbeschwerden freilich erlebt werden, ist nicht nur eine Frage der körperlichen Symptome, sondern es hat auch damit zu tun, welche Ängste diese Körpervorgänge seit der Kindheit begleitet haben.

Solange man denken kann, ist nämlich die monatliche Blutung mit Ängsten und einer Vielzahl von falschen Vorstellungen verbunden. Bis in unsere Zeit hinein galt sie als Tabubereich. Noch heute bemühen sich die meisten Frauen, ihre Regel möglichst unauffällig zu überstehen. Andererseits aber lassen sie sich bei ihrem Gynäkologen einen Termin geben, um sich aufwendigen Behandlungen zu unterziehen, als handle es sich bei der Menstruation um eine Krankheit. Auf diese Weise regulieren und kontrollieren sie ein Stück

»Weiblichkeit« und lernen schon seit frühester Jugend zu verheimlichen, wenn etwas nicht »stimmt«.

Dabei ergeben sich viele Beschwerden der Frauen erst aus der Tabuisierung. Wer Schlimmes erwartet, wird sich zwangsläufig schlecht fühlen. Schon lange vor der ersten Blutung werden Mädchen mit Schwarzmalerei überhäuft: »Na, warte bis du erst deine Tage kriegst! Dann wirst du schon merken, was es heißt, eine Frau zu sein.« Wenn dann noch eine entsprechende Einstellung der Mutter hinzukommt, sind die Reaktionen auf die erste Menstruation: Angst, Panik, Unruhe − oder auch Freude. Auf der einen Seite steht die Angst, jetzt eine Frau sein zu müssen, ohne zu wissen, wie das ist; auf der anderen Seite das Gefühl: »Jetzt bin ich eine Frau, jetzt gehöre ich dazu.«

Doch was geschieht eigentlich beim Zyklus der Frau und bei der Menstruation?

Der Narr oder Weise, der dieses Geschehen, den weiblichen Zyklus, dirigiert, der Hypothalamus, sitzt im Gehirn. Wie bereits gezeigt, ist er für viele Prozesse im Körper verantwortlich; vor allem koordiniert er die Wechselwirkungen zwischen Körper und Seele. Mit anderen Worten: Wie dieser Teil des Gehirns reagiert, hängt von der jeweiligen Seelenlage und Stimmung ab.

Für den Menstruationszyklus der Frau gibt der Hypothalamus entscheidende Signale: Er regt die Hirnanhangdrüse zur Hormonbildung an. Diese Hormone setzen die Reifung der Eibläschen im Eierstock in Gang. In welchem der beiden Eierstöcke das Ei heranreift, läßt sich nicht vorhersagen. Die Hülle, in der das Ei sitzt, produziert das wichtigste weibliche Geschlechtshormon, das für den Aufbau der Gebärmutterschleimhaut verantwortliche Östrogen. Diese Schleimhaut verdickt sich im Laufe des Zyklus, polstert die Gebärmutter von innen aus und schafft damit die Voraussetzung für die spätere Einnistung einer befruchteten Eizelle. Die Östrogenmenge steigt kontinuierlich an und signalisiert dem Gehirn irgendwann, daß das Ei nun reif genug sei. Daraufhin sendet die Hypophyse ein weiteres Hormon aus, das dem Ei − inzwischen etwa so groß wie eine Blaubeere – zum Sprung in den Eileiter verhilft. Die Eihülle platzt beim Eisprung auf, und die kleine Eizelle wird mit dem Gewebewasser in die fransige Öffnung des Eileiters hineingespült. Während sich die Eizelle auf ihrer Wanderung in die Gebärmutter befindet, wird in der zurückgebliebenen Eitasche (dem Follikel) das Gelbkörperhormon Progesteron ausgeschüttet, das ebenfalls eine Vielzahl von Aufgaben hat: Es sorgt beispielsweise dafür, daß die Gebärmutterschleimhaut sich jetzt nicht noch weiter aufbaut, sondern daß sie vielmehr gut durchblutet und nährstoffreich ist, also im Ernstfall für die Aufnahme einer befruchteten Eizelle gut gerüstet ist. Kommt es nicht zur Befruchtung, stellt die Eitasche ihre Arbeit ein: Es wird kein Progesteron mehr produziert. Die Arbeit dieses Hormons führt bei einer Frau übrigens zum Anstieg der Körpertemperatur; je mehr Progesteron ausgeschüttet wird, desto höher die Körperwärme.

Ist die Frau nicht schwanger geworden, setzt meist innerhalb der nächsten zwei Wochen die Blutung ein. Die Dauer dieser zweiten Zyklushälfte liegt häufig zwischen 12 und 16 Tagen, kann aber auch länger oder kürzer sein. In der Gebärmutterschleimhaut brechen dann die kleinen Blutgefäße zuerst an den Stellen auf, an denen sich das befruchtete Ei hätte einnisten können. Die Blutung nimmt ihren Anfang. Die Muskelzellen der Gebärmutter ziehen sich während der gesamten Menstruation leicht wellenartig zusammen, um das Abstreifen der Schleimhautschicht zu erleichtern. Der Muttermund ist in dieser Zeit leicht geöffnet, damit das Menstruationssekret abfließen kann. Es besteht nur zu 50 bis 65 Prozent aus Blut und Flüssigkeit; der Rest ist Schleimhaut. Je üppiger die Schleimhaut aufgebaut war, desto mehr Klümpchen müssen nun befördert werden. Das gilt besonders für Zyklen, in denen kein Eisprung stattgefunden hat, weil dann kein bremsendes Progesteron gebildet wurde.

Wenn nun die »Regel« unregelmäßig wird, sind noch eine Reihe weiterer Hormone beteiligt. Hinter allem aber steht die Psyche, die in Sachen »Weiblichkeit« einige Schwierigkeiten macht. Darum richtet sich die Aufmerksamkeit mancher Gynäkologen nicht nur auf die Hormone. Sie konzentrieren sich auf das an der Regulierung des Hormonhaushalts beteiligte Vitamin B_6. Außerdem braucht der Körper B_6 zur Herstellung von Übertragungsstoffen im Nervensystem, zum Beispiel des Neurotransmitters Serotonin. Diese Substanz wirkt bei der Steuerung unseres Gefühlslebens mit. Ein Vitamin-B_6-Mangel kann sich also durchaus negativ auf das Hormongleichgewicht und auf das Zusammenspiel der Chemie und der Stimmungen im Gehirn auswirken. Solche Störungen können, in den Tagen vor der Regel, also beim Übergang von einem Zyklus zum nächsten, besonders zu Buche schlagen; vielen Frauen geht es zu diesem Zeitpunkt wirklich besser, wenn sie Vitamin B_6 zu sich nehmen.

Es ist sicherlich kein Zufall, daß der Menstruationszyklus der Frau im Durchschnitt ebensolange dauert wie die Zeit zwischen zwei Neumonden. Seit Menschengedenken hat man sich mit dieser auffallenden Tatsache beschäftigt. Im Jahre 1898 hielt der Schwede Svante Arrhenius in 11 807 Fällen fest, wann genau die Regelblutung seiner weiblichen Testpersonen eintrat. Nach den präzisen Untersuchungen dieses Arztes fiel die Regelblutung häufiger in die Zeit des zunehmenden als des abnehmenden Mondes. Am häufigsten begannen die Monatsblutungen der beobachteten Frauen am Tag vor Neumond. Es ist ebenfalls bekannt, daß der Mondzyklus nicht nur Einfluß auf den Menstruationszyklus, sondern ebenso auf die Libido der Frau, auf Eisprung und Empfängnisbereitschaft, ja sogar auf die Geburt hat. Seit jeher glaubten die Menschen, der Mond habe einen günstigen Einfluß auf die Geburt; in vielen Gebieten der Erde bezeichnet man daher diesen in Verbindung mit der Göttin Luna als weiblich empfundenen Himmelskörper sogar als »große Hebamme«[27].

Wollen wir das Erleben der Frauen richtig verstehen, dürfen wir die psychologische Bedeutung der Regelblutung nicht isoliert betrachten. Es gibt vielmehr auch das Erlebnis des Zyklus selbst, der zyklischen Veränderungen des Körpers. Wenn eine Frau voll in der Identität ihrer Frauenrolle lebt, dann erlebt sie das zyklische Geschehen in ihrem Körper innerlich-seelisch mehr oder weniger bewußt mit. Getragen vom Gefühl, ganz selbstverständlich in ein Naturgeschehen eingebettet zu sein, fühlt sie sich ganz als Frau. Und genau darauf kommt es an: sich seiner Geschlechtsrolle voll bewußt zu sein und sich von ihr getragen zu fühlen.

Wenn sich in unserer Gesellschaft Mädchen ihrer ersten Menstruation nähern, bekommen sie meistens kritische Seitenblicke. In der Verwandtschaft tuschelt man hinter vorgehaltener Hand: »Tante Rosa wird bald kommen«, oder: »Ach, die Kleine ist noch nicht soweit? Wie bedauerlich.« Da die Aufklärung in den meisten Fällen mangelhaft bleibt, ist das Mädchen tief verunsichert. Die erste Menstruation wird dann als etwas »Schlimmes« erlebt. In vielen Kulturen wird dieses Ereignis jedoch ganz anders bewertet und begangen: Die Türken zum Beispiel feiern den Tag der ersten Menstruation, denn dieser Tag wird als Initiation zum Frausein empfunden: Aus einem Mädchen wurde eine Frau, und das ist ein großes Fest wert. Aus einem Mädchen wurde eine Frau: Das gibt Selbstbewußtsein, das Gefühl, jetzt dazuzugehören. Bei uns hingegen schämt man sich dieser ersten Regelblutung, und die Mädchen sind von dem Gefühl, eine Frau zu sein, weit entfernt. Und diese Scham, dieses indifferente Gefühl, eine Frau sein zu müssen und es in vielen Fällen doch nicht sein zu können, erinnert solche Frauen Monat für Monat daran, daß sie noch keine Frau sind. Gerade das prämenstruelle Syndrom gehört in diesen Zusammenhang: Unbewußt treten an diesen Tagen jene Gefühle hervor, die während der Pubertät die Kräfte der Mädchen innerlich lähmten: die Unsicherheit, wie man mit dem Frau-Sein fertig werden kann.

Ganz andere Gefühle dominieren hingegen, wenn der Prozeß der Reifung und des Frau-Werdens natürlich verlaufen ist. Frauen, die sich mit ihrem Frau-Sein identifizieren, erleben die Periode mit dem beglückenden Gefühl körperlicher Reife und mit Wohlbefinden. Es hat schon viele Frauen fasziniert, ihre biologische Gesetzmäßigkeit zu beobachten und daran geistig teilzunehmen. Wenn Frauen einen inneren Widerstand gegen die Pille entwickeln, kann das auch damit zusammenhängen, daß sie die Wahrnehmung des ständig wiederkehrenden biologischen Geschehens nicht unterdrücken wollen. Sie spüren: Die Pille zu nehmen bedeutet, Hormone zu nehmen und damit das eigene Naturgeschehen zu unterbinden. Auf der anderen Seite ist jedoch der Wert der Pille nicht zu verkennen. Das Elend um Schwangerschaften und Abtreibungen wäre um ein Vielfaches höher, gäbe es die Pille nicht. Scham und Schuld würden ins Unermeßliche steigen. Unter »Schuld« verstehe ich dabei ein »Vergehen gegen sich selbst«, denn mit jeder Abtreibung schadet sich eine Frau vor allem selbst. (Daß Abtreibungen Mitverursacher von Krebserkrankungen sein können, wird noch zu zeigen sein.)

Die zyklischen Veränderungen des Körpers bei der Menstruation können die Grundlage für ein Stück körperlich begründeten und zunächst einmal durchaus gesunden narzißtischen Erlebens darstellen. Wenn die Frau ihr Frau-Sein akzeptiert, stellen diese Veränderungen eine in sich konfliktarme Seinsebene dar. Unabhängig von Mann und Kind kann sie hier direkt ihre eigene Weiblichkeit erleben. Und eine Schwangerschaft kann sogar die höchste Form einer Dreierbeziehung sein: Die Frau selbst, in sich das werdende Leben und an ihrer Seite der Mann, der ihr Ei durch seinen Samen befruchtet hat.

Die Menstruation ist ein zentrales Erleben der Frau, denn in diesem Prozeß ist ihre ganze biologische Weiblichkeit eingebettet. Wenn ein Mann in der Lage ist, seinen Penis erigieren zu lassen und einen Samenerguß zu haben, ist dies sein zentrales Erleben. Eine Frau wird niemals empfinden können, was dabei alles in einem Mann vorgeht. Genauso wird ein Mann niemals spüren können, was beim zentralen Erleben der Frau, der Menstruation, in ihr vorgeht, was sich ganzheitlich in ihr tut. Hier sind die Grenzen der Geschlechtsrollen erreicht. Darum kann das Bemühen beider

Seiten, den anderen zu verstehen, nie vollständig erfolgreich sein. Die Biologie des einzelnen setzt dem anderen Grenzen. Ob nun eine Frau ihre Menstruation so erlebt, daß sie ihr Gefühl der Weiblichkeit bestärkt sieht, oder so, daß sie in schwere Konflikte gestürzt wird, hängt nicht zuletzt mit ihrer psychosexuellen Entwicklung zusammen. Von entscheidender Bedeutung ist auch hier die Phase der frühkindlichen Sexualität.

In der phallischen Phase, die in den Triangulierungszeitraum fällt, wechselt neben der bewußter einsetzenden, spielerischen Erkundung der Genitalien das Interesse der Jungen und Mädchen auch auf das Geschlechtsteil des anderen. Dabei werden die Partialtriebe des Schauens und sich Zeigens wichtig. Kinder lernen Doktorspiele, und Sexualphantasien von Zeugung und Geburt tauchen auf. Gern präsentieren sich die Kinder mit vorgestrecktem Bauch; der Stolz auf den eigenen Körper und das Imponierenwollen bestimmen ihr Verhalten. Je unbefangener diese Tendenzen gelebt und akzeptiert werden, um so weniger neurotisierend und fixierend verläuft diese Phase notwendiger Realitätsprüfung.

Der Junge erlebt stolz sein Organ, dessen Größenvergleich an anderen nun eine Rolle zu spielen beginnt. Das Mädchen verlegt sich auf Koketterie und ist betrübt darüber, noch nicht so viel aufweisen zu können wie der Bruder. Mädchen neigen dann dazu, in diesem Alter ihr Geschlecht noch zu verleugnen. All diese verwirrenden neuen Erfahrungen und angstvollen Ungewißheiten regen die Phantasie des Kindes an, besonders dann, wenn es keine Aufklärung über die Realität bekommt. Nichtbeantwortung sexueller Fragen führt oft zu einer − auf andere Bereiche verschobenen − Fragesucht. Aber auch bei vernünftiger Beantwortung seiner Fragen verbleibt dem Kind ein großer Rest von Geheimnisvollem, das auch in der Latenzphase, in der Ruhepause vor dem »großen Sturm« der Pubertät, unbeantwortet bleibt.

Bereits in der Phase der phantasiebetonten frühkindlichen Sexualität kommt das Mädchen schlechter weg als der Junge und so wird hier schon die Verunsicherung bezüglich ihres späteren Frau-Seins angelegt. Der Junge wird von seiner Mutter unbewußt bereits als sexuelles Wesen geliebt, während gleichzeitig der Mädchenkörper meistens nicht in gleicher Weise begehrt wird, weil der Vater oft nicht da ist. Dieser erlebt seine Tochter als weiblich komplementär zu seinem eigenen Geschlecht, und dieser Kontrast ist für sein Lustempfinden unentbehrlich. Dieses unbewußte Lustgefühl aber kann die Mutter ihrer Tochter kaum vermitteln, weil sie, von seltenen Ausnahmen abgesehen, ihr eigenes Geschlecht nicht lustvoll begehrt, sondern das ihr komplementäre, männliche. Aus dieser Sicht wird sich das Mädchen irgendwann als ungenügend empfinden. Erst das Mädchen, später die Frau, ist nie zufrieden mit dem, was sie hat. Sie möchte einen anderen Körper, einen kleineren oder größeren Busen, längere oder kürzere Beine, sie ist rundum mit sich unzufrieden und am allermeisten kann sie – ihrer Meinung nach – auf ihre »Tage« verzichten.

Das erste, was ihr an sich nicht gefiel, war der Körper, der bei der Mutter keinen Anklang fand. In deren Augen war sie höchstens niedlich, reizend, artig und vieles mehr, nur nicht sexuell anziehend. So fehlt dem von Frauenhänden umsorgten kleinen Mädchen der Hauch des Begehrens. Das Geschlecht, das nicht ins Bewußtsein treten darf, existiert jedoch gleichwohl auf eine feine, sehr sensible Art. Nur ist die Mutter bei der Intimpflege nicht daran interessiert, es liebevoll zu streicheln. Die Mutter sperrt das klitorale Lustempfinden des Mädchens ein, manchmal bewußt als Rivalin, manchmal unbewußt, weil sie es selber nicht besser erfahren hat. Ist die Mutter darüber hinaus in Sachen Sexualität frustriert, dann überträgt sie schon sehr früh dem kleinen Mädchen ein indifferentes Gefühl. Die Mutter ist es auch, die das tödliche Schweigen einführt, das die Lust umgibt.

Das Mädchen darf als Kind keine Lust empfinden; höchstens gedanklich wird ihm zugestanden, später einmal eine Frau sein zu dürfen, die Lust empfindet. Aber dann wird es zu spät sein, weil die Weichen schon sehr früh auf Unlust gestellt worden sind. Eine im Namen der Zukunft verbotene Gegenwart wird allzuoft das Verhalten von Frauen bestimmen, die als Erwachsene vergeblich auf einen Orgasmus warten. Schlimmer noch, jeden Monat warten sie auf die Regel, jeden Monat erleben sie das Frausein als schmerzlich. Sind sie ledig und haben regelmäßig Sexualverkehr, dann wird die Regel zur großen Erleichterung:»Ich habe es wieder einmal geschafft, ich bin nicht schwanger.« Und jede ältere Frau wartet mit derselben großen Sehnsucht: Solange die Regel noch kommt, ist sie noch eine vollwertige Frau. Mit dem Einsetzen der Wechseljahre, mit der letzten Periode, sinken viele Frauen in Depression und Ohnmacht, haben das Gefühl, keine Frau mehr zu sein. Alles, was sich um den weiblichen Zyklus dreht, ist somit ständig mit Angst besetzt: statt Lust und Freude ständiger Frust.

In der dem Mädchen aufgezwungenen Dialektik steckt trotzdem ein Funken Ahnung, daß es als Frau gesellschaftlich anerkannt sein wird. Und wenn es dann endlich Frau sein darf oder soll, gelingt das Frau-Sein nicht. Sie versteckt sich hinter der Frauenrolle, glaubt, eine Frau zu sein, ist aber in Wirklichkeit nur eine »Kindfrau«. Schon früh in der Pubertät greift sie zu weiblichen Ersatzmitteln wie Lippenstift, hohen Absätzen, Handtasche. Das verunsicherte kleine Mädchen in der Pubertät verkleidet sich entweder als Frau oder tut in seiner Verunsicherung genau das Gegenteil: Sie macht sich unattraktiv, wird zum Punk, zum Lederjackenmädchen oder macht sich auf andere Weise unansehnlich. Damit signalisiert sie: »Ich bin noch nicht bereit, eine Frau zu werden. Ich habe Angst vor dieser gewaltigen Rolle.« Sie weiß, sie soll Sexualität haben, ohne zu wissen, wie das wirklich ist. Sie soll irgendwann in den nächsten Jahren Mutter werden und ist im Augenblick noch nicht einmal mit ihrer Kindheit fertig.

Wenn eine Frau Sexualverkehr hat, regelmäßigen Sexualverkehr, bessert sich die Situation. Zumindest die un-»regel«-mäßigen Perioden pendeln sich ein, wenn auch noch mannigfaltige Beschwerden bleiben. Erst wenn sie in der

Lage ist, ihr Frau-Sein zu bejahen, wenn sie mit Freuden ihre Sexualität genießt, wenn sie ihre Menstruation als etwas Natürliches, ihr Zugehöriges erlebt und sich dabei als Frau fühlt — erst dann kann sie erleben, daß sie eine Frau ist. Dann wird auch der Körper freudig mitschwingen, und die Menstruationsbeschwerden werden verschwinden.

Solange Frauen fühlen, daß sie in Wirklichkeit noch keine Frauen sind, daß noch etwas fehlt, fühlen sie sich auch irgendwie unglücklich. Solange werden auch den Frauenzeitschriften die Themen nicht ausgehen. Weil dort Redakteurinnen sitzen, die selbst immer noch »Opfer« ihrer eigenen Unnatürlichkeit sind, reden Frauenzeitschriften mehr von Mode, Frisuren, Wäsche, Kosmetika — also von Ersatzmitteln — als von dem, was eine Frau wirklich ausmacht. Ob sie es nicht wissen?

Es ist, als ob dem Geschlecht der Frau immer noch ein weiteres Etikett aufgeklebt werden müsse, anstatt zu überlegen, was ihr tiefstinnerlich fehlt und wie man zu dem gelangen könnte, was ihr fehlt. Es ist die Geschichte des kleinen Mädchens, das in Ermangelung kindlicher Fürsorge und Nähe sich immer noch beweisen muß, daß es weiblich ist, anstatt weiblich zu sein. Dabei kommen aber nur »gefälschte«, kleine Frauen heraus. Erst wenn Frauen aufhören, beweisen zu wollen, daß sie weiblich sind, beginnen sie, eine Frau zu sein.

Der Weg dahin ist aber weit. Denn in vielen Fällen wird ja die gestörte Menstruation als ein organisches Leiden betrachtet, und manche Frau ist nicht bereit, ihre vielfältigen Beschwerden einmal zu hinterfragen. So kommt es prämenstruell oder menstruell trotz aller Verleugnungen zu einer rein psychischen Symptomatik: Was wir nicht selten mit Hysterie bezeichnen, ist ein ganzer Komplex psychischer Erregungszustände: erhöhte Reizbarkeit, Affektausbrüche, emotionale Instabilität, Angst, Antriebsarmut, erhöhte Ermüdbarkeit, depressive Verstimmungen, Gefühle der Schwäche oder der Leistungsunfähigkeit. Aus dieser Sicht ist es verständlich, daß in diesem Zeitraum folgende Ereignisse signifikant häufiger vorkommen: Impulshandlungen, Unfälle, Kaufhausdiebstähle, Selbstmordgedanken.

Interessanterweise haben Träume während der Menstruation immer aggressiven Charakter. Viele verschiedene Triebe können aktiviert werden, und damit kann es auch zur Belebung mancher uralter Konflikte kommen. Frauen mit gesunder Persönlichkeitsstruktur empfinden diese Zeit eher als belebend. Falls die Ich-Anteile der Frau aber durch fehlgeleitete Entwicklungen beeinträchtigt sind, kann diese Belebung von Trieb und Konflikt auch mit einer Schwächung der kontrollierenden Ich-Funktionen einhergehen und so zu den Affektausbrüchen führen. Wenn zum Beispiel eine Frau während der Menstruation zu Ladendiebstählen neigt, verlangt sie unbewußt – ein Defizit aus der Triangulierungszeit wird hier offenbar – nach Liebe. Liebe ist für sie jedoch – so hat sie es in der Kindheit erfahren – mit Sachgeschenken verbunden. Keiner kennt ihre innere Not, keiner gibt ihr etwas, also holt sie es sich selbst.

In anderen Fällen sprechen die Frauen von Depressionen, die sie vor oder während der Menstruation hätten; in Wirklichkeit schieben sie jedoch Depressionen, die unterschwellig ständig vorhanden sind, lediglich im Sinne einer Rationalisierung auf die Menstruation. Darin äußert sich auch ihre Hoffnung, es mit einer organischen, nicht mit einer psychischen Erkrankung zu tun zu haben. Das heißt, sie müssen sich dann nicht mit ihrer Psyche auseinandersetzen, sondern gehen lieber zum Frauenarzt.

Bei anderen Frauen stellen sich prämenstruell eher körperliche Symptome ein: Gefühle körperlichen Mißbehagens, die »irgendwo im Unterleib« erlebt werden; Spannungen im Abdomen oder in der Brust; Rückenschmerzen, Schwindel, Brechreiz; Durchfälle oder Verstopfungen. Manchmal überfällt diese Frauen eine ungeheure Eßlust und der Durst nimmt zu; andere leiden unter Schlafstörungen, bekommen Migräne. All diese Symptome werden aber auch von den oben geschilderten psychischen Befindlichkeiten begleitet; sie können bis zu zehn Tage vor der Menstruation auftreten und steigern sich oft am letzten Tag vor der Menstruation so sehr, daß die Frauen leistungsmäßig total abfallen und im Bett liegen müssen.

Doch bleibt erneut festzustellen, daß Menstruationsbeschwerden, ebenso wie das prämenstruelle Syndrom kein weibliches »Schicksal« sind, sondern eng mit Kultur, Erziehung und Lebenssituation zusammenhängen. Frauen, die ihre psychische Geschlechtsrolle rundum bejahen können und die sich mit ihrer Sexualität, ihrem Partner, ihrem Leben wohl und zufrieden fühlen, haben viel seltener Menstruationsbeschwerden als andere. Die Menstruation erinnert jeden Monat an die eigene Weiblichkeit, sie kann aber auch als Mahnung verstanden werden, etwas für diese Weiblichkeit, für die eigene sexuelle Identität zu tun. Sie erinnert an die eigene Fruchtbarkeit oder auch an die Unfruchtbarkeit. Schließlich ist eine gesunde Weiblichkeit auch eher eine Garantie dafür, nicht an Krebs zu erkranken oder im Krankheitsfall schnell mit dieser Krankheit fertig zu werden. (Ich werde diesen Punkt ausführlicher im folgenden Kapitel ansprechen.)

Wenn Menstruationsschmerzen erst spät zum allerersten Mal auftreten – etwa im Alter von 20 bis 25 Jahren –, dann müssen die davon betroffenen Frauen sich untersuchen lassen, damit verschiedene Krankheiten ausgeschlossen werden können. So können etwa Myome in der Gebärmutter Menstruationsschmerzen verursachen. Ebenso eine andere Krankheit, die Endometriose: Man findet in diesem Fall kleine Inseln von Gebärmutterschleimhaut auf den Organen in der Nähe der Gebärmutter, etwa auf den Eierstöcken, den Eileitern, auf der Blase.

Eine verspätet einsetzende Menstruation ist immer eine Folge der inneren Verweigerung, eine Frau zu sein, und auch die hier beschriebenen psychosomatischen Krankheitsbilder haben mit dieser Verweigerung zu tun. Das zeigt sich nicht zuletzt darin, daß fast alle genannten Symptome meist gut auf eine psychosomatische Behandlung ansprechen.

Da zwischen der Hormonproduktion der Hypophyse und

derjenigen der Eierstöcke ein sehr feines Gleichgewicht besteht, kann jede Störung dieses Gleichgewichts entweder Blutungen hervorrufen oder bewirken, daß sie ausbleiben. In der Regel dauert es einige Jahre, bis sich die Hormonproduktion der beiden Drüsen, die in der Pubertät beginnt, eingependelt hat.

Auch wenn im Klimakterium die Hormonproduktion abnimmt, muß sich das Gleichgewicht erst wieder neu stabilisieren. Menstruationen in der Pubertätszeit und in den Wechseljahren sind deshalb unregelmäßig.

Selbst wenn ein organischer Befund für Menstruationsstörungen vorliegt, steht als Ursache immer ein Konflikt mit der eigenen weiblichen Geschlechtsrolle dahinter. Die Auseinandersetzung mit oder die Verleugnung der eigenen Weiblichkeit wirft so ihre Schatten. Diese Sicht der Dinge sollte aber nicht zum Leichtsinn verleiten, die Beschwerden zu verharmlosen: Das ist eben die Psyche. Denn jede psychosomatische Krankheit hat auch die Tendenz, sich von der Psyche abzuspalten, sich zu verselbständigen. Darum ist es immer richtig, zum Arzt zu gehen und sich untersuchen zu lassen, damit die Krankheit behandelt werden kann. Aber ebenso wichtig ist es, den inneren Konflikt aufzuspüren, um sich davon lösen zu können. Organisch gibt es viele Ursachen für Menstruationsstörungen; so viele, wie es Schicksale gibt. Psychisch aber geht es immer um den Konflikt zwischen Weiblichkeit und der Umwelt.

Wenn bei psychosomatischen Beschwerden die Unerwünschtheit des auslösenden Ereignisses ausschlaggebend für das Eintreten subjektiver Beeinträchtigungen ist[28], dann heißt das in unserem Zusammenhang nicht, daß die Menstruation, eine Schwangerschaft oder ein Sexualkontakt unerwünscht wären; vielmehr ist die weibliche Identität als solche unerwünscht, weil sie Konflikte mit sich bringt. Das kann die Angst vor der Weiblichkeit mit ihren vielen Verantwortlichkeiten (wie Schwangerschaft, Geburt, Mutterschaft) bedeuten, aber auch, daß diese Frau lieber ein Junge oder ein Mann wäre, weil schon auf frühkindlicher Ebene eine

Identifikation mit dem Männlichen stattgefunden hat, aus der sie sich dann nicht mehr lösen konnte.

Die Frauenrolle – und das greift tief in das Leben der Frauen – erfordert meiner Meinung nach viel mehr als die Männerrolle. Auch die Männer tragen – das ist in den vorangegangenen Kapiteln deutlich geworden – tiefsitzende Konflikte und Ungereimtheiten in sich; aber alles, was mit der Weiblichkeit zu tun hat, ist gleichwohl weitaus komplizierter, feiner abgestimmt. Das beginnt schon beim weiblichen Organismus und endet mit der großen verantwortlichen Rolle als Frau, die vielfältige Anforderungen stellt. Die größte und schwierigste dieser Aufgaben ist es, Kinder so zu erziehen, daß sie ganze Männer und Frauen werden können. Unsere gesellschaftlichen Strukturen sind heute kaum noch übersichtlich und es wird Frauen dadurch immer schwerer gemacht, ihrer sozialen Rolle wirklich gerecht zu werden. Es wird in ihren Händen liegen, ob zukünftige Generationen weniger Schwierigkeiten mit der Geschlechtsrollenidentifikation haben werden.

Unter den bisherigen Bedingungen kommt die Frau aus einer farblosen Beziehung zu ihrer Mutter und wünscht sich eine farbenfrohe Liebe – so wie damals, als sie in der Triangulierungszeit Geborgenheit beim Vater suchte und nicht fand. Was sie damals nicht bekam, erwartet sie jetzt von ihrem Partner. Nach einer Kindheit in der Wüste sucht sie nun die Oase. Sie hat schon vor langer Zeit die Mutter, die sie sexuell verkümmern ließ, verlassen, hat in Einsamkeit und im So-tun-als-ob gelebt. Nun erwartet sie von dem »anderen Mann in ihrem Leben« die Erlösung.

Dieser schätzt sie seinerseits als Frau, begehrt sie, findet sie schön, doch tief in seinem Innern spürt er immer noch die Angst vor seiner Mutter. Er geht vor und möchte geben, und er schreckt zurück, weil er Angst hat. Die Frau erwartet Liebe von ihm, doch er hat Angst. So baut er einen Graben zwischen ihr und sich auf: Sie kann nicht Frau sein, er findet nicht zu seiner Männlichkeit.

Er verbirgt seine Gefühle hinter Arbeit und Geschäftsreisen, geht zum Angeln oder zum Kegeln. Und sie verbirgt sich hinter dem neuen Begriff Emanzipation. So driften sie eher auseinander, als daß sie sich wirklich auf tiefster Ebene begegnen. Sie glaubt, nur der Mann könne ihre Identität, ihr inneres Einssein wiederherstellen. Er meint, daß sie ihm mit ihrer Mütterlichkeit ein neuerliches Gefühl von Geborgenheit vermitteln könnte. Ihr Einssein war in der Kindheit so sehr gestört, weil die Aufmerksamkeit der Mutter nur Teilung erzeugen konnte: Die »liebe Tochter« durfte sie sein, aber nicht das »begehrte Wesen«. Jetzt will sie endlich begehrt sein und verkümmert doch innerlich wieder zwischen Job, Haushalt und Kindern. Sie hat Verantwortung bekommen, ohne für irgend etwas entschädigt worden zu sein.

Der große Fehler vieler Frauen in unserer Gesellschaft ist es nun, den Partner für das verantwortlich zu machen, was der Vater einst schuldig geblieben ist. Jungen wurden von Anfang an in eine Ödipus-Situation hineingeboren, erlebten den Schreck, daß sie anders waren als die Mutter. Der Junge mußte zum Vater gehen, um sich mit ihm und der männlichen Rolle zu identifizieren. Wenn der Vater das nicht akzeptierte, irrte der Sohn durch die Kindheit, wie seine Schwester. Ihm war es auf diese Weise verwehrt, Mann zu werden. Die Verweigerung des Vaters führte dazu, daß der Sohn seine Identitätsentwicklung nicht zu Ende führen konnte. Er vermochte es nicht, sich aus einer vorhandenen Vaterbindung zu lösen, seine Initiation zu erleben, sich kämpferisch während der Pubertät gegen den Vater aufzulehnen, um nun selbst Mann zu werden. Denn der Vater war in den meisten Fällen nicht da. Und so irrt auch der Mann hin- und hergerissen umher. Seine Aufgabe wäre es nun, sich eine Frau zu erobern. Aber er hat Angst. Zu sehr hat ihn die Mutter gebunden. Auf diese Weise irren Männer und Frauen durchs Leben und können nie richtig als Mann und Frau zueinander finden. Die Frau erwartet vom Mann etwas, das er nicht zu geben vermag; und was er bei ihr sucht, wird er gleichfalls selten finden. Wäre beiden Geschlechtern die Frau- bzw. Mannwerdung gelungen, würden beide erkennen, daß sie das

Gesuchte im anderen niemals finden können. Wären sie ganz Mann und Frau, dann würden sie das Gesuchte nur in sich selbst suchen – und finden.

Als die Götter sich daran machten, die Wahrheit zu verbergen, damit die Menschen sie nicht so schnell finden könnten, sagte einer:»Bringen wir sie auf einen hohen Berg; es wird schwer sein, dort hinaufzukommen.« Ein anderer meinte, man müsse die Wahrheit an der tiefsten Stelle des Meeres versenken. Ein dritter aber sagte:»Verbergen wir sie in den Herzen der Menschen, dort werden sie sie niemals suchen.«

Fragen zur Selbstreflexion:

Menstruationsstörungen können unangenehm bis schmerzlich sein. Haben Sie sich die Frage»Was fehlt mir?« einmal ernsthaft gestellt? Es fehlt ja nicht nur die Weiblichkeit, das Vertrauen in die eigene Geschlechtsrolle. Die Frage hat auch etwas mit unseren Bedürfnissen, mit unserem Begehren, mit unserer Lust zu tun. Genauer betrachtet haben die menstruellen Störungen sehr viel mit Unlust zu tun. Was ich will oder was ich nicht will, spielt hier deutlich hinein. Da gestörte Regelblutungen auch ein Gefühl von Kranksein vermitteln, kann auch die Frage nach Kränkungen möglicherweise weiterhelfen. Die Kränkung drückt sich in den weiblichen Geschlechtsmerkmalen aus. Es hat also vielleicht eine Kränkung am Punkt Weiblichkeit gegeben.

Weiblichkeit
unter dem Messer

7. KAPITEL

Brustkrebs und weibliche Selbstwertgefühle

Die innere Einstellung, die Mutter und Vater zum Geschlecht ihres Kindes haben, spielt für dessen psychosexuelle Entwicklung eine bedeutende Rolle. Derartige Einflüsse können sich schon beim Stillen bemerkbar machen. Mädchen und Jungen erleben das Stillen zwar auf die gleiche Art und Weise, für die Mutter jedoch ist das Erleben durchaus unterschiedlich. Sie kann dem Geschlecht des Kindes gegenüber eine bejahende oder auch eine ablehnende Haltung einnehmen. Wenn eine Mutter Jungen oder Mädchen ablehnt, kann ihr gesamtes Verhalten, auch das Stillverhalten, die Entwicklung des Kindes von Anfang an stören. Ein Mädchen, das wegen seines weiblichen Geschlechts schon von Geburt an abgelehnt worden ist, wird deshalb später auch hinsichtlich der eigenen mütterlichen Funktion beeinträchtigt sein. Insbesondere wenn das Mädchen keinen Hautkontakt hatte, nicht auf den Arm genommen oder liebkost wurde, wird es in der Entfaltung der eigenen mütterlichen Erlebens- und Verhaltensweise gebremst sein.

Rein funktional betrachtet, ist die weibliche Brust zum Stillen der Kinder und zur sexuellen Stimulierung der Frau da. Darüber hinaus sind die Brüste aber auch Symbole der Weiblichkeit schlechthin. Deshalb grämen sich Frauen mit winzigem Busen, und Frauen mit »schlappem« Busen fürchten um ihre Attraktivität. In der Literatur, in der Werbung und im persönlichen Umgang wird der weiblichen Brust viel Aufmerksamkeit zuteil. Nicht zuletzt deshalb leiden Frauen, die eine erfolgreiche Brustkrebs-Operation hinter sich haben, denen ein Teil oder sogar die ganze Brust entfernt wurde, unter dem Gefühl, keine »richtige Frau« mehr zu sein.

Das Verhältnis zur eigenen Brust spiegelt sehr häufig das gesamte Selbstwertgefühl des Mädchens und der Frau wider. Kaum eine Frau kann es sich leisten, ihren Busen einfach als einen Körperteil unter vielen anderen zu betrachten und lebenslang so mit ihm zufrieden zu sein, wie er ist und wie er sich den Lebensumständen nach verändert.

Fülle und Form einer weiblichen Brust werden ausschließlich vom Unterhautfettgewebe bestimmt, das zusammen mit Bindegewebe den Brustdrüsenkörper umgibt. Dieser wiederum besteht aus sogenannten Drüsenlappen und Milchgängen, die in die Brustwarzen münden. Während einer Schwangerschaft vergrößern sich die Brüste dauerhaft (manchmal auch, wenn die Frau die Pille nimmt); kurz nach der Entbindung fließt Muttermilch in die Milchgänge. Brusthaut und Brustwarze aber enthalten zahlreiche Nervenenden, die auf Streicheln, Saugen und andere Berührungen reagieren.

Obwohl organisch meistens kein Befund vorliegt, lassen sich viele Frauen an ihren Brüsten operieren. Die eine möchte lieber eine kleinere Brust, die andere hätte gerne einen größeren Busen. Doch wenn Frauen an ihrem Busen leiden, dann geht es in Wirklichkeit um ihre Weiblichkeit: Brustoperationen bei gesunder Brust weisen immer auf den Versuch hin, innere Konflikte zu beseitigen. Viele Frauen möchten weiblicher aussehen als sie in Wirklichkeit sind. Sie merken, daß irgend etwas mit ihrem Leben nicht in Ordnung ist und schieben es – rationalisierend – auf einen relativ äußerlichen Faktor, wie die Brust, um sich mit der eigentlichen Schwierigkeit nicht auseinandersetzen zu müssen.

Dabei kann es sich um narzißtische, aber auch um interpersonelle Probleme handeln. Eine Frau mit solchen Schwierigkeiten glaubt womöglich, daß Partnerschaftsprobleme oder Sexualstörungen nur an der Brust liegen. Doch Sorgen um das Aussehen der Brust sind höchstens eine Folge, nicht aber die Ursache einer Partnerschaftsstörung. Meist handelt es sich nämlich um das narzißtische Problem, daß die betreffende Frau sich generell minderwertig fühlt. Ersatzweise entwickelt sie dann das Gefühl, körperlich unterentwickelt zu sein und erwartet von einer Operation die Kompensation ihres Selbstwertgefühls.

So wird die Brust also als Zeichen der Weiblichkeit und als Ausdruck der Schönheit des weiblichen Körpers erlebt. Leider ist aber auch das Risiko einer Erkrankung der weiblichen Brust besonders hoch − bis hin zur Operation aufgrund von Krebserkrankungen. Bei soviel Aufmerksamkeit für die weibliche Brust ist es verständlich, daß der Verlust einer Brust Frauen besonders hart trifft − schon deshalb, weil ihr äußeres Erscheinungsbild für den Partner schwer beeinträchtigt wird, was sich meistens auch in sexueller Hinsicht auswirkt.

Von allen Krebsformen wird dem Brustkrebs sowohl bei der Vorsorge als auch unter Forschungsgesichtspunkten die größte Aufmerksamkeit gewidmet. Und doch kommt Brustkrebs neben Darmkrebs bei Frauen sehr häufig vor. Jährlich gibt es in der Bundesrepublik Deutschland 50 bis 70 Neuerkrankungen auf 100000 Frauen. Brustkrebs tritt am häufigsten im fünften und sechsten Lebensjahrzehnt auf. Besonders gefährdet sind dabei auch kinderlose Frauen[29] − solche, die keine Kinder haben, weil sie unbewußt Angst vor dem Kinderkriegen haben, oder solche, die auf andere Weise ein gestörtes Verhältnis zur Mutterschaft haben. Unter anderem manifestiert sich hier die Frustration darüber, daß man als Kind selbst über die Brust der Mutter zu spüren bekam, daß man unerwünscht war. Die Angst, daß sich das alles wiederholen könnte, sitzt tief im Unbewußten dieser Frauen.

Nachdem ich schon jahrelang mit krebskranken Frauen erfolgreich arbeiten durfte, kann ich einige Schwerpunkte

bei den psychischen Problemen solcher Frauen nennen, die immer wieder vorkommen:
- Das über die Mutterbrust vermittelte Gefühl der Ablehnung in der Säuglingszeit;
- Abtreibungen oder Fehlgeburten der Mutter vor der Geburt der Krebspatientin;
- frühkindliche Beziehungsstörungen aufgrund von Triangulierungsproblemen;
- großer Ehrgeiz der Patientinnen, verbunden mit hohem Leistungsanspruch.

Bei allen von uns behandelten Frauen ergab sich bei der Therapie, daß sie als Säugling entweder überhaupt keine Mutterbrust bekommen hatten oder andernfalls nur mit sehr ablehnender Haltung. Man muß sich die Gefühle eines Säuglings einmal vorstellen, wenn ihm schon so früh mitgeteilt wird, daß er unerwünscht ist. Und diese ablehnende Haltung zieht sich ja durch die ganze Kindheit. Nicht selten hatten die Mütter unserer Patientinnen grundsätzliche Abwehrhaltungen gegen Kinder.

Das bestätigte auch der nächste Punkt: Bei allen von uns behandelten Frauen hatte die Mutter vor der Geburt der Patientin eine Totgeburt oder eine Abtreibung hinter sich. Da Fehlgeburten und Abtreibungen immer eine schädliche Wirkung auf die betreffende Frau ausüben, hatte sich somit eine Art Engramm, eine Todesspur in das Unbewußte der Mutter eingegraben. Bei einer erneuten Schwangerschaft kann sich diese Todesspur dann auf das werdende Kind übertragen. Es fühlt sich nicht angenommen, und so verläuft dann eine selbstzerstörerische Spur durch das gesamte Leben dieses Kindes.

Über die Ablehnung an der Mutterbrust und andere Formen ablehnenden Verhaltens (Körperkontaktlosigkeit) vertieft sich die Beziehungslosigkeit zwischen Mutter und Kind. Es sind überwiegend gefühlskalte Mütter, die dieses »Programm« weitergeben, so daß schon fast zwangsläufig auch die Triangulierung mißlingt. Mit diesem Schicksalspaket geht der/die spätere Krebskranke auf Reisen. Dabei möchte jeder Mensch angenommen sein, Nähe und Wärme spüren. Solche nicht angenommenen Kinder werden in ihrem Leben alles versuchen, um Liebe und Aufmerksamkeit zu erlangen. Wenn aber bei der Triangulierung die Annahme der Geschlechtsrolle mißlungen ist, dann heißt das für ein Mädchen:»Meine Mutter ist böse – meine Mutter ist eine Frau – ich soll auch eine Frau werden. Das will ich aber auf keinen Fall.« Sie wird unbewußt versuchen, keine Kinder zu bekommen, damit der Kreislauf sich nicht wiederholt. Dabei entwickelt sie Schuldgefühle. Und sie wird andererseits versuchen, Aufmerksamkeit zu bekommen: als Kind etwa dadurch, daß sie besonders brav ist. Ständig wird sie versuchen, den Eltern zu gefallen, indem sie gute Leistungen erbringt. Und dieses Leistungsmuster wird sie auch als Erwachsene beibehalten.

Wenn sie keine Kinder hat, verlegt sie diese Leistungen auf das Berufsleben. Hat sie aber trotz dieses inneren Programms eigene Kinder, so wird sie sich für ihre Kinder aufopfern. Sie wird zum sozialen Menschen. Doch irgendwann wird sie von der Mutterrolle Abschied nehmen müssen; ihre Rolle als Frau und Mutter ist dann nicht mehr gefragt. Berufstätige Frauen bangen vielleicht um ihren Job oder haben Angst, für den Partner nicht mehr attraktiv genug zu sein. Für viele dieser Frauen war Mutterschaft die große »Jetzt-erst-recht«-Rolle, und verdeckte Zweifel an der eigenen Frauenrolle brechen erneut auf, wenn die Kinder aus dem Haus sind – all das, was sie ein Leben lang weggeschoben haben, taucht wie ein Gespenst wieder auf.

Man sagt immer, daß Frauen über eine Krebserkrankung ihr Gefühl, eine Frau zu sein, verlieren würden. Häufiger ist es jedoch umgekehrt. Das Gefühl, keine Frau zu sein, dieser tiefe Zweifel an sich selbst, läßt diese Frauen erst erkranken.

Wenn Frauen sich erfolgreich mit dieser Thematik auseinandersetzen, haben sie gute Chancen, wieder gesunde Menschen zu werden. (Ich werde später auf diesen Punkt zurückkommen und zeigen, was man dafür tun kann.) Die Krebserkrankung ist auch ein seelisches Trauma, und wer da nicht an sich arbeitet, gibt sich zu leicht auf. Manchmal wird er oder sie dann auch von der Familie aufgegeben. Viele Untersuchungen haben ergeben, daß das emotionale Trauma, das mit dem Brustkrebs verbunden ist, ebenso vernichtend für das Dasein der Frau sein kann, wie die physischen Folgen der Erkrankung. Frauen, die das Hintergrundgeschehen ihrer Erkrankung nicht durchleuchtet haben, klagen noch nach Jahren über unbestimmte Beschwerden wie Schlaflosigkeit, Alpträume, Appetitlosigkeit, Konzentrationsschwäche, Schwierigkeiten bei der Bewältigung des Haushalts und plötzliche Anfälle von Traurigkeit, die sich in Weinkrämpfen äußern — sichere Zeichen dafür, daß das Grundtrauma nicht gelöst wurde.

Die schwersten psychischen Behinderungen bei diesen Frauen sind Depressionen, verändertes Körperbewußtsein und sexuelles Versagen. Darum ist es so wichtig, die Lebensgeschichte zu erforschen. Denn im Zusammenhang mit der Erkrankung haben all diese Faktoren Einfluß auf die Lebensqualität. Sie haben auch Bedeutung für die Chancen, wieder ganz gesund zu werden. Wird einer Frau die Brust entfernt, verändern sich ihr Selbstgefühl und das Bewußtsein, eine normale und sexuell attraktive Frau zu sein, radikal.

Weil die westliche Kultur enormen Wert auf die Brüste als Ausdruck echter Weiblichkeit legt, gibt es immer wieder Versuche, der Schönheit operativ nachzuhelfen. Gegenüber Schönheitsoperationen liegen bei Krebsoperationen aber ganz andere Gegebenheiten vor: Hier geschieht die Operation nicht auf Wunsch, sondern aus akuter Notwendigkeit. Die sekundäre Beeinträchtigung des Körperbildes ist der unumgängliche Preis für die Rettung der Gesundheit.

Eine Brustoperation hat im allgemeinen größere seelische Bedeutung als beispielsweise eine Operation am Unterleib. Das Gefühl eines Makels, sowie abstoßende Gefühle dem Körper gegenüber treten hier häufig auf. Viele Frauen scheuen sich davor, sich noch vor ihren Männern zu entkleiden. Sie fühlen sich nicht mehr als vollwertige Frau, sie schämen sich und hegen unbewußte Schuldgefühle. Sie haben das Gefühl, von ihrem Partner abgelehnt zu werden, aber das ist nicht immer stimmig. In Wirklichkeit ist es oft umgekehrt: Infolge des veränderten Körperbildes lehnen sie selbst künftig die Partnerschaft ab. Diese Frauen haben das Gefühl, nichts mehr wert zu sein, sexuell nicht mehr ansprechend zu sein.

Nach Brustamputationen wird bei solchen Frauen ein Gefühl bewußt, das sie unbewußt schon lange in sich trugen: nämlich keine Frau mehr zu sein. Das erste Mal hatten sie das Gefühl der Ablehnung bereits im Mutterleib erfahren: Das Unbewußte der Mutter übermittelte ihnen, daß zuvor eine Fehlgeburt oder Abtreibung stattgefunden hatte. Da ein Kind in diesem Alter noch nicht denken kann, ist ihm auch die Differenzierung zwischen eigenem Erleben und dem, was von der Mutter übermittelt wird, nicht möglich. Dennoch nimmt der Embryo unbewußt wahr, daß es eine Bedrohung gegeben hat, wenn die Mutter diese Abtreibungen oder Fehlgeburten nicht verarbeitet, sondern verdrängt hat; auf diese Weise wird die »Todesspur« auf den Fötus übertragen, und dieser fühlt sich abgelehnt. Die zweite Ablehnung erfuhr der Säugling dann über die Mutterbrust, die dritte während der Triangulierungsphase im Alter von zwei bis vier Jahren. Wieder herrschte das Gefühl vor: Ich gehöre nicht dazu.

Doch der Triangulierungsprozeß – damals mißlungen – dauert unbewußt an. Immer wieder scheint das eigene Schicksal solche Frauen mit der Nase darauf zu stoßen, daß es hier noch etwas aufzuarbeiten gibt, aber längst wird das nicht mehr wahrgenommen. Statt dessen tragen solche Menschen Gefühle von Nichtgeliebtsein und Zurückweisung in sich. Sie holen sich sogar noch solche Partner ins Haus, die sie in diesem Punkt bestärken. Längst ist man im Berufsleben, hat meistens noch Erfolg. Hier und da sind Kinder da. Man schuftet hart, sorgt fürs Alter, nicht aber für die Seele. Scheinbar ist die Welt in Ordnung. Bis dann die große Krise kommt. Die Kinder gehen aus dem Haus. Da manche Frauen sich eingerichtet hatten, Mutter und Hausfrau zu sein, lebten sie nur in dieser Rolle und fühlen sich nun oftmals durch den Auszug der Kinder gekränkt. Sie wurden erneut »zurückgewiesen«.

In anderen Fällen sind sie aufgrund ihres Alters in der Firma nicht mehr gefragt, sie fühlen sich so überflüssig, wie sie sich als Kind gefühlt haben. Bei sehr vielen Frauen, die an Brustkrebs leiden, sind die Männer verstorben. Auch hier fühlen sie sich alleingelassen, sind sie auf sich selbst zurückgeworfen. Die große Krise bringt den gesamten Block der Streßsymptome in Bewegung, die Homöostase ist in Gefahr, der Körper steht in Alarmbereitschaft: »Man hat mich alleingelassen, im Stich gelassen. Man will mich nicht.« Solche Gefühle werden jetzt übermächtig. Die Abwehr des Immunsystems ist geschwächt und der Organismus bricht quasi zusammen: Es bildet sich ein Krebsgeschwür.

Je früher die Krebsgeschwulst in der Brust entdeckt wird, desto größer ist die Chance, daß sie herausgeschnitten werden kann, ohne daß die gesamte Brust entfernt werden muß. Im Gegensatz zu früher, als in den meisten Fällen eine »radikale Mastektomie« (Brustentfernung) vorgenommen wurde, gibt es heute eine ganze Reihe schonender Verfahren, bei denen das Brustgewebe, je nach Tumorgröße, teilweise erhalten werden kann, zumindest aber die Brusthaut als Hülle. Auf diese Weise wird es viel einfacher, darunter künstlich wieder einen Brustkörper zu schaffen. Die meisten Operateure geben sich heute viel Mühe, den Operationsschock für die Frau so klein wie möglich zu halten, denn das Wichtigste nach einer Brustkrebsoperation ist die psychische Verarbeitung des Brust-Verlustes.

Frauen brauchen viel Zeit, um diesen Verlust zu betrauern. Es ist nicht einfach, aber doch möglich, dieses Gefühl der Trauer zuzulassen, und wenn die Trauer ausgelebt wird, entsteht eine neue, positive Einstellung zu sich selbst. Frauen haben nicht selten die Empfindung, ihre ganze Weiblichkeit verloren zu haben, und wenn sich dann außerdem noch der Partner abwendet, weil er erst recht mit der neuen Situation überfordert ist, trifft das die Frauen in ihrer Weiblichkeit um so härter.

Da es für die Bewältigen eines derartigen Traumas wichtig ist, das eigene Immunsystem so stabil wie möglich zu erhalten oder wieder zu machen, möchte ich im folgenden auf einige wichtige Methoden dazu hinweisen:

Lymphdrainage ist eine gute Möglichkeit, das eigene Immunsystem zu aktivieren. Die feinen Lymphgefäße, die den ganzen Körper mit Ausnahme des Gehirns durchziehen, besitzen nämlich keine – dem Herzen vergleichbare – eigene Pumpe, die die Lymphflüssigkeit vorantreibt. Die Lymphe wird rein passiv, nämlich durch Muskelkontraktionen oder Bewegungen des Körpers transportiert. Eine erfahrene Fachkraft kennt den Verlauf der Lymphgefäße, und eine gute Lymphdrainage ist eher durch sanftes Streicheln als durch rauhes Massieren zu erreichen. Sie sorgt dafür, daß die Lymphe sich besser verteilt.

Eine weitere erprobte Methode, die wir im Institut für kooperative Psychologie in München anwenden, ist das Alpha-Training. Unruhe, Nervosität, Schlafstörungen und vor allem negativer Streß lassen sich durch diese Methode optimal abbauen. Die verschiedenen Entspannungsübungen sind schnell zu erlernen. Wichtig ist allerdings für den Anfang ein Einführungskurs, damit auch individuelle Probleme berücksichtigt werden können[30].

Krebskranke haben nicht selten schon früh Beziehungsstörungen. Als Kinder entwickelten sie früh das Gefühl, daß Enge emotionale Schmerzen mit sich bringt und Verlassenheit zu Vereinsamung führt. Es gelang ihnen nur um den Preis von Schmerz, Qual und Ablehnung, Beziehungen einzugehen. Da sie die Schuld jedoch bei sich selbst suchten, schrieben sie ihre frühen Einsamkeiten eher sich selbst als von außen kommenden Bedingungen oder anderen Menschen zu. Schuldgefühle, Selbstverdammung und Einsamkeit waren das Ergebnis derartiger Prozesse, die sich über einen längeren Zeitraum hinzogen. Solche Krisen führten aber in der Regel nicht zur Entwicklung offenkundig neurotischer Symptome. Oberflächlich betrachtet, schienen diese Kinder ein gut angepaßtes Verhältnis an ihre Umgebung zu haben. Doch das in der Tiefe versteckte Gefühl, daß zwischenmenschliche Beziehungen gefährlich seien und daß mit ihnen selbst irgend etwas nicht in Ordnung sei, blieb bestehen und färbte das ganze Leben.

Menschen mit solchen Wurzeln sind meist Einzelgänger, Freunde lassen sie kaum an sich heran, und ihre Beziehungen bleiben so oberflächlich wie ihre Angepaßtheit in der Kindheit. Gerade beim Übergang ins Erwachsenenalter gelang es diesen Menschen jedoch, immer wieder Situationen zu schaffen, in denen nähere Beziehungen möglich wurden. Hier entstand die Möglichkeit, den Panzer der Einsamkeit zu durchbrechen. Das tiefe Gefühl ihrer Einsamkeit, ihrer großen Verlorenheit und ihre Versagensängste konnten durch solche Beziehungen deutlich gemildert werden: Beziehungen, Freunde, Partner wurden zum zentralen Inhalt des Lebens. Nun konnten diese Menschen auch ihren Gefühlen Ausdruck verleihen. Sie fanden Selbstvertrauen, waren in der Lage, Sexualität und intime Nähe zu erleben. Nun setzten sie alles auf diese Karte. Alles, was im Leben für sie besonders wichtig war, wurde als mit diesen exklusiven und befriedigenden Beziehungen verbunden wahrgenommen. Änderte sich dann aber die Situation, verschlechterten sich etwa Beziehungen, starb der Partner, gingen die Kinder aus dem Haus oder verloren sie ihren Job, war das ein besonders schwerer Schlag. Vor allem den so geprägten Frauen bedeuteten ihre Beziehungen ja alles.

Beziehungen zu verlieren ist in solchen Fällen gleichbedeutend mit einem Zurückfallen in die frühere Einsamkeit, in eine mit Angst vor weiteren Verlusten verbundene Einsamkeit. Solche früh gestörten Menschen haben Schwierigkeiten, sich anderen wirklich nahe zu fühlen; Gruppen gehen sie aus dem Weg. Häufig findet man unter ihnen aber auch jene Menschen, die auffällig rasch Beziehungen anknüpfen können, diese aber auch schnell wieder lösen. Sie leiden unter einem Mangel an Identitätsgefühl. Obwohl sie voller

Angst und Einsamkeit sind, halten sie andere Menschen dennoch häufig auf Distanz. Distanz ist gewöhnlich eine elterliche Haltung, die sich vorwiegend in Beschäftigung mit Arbeit oder »Verpflichtungen« äußert. Sie hat zur Folge, daß dieser Elternteil für das Bedürfnis des Kindes kein Gespür hat. Das Kind sucht Hilfe bei der Befriedigung seiner Bedürfnisse, aber der Vater oder die Mutter »hat keine Zeit«. Ein solcher Erwachsener kann den Bemühungen des Kindes, mit sich selbst zurecht zu kommen, keine interessierte und einfühlsame Unterstützung geben. So vermittelt er dem Kind auch nicht das Gefühl, daß jemand zu ihm steht.

Oft vernachlässigt ein Vater, der tagsüber unterwegs war, abends sein Kind. Wenn er heimkommt, ist er mit seinen Angelegenheiten beschäftigt oder will sich ausruhen. Wahrnehmungen und Interesse für seinen Sohn, seine Tochter zeigt er kaum. Besonders schlimm ist das für Kinder, deren Mütter schon den ganzen Tag über beschäftigt waren und keine Zeit für sie hatten. Was solchen Kindern nämlich fehlt, ist die ständige Gelegenheit, die stete Nähe von Mutter und Vater zu spüren. Kinder brauchen dringend das Gefühl, einzigartig und wertvoll zu sein. Fehlt ihnen diese Bestätigung, so entwickeln sie auf sich selbst und andere dumpfe, unsichere, verzerrte, inhaltsleere Gefühle. Sie vermögen auf andere und deren Gefühle weder zu reagieren, noch sich einzulassen.

Wenn Krebskranke meistens Schwierigkeiten haben, Wut oder Aggression zu zeigen, vor allem, wenn sie sich verteidigen müssen, dann hat auch dieses krebsfördernde Verhalten Wurzeln in der Kindheit. Damals, als sie sich in der Triangulierungsphase nicht angenommen fühlten, wollten sie alles tun, um sich die Liebe der Eltern zu sichern. Sie wurden brav. »Mami, ich will immer lieb sein.« Im Erwachsenenalter sagt man dann von solchen Frauen: »Sie war doch eine so gute Frau, warum hat es gerade sie getroffen?« Genau darum, weil sie immer lieb sein wollte; weil sie ein sozialer Mensch wurde, der sich bemühte, es allen recht zu machen. Die gute Mutter, deren ganzer Lebensinhalt es war, eine gute Mutter zu sein. Sie wollte es anders machen als ihre eigene

Mutter, und das wurde ihr zum Verhängnis. Als die Kinder aus dem Haus gegangen waren, stand sie vor dem Nichts. Die Kinder weg, die Mutterrolle weg – was nun? Wie ein Gespenst kriecht in solchen Fällen die alte Einsamkeit hervor. Außer Mutter, Ehefrau und Hausfrau zu sein, hat eine solche Frau meistens nichts gelernt. Und die ohnmächtige Wut schluckt sie genauso herunter, wie damals in der Kindheit. So ist die Güte solcher Menschen in Wirklichkeit eher die Unfähigkeit, an sich zu glauben, und Ausdruck ihrer fehlenden Hoffnung. Krebskranke Frauen sehen (und sahen) sich als wertlos an und empfinden, daß ihr Leben bedeutungslos ist. In Wirklichkeit sind sie jedoch tief im Innern »geladen«, voll Wut und Aggression. Sie leben ständig mit einem Gefühl von innerem Stau.

Die beobachtbare Leere und die innere Abstumpfung von Krebskranken sind deshalb nicht notwendigerweise an Depressionen gebunden, wie man immer wieder annimmt. Sie können genausogut das Resultat von lebenslanger Verleugnung und Verdrängung sein. Nicht nur Depressionen als Reaktion auf Verlust und Trauer führen zu einem solch trostlosen Persönlichkeitsbild von Krebskranken; den Ausschlag geben vielmehr die besonderen Abwehrmechanismen, mit deren Hilfe Tumorpatienten persönliche Krisen zu bewältigen pflegen[31].

Welche Bedeutung hat eine Erkrankung, hat *diese* Erkrankung dann für solche Menschen? Das heißt, aus welcher Richtung kommt die Krise, die den letzten Ausschlag gab? Wir können beruflich überlastet sein, wir können familiäre Probleme haben oder wir können über Trennung oder Abschied wieder in eine frühere Isolationsphase zurückgefallen sein. In solchen Zusammenhängen kann Krankheit ein Alibi sein, um dem Streß ausweichen zu können und sich der realen Situation nicht stellen zu müssen. Man gibt sich die Erlaubnis, krank zu sein, um eine Ausweichsituation zu schaffen. So kann sich auf der unbewußten Seite das Gefühl einstellen, daß Krankheit etwas sei, das wir gerade brauchen können. Anderen dient die Krankheit als Selbstentschuldigung, weil sie glauben, in einer bestimmten Lebenssituation versagt zu haben. Bei anderen – und das sind viele – ist die Krankheit ein Bitten um Liebe. Und das gilt vor allem bei jenen Krankheiten, die in den psychosexuellen Bereich gehören. Krankheit ist dann ein Schrei nach Liebe: »Bitte hol mich aus meiner Isolation und Verzweiflung heraus; ich brauche einen Menschen, der sich um mich kümmert.«

Frauenleiden sind oft gleichbedeutend mit einer Art »Aufgabe«, mit Resignation und Verzweiflung. Die meisten dieser Frauen haben natürlich von »psychischer Geschlechtsrollenidentifikation« noch nie etwas gehört, aber das aus der Triangulierungsphase stammende Gefühl der Hilflosigkeit, das Verlangen nach Liebe und Nähe, kennen die meisten. Solange man sich geliebt und getragen fühlte, solange man in einer harmonischen Partnerschaft lebte, waren diese Gefühle unter Kontrolle, aber bei jeglicher Art von Trennung entsteht nun das Gefühl von Liebesverlust; und das bringt Panik ins Leben dieser Menschen. Weil sie sich schon »zu alt« glauben, resignieren sie und kämpfen nicht weiter gegen Krankheiten an. »Aufgeben« scheint somit die Vorbedingung einer Krankheit zu sein, auch wenn es anders aussieht.

Resignation geht vielen Krankheiten voraus. Wird diese Bedingtheit jedoch nicht bewußt wahrgenommen, dann kann auch die Krankheit selbst zum Anlaß für das Aufgeben werden. Krankheit dient dann auch dazu, andere zu manipulieren: Die Kranken bemächtigen sich auf diese Weise des Lebens von Familienangehörigen und Freunden, die Opfer dieser – bewußten oder unbewußten – Manipulation werden.

Allgemein ist es jedoch so, daß zunächst die Krise in die Erkrankung führt. Ein Gefühl der Hilflosigkeit tritt ein, wenn die Krise nicht gelöst werden kann. Doch wer sich selbst aufgibt, der betreibt eine Art unbewußten Selbstmord auf Raten. Diese resignierenden Verhaltensweisen können weitreichende Auswirkungen auf das autonome Nervensystem haben. Daneben kann eine solche Lebenssituation sich auch im Hypophysen-Nebennierensystem niederschlagen.

Kortison und andere Hormone der Nebenniere werden freigesetzt, was dann dazu führt, daß Abwehrkräfte gegenüber Krankheiten weiter vermindert werden.

Auch Scheidenentzündungen, eine weitverbreitete Plage, mit der viele Frauen zu kämpfen haben, können auf reduzierte Abwehrkräfte des Körpers zurückzuführen sein und psychische Krankheitskomponenten haben. Das Jucken und Brennen in der Vagina ist kaum auszuhalten, und der Ausfluß bewirkt, daß die betreffenden Frauen sich »schmutzig« und unwohl fühlen. Der Liebesakt wird zur Qual.

Es gibt eine Reihe verschiedener Viren und Pilze, die Scheidenentzündungen hervorrufen können, und oft sind Scheidenentzündungen auch auf ungenügende Hygiene bei einem der beiden Partner zurückzuführen. Deshalb sollte in jedem Fall ein Frauenarzt konsultiert werden. Dennoch bleibt auffällig, daß viele Frauen, die unter solchen Entzündungen leiden, sich »schmutzig« fühlen.

Um die zugrundeliegenden psychosomatischen Zusammenhänge zu erkennen, müssen wir nochmals einen Ausflug in die Kindheit machen: Zu Beginn seiner Entwicklung ist das Kind von seinen Eltern völlig abhängig; es bekommt alles von ihnen und kann in weitgehender Passivität verharren. Dann aber werden plötzlich Forderungen an das Kind herangetragen, wird Anpassung verlangt. Die Mutter und die Gesellschaft fordern, daß das Kind seine Ausscheidungen kontrollieren soll. Es soll rein werden und seine Impulse beherrschen. Gleichzeitig beginnt das Kind jedoch, seine Psychomotorik besser zu beherrschen. Auch fangen die Sprache und damit die begriffliche Auffassung an, sich zu entwickeln. Das Kind hat also eine größere körperliche und geistige Reife erlangt und kann sich deshalb den Forderungen nach Selbstkontrolle widersetzen. Es entwickelt sich in der »Trotzphase« ein Kampf zwischen Kind und Umwelt, der selbst beim besten Willen der Eltern nicht friedlich verlaufen kann.

Noch als Erwachsene widersetzen sich viele Menschen innerlich der Forderung nach körperlicher Pflege. Da es sich hier jedoch um einen Bereich handelt, der auch für die Sexualität Bedeutung hat, geraten solche Menschen in einen tiefen Konflikt. Oft genug ist ihnen als Kind eingebleut worden, daß ihre Ausscheidungen »schmutzig« seien. Das Unbewußte erinnert sich daran und so gilt alles, was aus dem Körper ausgeschieden wird, als »schmutzig«. Fehlhaltungen der Eltern während der Sauberkeitserziehung können auf diese Weise die Persönlichkeitsentwicklung des Kindes prägen.

Eltern und Pflegepersonen können die eigenen Ekelgefühle, die sie den Ausscheidungen gegenüber empfinden, auf das Kind übertragen; und sie können ungeduldig werden, wenn die Reinlichkeitserziehung nicht schnell genug geht. Vor allem aber können sie alle Freundlichkeit beiseite lassen, ungeduldig werden und versuchen, den Willen des Kindes zu brechen. Aus derartig krankhaften Interaktionsmustern zwischen Kindern und ihren Bezugspersonen heraus kann es zu einer neuen Art von Abhängigkeit kommen: Abhängigkeit aus Gefügigkeit, Mangel an Selbstbehauptung, aggressive Gehemmtheit.

Solche in der Kindheit entstandenen Muster gebremster Aggressionen können sich bei erwachsenen Frauen mit partnerschaftlichen Konflikten dann in Form einer Scheidenentzündung äußern. Der Ausfluß kann dem Partner dann signalisieren: »Rühr mich ja nicht an, ich bin wütend auf dich.« Zugleich äußert sich hier paradoxerweise ein »Schrei nach Liebe«. Was die Frau mit ihrer Scheidenentzündung unbewußt sagt, ist: »Ich erwarte mehr Liebe und Aufmerksamkeit. Weil ich zu wenig bekomme, bin ich so bockig wie damals, als ich auf den Topf mußte«, oder »Ich fühle mich gekränkt, weil du mir nicht genügend Aufmerksamkeit widmest«, oder »Ich habe den Verdacht, daß du mich betrügst; meine Vagina weint und gleichzeitig stinkt es mir«.

Außerdem haben Scheidenentzündungen auch etwas mit dem subjektiven Körpergefühl zu tun. Freudige Körperkontakte spielen hier ebenso hinein wie vieles andere mehr. Der Ausfluß der Vagina jedenfalls gehört mit in jenen Bereich, in dem die Frau tiefstinnerlich entscheidet, ob sie sich »riechen« kann oder nicht. Wenn sie mit sich als Frau nicht im reinen ist, dann kann sie sich eben manchmal auch nicht riechen.

Zu den weiblichen Geschlechtsorganen, die hier im psychosomatischen Zusammenhang zu betrachten sind, gehört natürlich auch die Gebärmutter. Psychosomatische Probleme im Umfeld der Gebärmutter sind dabei immer durch die Problembereiche Weiblichkeit und Mutterschaft geprägt. Gebärmutterhalskrebs zum Beispiel trifft meistens Frauen in jüngeren Jahren, am häufigsten zwischen dem 40. und 50. Lebensjahr. Aber auch bei 25jährigen ist diese Krebsform keine Seltenheit. Daß bestimmte Mutterschaftsprobleme dahinterstecken, wird daraus ersichtlich, daß Nonnen fast nie unter dieser Krebsform zu leiden haben.

Gebärmutterhalskrebs beginnt mit leichten Veränderungen der Zellen. Im Laufe von fünf bis sechs Jahren haben sich jedoch in ungefähr der Hälfte aller Fälle die veränderten Zellen zu richtigen Krebszellen weiterentwickelt, die in die Schleimhaut eindringen und in das Gewebe des Gebärmutterhalses einwachsen. Am Anfang ergeben sich dort keine besonderen Veränderungen, aber später entwickelt sich ein kleiner Knoten oder eine kleine Wunde, die einen übelriechenden Schleim absondert. Es können auch Blutungen auftreten: in der Regel kleine Fleckblutungen nach dem Geschlechtsverkehr (Kontaktblutungen), später ein ständiger brauner Ausfluß. Erst wenn sich die Krebszellen bis zu den Lymphknoten im Becken vorgearbeitet haben, treten Schmerzen auf.

Wenn der Arzt die Diagnose Gebärmutterhalskrebs stellt, ist eine Operation erforderlich, bei der die Gebärmutter, das oberste Stück der Scheide und – wenn unbedingt nötig – auch die Eierstöcke entfernt werden. Bei jüngeren Frauen entfernt man – wenn möglich – nur einen Eierstock, damit die Hormonproduktion fortgesetzt wird.

Künstliche Hormone, die eine jüngere Frau anderenfalls jahrelang nehmen müßte, um nicht vorzeitig ins Klimakterium zu kommen, werden nicht von jeder Frau vertragen;

deshalb sollte möglichst ein Eierstock erhalten bleiben. Falls ein Arzt allzuschnell bereit ist, beide Eierstöcke zu entfernen, obwohl das nicht unbedingt nötig ist, sollte auf alle Fälle noch ein weiterer Arzt zu Rate gezogen werden. Mit der Entfernung der Gebärmutter verliert eine Frau das Zentrum ihrer Weiblichkeit, denn sie kann nun keine Kinder mehr bekommen. Damit ist aber vielleicht auch eine uralte Angst vor der Schwangerschaft verloren. Die durch die Operation erzwungene Kinderlosigkeit wird die Frau seelisch hier und da sehr belasten, denn instinktiv fühlt sie, daß sie von ihrer Umwelt vielleicht nicht mehr für »voll« genommen wird. Entsprechend fühlt sie sich als zweitrangig, nicht mehr vollwertig. Über die Operation wird ihre Geschlechtsrollenidentität auf jeden Fall einer Belastungsprobe ausgesetzt. Es mag unwichtig sein, was die Umwelt denkt, wenn sie selbst stark genug ist, sich auch weiterhin wirklich als Frau zu fühlen. Zwar stehen Gebärmutter und Eierstöcke physisch im Zentrum des Frau-Seins, aber eine Frau nur aus ihrer Gebärfähigkeit heraus als Frau zu beurteilen, wäre Dummheit. Weder sie selbst noch die Umwelt sollten diese Dummheit begehen.

Lassen sich Frauen, ohne Krebs zu haben, die Gebärmutter entfernen, kann dahinter Angst vor Krebserkrankungen stehen. Aber in Wirklichkeit geht es um − bewußte oder unbewußte − Verweigerungen der weiblichen Geschlechtsrolle. Auffallend häufig handelt es sich um Frauen, die sich um Machtpositionen in der Berufswelt bemühen, die sich eher mit einem »Herren-Haarschnitt« ausstatten und die auch sonst eher männlich wirken. Nach gynäkologischen Operationen − und hier spielen schon die Erwartungen der Patientinnen vor der Operation eine große Rolle − befürchten viele Frauen spontan, aber unbegründet sexuelle Dysfunktionen. Sie fürchten etwa, durch den Verlust der Gebärmutter alt zu werden. Sie fürchten Folgen hormoneller Veränderungen, auch dann, wenn sie ihre Eierstöcke behalten. In einigen Frauen lebt die Angst, dick zu werden − eine Angst, die sich bei fast allen Eingriffen im Genitalbereich zeigt. Frauen befürchten außerdem, gefühlskalt zu werden. Häufig ist es aber umgekehrt. Schon lange vor der Erkrankung waren sie gefühlskalt, und die Operation macht diese Tatsache erst bewußt. Die Orgasmusfähigkeit kann allerdings nach chirurgischen Eingriffen vermindert sein. Andererseits könnte in manchen Fällen, wenn Angst vor Schwangerschaft die Sexualität behindert hat, nach der Entfernung der Gebärmutter und/oder der Eierstöcke ein freieres Sexualleben stattfinden. Nicht selten war es so, daß diese Frauen ihre Männer durch Blutungen abhielten, mit ihnen zu schlafen. Nun zeigt sich aber, häufig nach der Operation, daß der erhoffte (oder befürchtete) Libidogewinn nicht eintritt, eher schon ein Libidoverlust, daß die Frau also keine Lust mehr hat. Andere Frauen äußern nun offen ihre bisher verdeckten Abneigungen gegenüber dem Ehemann.

Nach Eingriffen an den Eierstöcken werden häufig innere Probleme auf die Operation projiziert. Egal, wie alt die Frauen sind – sie fühlen sich kalt wie ein Fisch. Die »Kastration« – und darauf läuft eine Entfernung der Eierstöcke ja hinaus – wird für Partnerkonflikte, Minderwertigkeits- oder Schuldgefühle verantwortlich gemacht, obwohl die Beseitigung der Eierstöcke das Verlangen nach Sexualität erwiesenermaßen nicht beeinträchtigt. Und so ist es bei fast allen Störungen im Urogenitalbereich: Immer haben sie mit Angst oder Abwehr in Sachen Sexualität zu tun.

Da viele dieser Erkrankungen sehr schmerzhaft sind, wird über den Schmerz die Abwehrhaltung verstärkt und damit die Bewältigung der Erkrankung erschwert. Durch Entspannungstechniken und kognitive Bewältigungsverfahren kann die Schmerzkontrolle erheblich erleichtert werden. Da diese Techniken sich auch positiv auf die Ich-Stärke des Patienten auswirken, wird damit die Bearbeitung der seelischen Hintergründe der Erkrankung erleichtert und eine bessere Überlebenschance erreicht. Dies belegt auch eine Studie an der Stanford-Universität in Kalifornien durch den Psychiater Spiegel[31]. Spiegel begann seine Untersuchung, indem er 86 Frauen – alle mit Brustkrebs, der bereits »gestreut« hatte

– nach dem Zufallsprinzip auf zwei Gruppen verteilte: Die eine blieb unter normal medizinischer Betreuung, die andere nahm zusätzlich einmal pro Woche an gruppentherapeutischen Sitzungen teil. Im Laufe eines Jahres lernten diese Frauen offen über ihre Krankheit und die damit verbundenen Ängste zu sprechen. Gleichzeitig entwickelten sie ein starkes Solidaritätsgefühl und Zuneigung zueinander. Und daraus neuen Lebensgeist, ihre Interessen und emotionalen Bedürfnisse mit mehr Nachdruck vorzubringen.

Das Ergebnis nach zehn Jahren Beobachtung: Die psychotherapeutisch behandelten Frauen lebten im Durchschnitt fast zweimal so lange wie jene in der Vergleichsgruppe.

Ebenso positive Erfahrungen machen wir bereits seit vielen Jahren in unserem Institut in München bei der Behandlung von Krebserkrankungen. Wenn Krebskranke zu uns kommen, dann haben sie zunächst Angst. Angst vor dem, was aus ihrer Seele aufsteigen könnte. Aber jede Furcht vor Neuem ist eine Furcht vor einschneidenden Lebensveränderungen, die sich nicht kalkulieren lassen. Alles nicht Kalkulierbare scheint uns numinös (lat. numen: der Wille der Gottheit oder einer Schicksalsmacht) und erzeugt Angst. Angst aber produziert zu ihrer Überwindung entweder Aggression oder Depression. Über Anspannung aber, über Entstressung und die inneren Bilder lassen sich Ängste und Aggressionen lösen.

Die noch tiefergehende Imaginationstherapie zeigt gerade bei Krebserkrankungen sehr gute Erfolge. Imaginationstherapie ist

1. ein aufdeckendes, analytisches Verfahren,
2. ein entstressendes Verfahren,
3. ein Verfahren, das Wandlungen zuläßt,
4. ein Verfahren, das geblockte Emotionen freisetzt.

Die Imaginationen, die Bilder aus dem Unbewußten, ermöglichen uns Einblicke in jene Seelenlandschaften, in denen das dunkel Geahnte, das dumpf Gespürte, das Unfaßbare und doch gewaltig Drängende beheimatet ist. Die Imagination führt uns an jene Punkte, an denen in der Kindheit die Weichen gestellt wurden.

Die entstressende Möglichkeit ergibt sich aus der Tatsache, daß Imaginationssitzungen grundsätzlich in Trance durchgeführt werden. Der Mensch besitzt glücklicherweise nicht nur die Fähigkeit zur Streßreaktion, sondern ebenso die Fähigkeit zur genau entgegengesetzten Entspannungsreaktion. Während bei der Streßreaktion alle erhaltenden Funktionen zugunsten der aktivierenden, handelnden Funktionen gedrosselt werden, geschieht bei der Entspannung das Gegenteil: Alle Funktionen des Körpers, die für ein aktives Verhalten in der Umwelt erforderlich sind, werden zugunsten der erhaltenden und erholenden Funktionen zurückgestellt.

Diese Entspannungsreaktion gibt uns die Möglichkeit, uns zu erholen und den Körper auszubalancieren. In dieser Phase hat die Entspannungsreaktion auch eine gezielte Wirkung auf das Immunsystem.

Fragen zur Selbstreflexion:

Neigen Sie dazu, Ihren Busen zu bewerten? Gehen Sie einmal nackt vor den Spiegel, betrachten Sie Ihren Busen und achten Sie gleichzeitig darauf, welche Gefühle in Ihnen aufsteigen. Sind es eher Lustgefühle oder bekommen Sie irgendwie ein ungutes Gefühl? Sind Sie mit Ihren Brüsten zufrieden? Vermitteln sie Ihnen ein gutes Selbstwertgefühl in dem Sinne: »Es ist schön, eine Frau zu sein«?

Haben Sie schon einmal das dumpfe Empfinden gehabt, daß Sexualität etwas »Schmutziges« ist? Können Sie liebevoll Nähe zulassen oder hält Sie manchmal ein unbestimmtes Ekelgefühl davon ab, sich mit Ihrem Unterleib zu beschäftigen?

Sauber und schmutzig − das sind Bewertungen, die unsere Persönlichkeit eingrenzen. Können Sie sich noch an Ihre

*Sauberkeitserziehung erinnern? Welche Kommentare be-
kamen Sie dabei von Ihren Bezugspersonen zu hören? Diese
Bewertungen haben auch etwas mit Ihrer eigenen Einstellung
zur Sexualität zu tun.*
*Haben Sie schon einmal das Gefühl gehabt, betrogen zu
werden, ohne daß dafür ein realer Grund vorlag? Oder reagieren Sie eher nach dem Muster:* »*Rühr mich nur nicht
an*«? *Gibt es eine unsichtbare Schutzwand zwischen Ihnen
und Ihrem Partner?*

Das Warten
auf die Schwangerschaft

8. Kapitel

Unbewußte Motive
und Blockaden

Am Anfang allen menschlichen Lebens steht der Geschlechtsakt, meist verbunden mit Freude, Lust, Erregung und einem Orgasmus. Zeugung — das ist ein Sprung vom Psychischen ins Physische: seelische Erregung zwischen zwei Menschen in liebevoller Umarmung, Augenblicke, in denen nicht nur der Penis die Frau zu durchdringen scheint, sondern auch die Seele des einen sich in der Seele des anderen ausbreitet bis zur totalen Verschmelzung. Die Zeugung ist ein persönlicher Schöpfungsakt. Darüber täuschen auch künstliche Befruchtungen nicht hinweg. Im Orgasmus pumpt der Mann seinen Samen in die Frau, einen lebendigen Samen, der mit all dem beseelt ist, was der Mann in diesem Augenblick fühlt und empfindet. Und dieses Grundgefühl bekommt das werdende Leben auf seinen Schicksalsweg mit, nicht nur das physische, sondern auch das seelische Erbe des Vaters.

»Wenn beim Geschlechtsakt die Gedanken von Mann und Frau nicht eins sind, so wird das entstehende Kind seinen Eltern nicht gehorchen und viele Krankheiten bekommen«, heißt es in einer heiligen Schrift der Balinesen. Wenn eine Schwangere schlafe, dann dürfe man sie nicht wecken: denn während des Schlafes bereiteten die Dewas, die guten Götter, das Leben des Kindes und dürften nicht gestört werden. Die Kalas, die Dämonen, hingegen nähmen Rache an jedem, der sich an einer Schwangeren vergehe. Mit Rücksicht auf die »Seele« des Ungeborenen solle der zukünftigen Mutter jede Art schwerer psychischer Belastung erspart bleiben. Auch die Buddhisten glauben, daß sich die Beseelung des Menschen im Augenblick der Empfängnis vollziehe, daß es also ein Bewußtsein im Mutterleib und eine vorgeburtliche Psyche gäbe[32].

Die Abläufe beim Geschlechtsakt sind bekannt: Psychische und physische Reize, ausgelöst etwa durch den Anblick des nackten Körpers unseres Partners oder das Berühren der Brüste oder des Penis, rasen mit D-Zug-Geschwindigkeit durch unser Zentralnervensystem. Im Zwischenhirn und in der Großhirnrinde werden diese Reize verarbeitet. Dort werden sie auch in den Befehl an das sogenannte Effektorzentrum des Rückenmarks umgesetzt, die Schwellkörper in Betrieb zu nehmen. Beim Mann schwillt der Penis an und versteift sich. Bei der Frau vergrößern sich die Brüste um bis zu ein Viertel, werden die Brustwarzen hart, entfaltet sich die Vulva, füllen sich Klitoris und Schamlippen mit Blut, öffnet sich die Vagina. Ein regelrechtes Gewitter sensorischer Reize durchtost unsere Nervenbahnen. Verschiedene Drüsen verstärken unsere Aktivitäten. Hormone werden ausgeschüttet, die weibliche Scheide und die Eichel des Mannes werden feucht.

Schließlich löst das Effektorzentrum den Höhepunkt aus. Atmung, Herztätigkeit und Blutdruck haben jetzt ihr Maximum erreicht und der Liebesakt eskaliert in fünf bis sieben rhythmischen Kontraktionen der PC-Muskelgruppe im Abstand von etwa 0,8 Sekunden. Dabei wird der zähe Schleimpfropfen, der normalerweise den Muttermund verschließt, herausgeschleudert. Der Mann ejakuliert: Die in den Nebenhoden gespeicherten Samenfäden werden durch den Samenleiter gepumpt, mit Sekreten der Vorsteherdrüse vermischt und aus dem Penismund gespritzt. Etwa 200 bis 300 Millionen Samenfäden machen sich auf die Reise und beginnen den fast aussichtslosen »Sprint« zum weiblichen Ei, denn bestenfalls gelingt nur einem einzigen Samenkopf die Vereinigung mit dem Eizellkern (Mehrlingszeugungen sind selten). Doch wenn es zu dieser Vereinigung kommt, entspricht das einem »Urknall«. Im Augenblick der Zeugung springt eine Unmenge seelische Energie vom Mann auf die Frau über und umgekehrt[33]. Auch das weibliche Ei enthält all die Gefühlsschwingungen und Empfindungen der Frau während des Zeugungsaktes.

Nach der Zeugung entwickelt der Embryo, wie von unsichtbarer Hand gesteuert, seine Organe. Das fein orchestrierte Knospen folgt genetischen Vorgaben, aber auch Signalen bereits entstandener Zellgewebe. Ob es allerdings soweit kommt, entscheidet die Mutter, ein Ärzteteam, manchmal auch der Erzeuger. Nach wie vor stürzen nämlich unerwünschte Schwangerschaften einerseits und unerfüllte Kinderwünsche andererseits Tausende ins Unglück.

Die ersten Tage und Wochen im Mutterleib erlebt jeder Mensch ungeschlechtlich. Noch ist alles offen. Mit dem zweiten Monat nach dem »Urknall«, dem Zusammenprall von Samenzelle und weiblichem Ei, beginnen die Keimdrüsen des »Winzlings« im Mutterleib Botenstoffe – Hormone – zu bilden. Danach offenbart sich dann der »kleine Unterschied«, zeigt sich, was »Mann« oder »Frau« werden will. Ob allerdings jemals Männer und Frauen daraus werden, entscheidet nicht zuletzt die psychische Geschlechtsrollenentwicklung. Und hierbei spielen später Vater und Mutter eine ganz wichtige Rolle. Vorerst jedoch verfügen allein Körper, Geist und Seele der Mutter über die Entwicklung des heranreifenden Lebens. (Für das Kind tritt der Vater erst mit ungefähr 18 Lebensmonaten, nämlich zum Beginn der Triangulierungsperiode, wieder in Erscheinung.)

Im Leib der werdenden Mutter beginnt ein Kampf. Zytoplasma, eine Masse, welche die Chromosomen umgibt, schließt den neugebildeten Kern von der Umwelt ab und dirigiert sozusagen den aktiven Austausch mit der Plazenta der Frau. Dieses Teamwork, dieser ständige Austausch des neuen Lebens mit der Mutter, wird neun Monate andauern.

Neun Monate lebt die Schwangere in ständiger Wechselwirkung mit dem Leben, das in ihrem Bauch wächst, ist Gebende oder Verweigernde, ganz nach ihrer inneren Einstellung. Es liegt an der Mutter, ob sie Liebe oder Haß auf das Kind überträgt. Alles, was das Kind erfährt, erfährt es von ihr. Sie kann eine lebendige Beziehung zum Vater unterhalten, sie kann dem Kind innerlich ein positives Vaterbild vermitteln; sie kann aber auch den Vater hassen, ihn verraten, ihn verachten; sie kann sein Bild verdrängen, und so wird das Vaterbild auch für das Ungeborene nebulös – eine Tatsache, die für das psychische und sexuelle Leben des späteren Erwachsenen verheerend sein kann. Der Beginn einer verfehlten psychischen Geschlechtsrollenentwicklung kann schon im Mutterleib liegen.

Die Auseinandersetzung mit dem Kind im Leib rührt bei der Mutter an die schmerzhaften Stellen ihrer persönlichen Geschichte. Die Auseinandersetzung mit dem werdenden Leben bedeutet deshalb auch eine Chance und Herausforderung für die Gestaltung des eigenen Lebensstils. Sie fordert von der Schwangeren, Bilder, Vorstellungen und Normen loszulassen sowie Ambivalenzen, Widersprüche und Ängste zu durchleben. In dieser Zeit machen die werdenden Eltern – vielleicht erstmals so bewußt – die Erfahrung, daß etwas auf sie zukommt, das sie nicht in Händen haben, das eine schicksalhafte Dimension aufweist. Das Kind, das da im Mutterleib wächst, ist ein Teil der Existenz seiner Eltern, dessen Spuren nie mehr ausgelöscht werden können.

Schwangerschaft und Geburt gibt es, seit es Menschen gibt. Und trotzdem bleiben Frauen mit ihren Schwangerschafts- und Geburtserlebnissen allein. Keiner hilft ihnen, alles wirklich zu verarbeiten, denn Hilfe wäre für andere Frauen gleichbedeutend mit der Erinnerung an die eigenen Probleme. Auch die »Schreckensgeschichten« über Schwangerschaft und Geburt haben etwas Plakatives; sie zeigen einen schon fast mumifizierten Schmerz – die einzige Form, wie diese Erlebnisse, unverarbeitet, mitgeteilt werden können. Die Botschaft wird auf diese Weise an die Töchter weitergegeben, die in einsamer Furcht der Dinge harren und Denkmuster ausbilden, die dann später ihre eigene Art, mit dieser Situation umzugehen, mitbestimmen.

Auch wenn diese Töchter dann schwanger sind, sind die Mütter immer noch kaum in der Lage, echte Begleiterinnen zu sein. Umgekehrt findet indes oft durch die eigene Erfahrung des Kinderhabens eine innere Versöhnung der Töchter mit ihren Müttern statt. Manchmal begreifen sie jetzt erstmals deren Einsamkeit, die unterdrückte Auflehnung, das nicht ausgesprochene Gefühl, Leben verpaßt zu haben; vielleicht auch den Kampf, den die eigenen Mütter gegen die Töchter führen, die jenes Leben ergreifen, das sie sich selbst versagt haben. Diese Zeit bietet auch die Chance einer neuen Versöhnung und inneren Ablösung von der Mutter, die frei macht für das Annehmen des eigenen Kindes. Damit ist nochmals ein Stück Abschied vom Kindsein vollzogen.

Die innere Verbundenheit der Mutter mit dem ungeborenen Kind ist so eng, daß die meisten Mütter es merken, wenn mit dem Kind etwas nicht stimmt.

Nach solchen intimen psychophysischen Interaktionen mit dem heranwachsenden Leben sehnen sich viele Frauen. Der »Kontakt mit dem Ungeborenen« kann ihnen Ruhe und Ausgeglichenheit verschaffen.

Für einen Kinderwunsch gibt es freilich viele Motive:
1. den Wunsch, die eigene Sexualität vor der Umgebung zu rechtfertigen;
2. den Wunsch, ein glückliches »Familienleben« zu führen;
3. den Wunsch, die soziale Norm und die Rollenerwartung zu erfüllen;
4. den Wunsch, einen »Erben« zu haben;
5. den Wunsch, einen Ausgleich für verstorbene Verwandte zu schaffen;
6. den Wunsch, Spielgefährten für schon vorhandene Kinder zu sichern.

Häufig sind sich Elternpaare gar nicht im klaren darüber, warum sie wirklich ein Kind wollen. Häufig genug benutzen etwa Männer und Frauen ein Kind dazu, den Partner an sich zu binden; oder, was für ein Kind ebenso schlimm ist, um sich in der eigenen Geschlechtsrolle bestätigen zu lassen: Jetzt bin ich Mutter! Jetzt bin ich eine Frau! Männer empfinden ähnlich: Man sieht sie plötzlich mit geschwellter Brust daherstolzieren, hört sie von ihrem Sohn oder ihrer Tochter erzählen und kann sich des Gefühls nicht erwehren, daß es ihnen nicht um das Kind geht, sondern darum, daß sie etwas geleistet hätten. Sie haben ein Kind gezeugt und jeder wird jetzt wohl anerkennen, daß sie zum Mann geworden sind. Der Wunsch, sich zu verewigen oder über den Tod hinaus in den Kindern weiterzuleben, sind Motiv genug.

Nur auf einer psychisch reifen Stufe des Erlebens kommt ein weiteres Motiv hinzu: der Wunsch nach einem gemeinsamen Kind mit einem besonders geliebten Partner; von diesem Partner und für diesen Partner. Der Wunsch nach einem Kind resultiert hier aus einer psychischen Erweiterung der Partnerbeziehung.

Im Kontrast dazu kann das mütterliche Erleben so weitgehend kindbezogen sein, daß der Partner absolut aus dem Schwangerschaftserleben ausgeschlossen bleibt, was bei den meisten Männern akute Ängste hervorruft. Es entsteht wieder ein Gefühl von mißlungener Triangulierung. Zwei haben sich zusammengetan und der dritte − in diesem Fall der Mann − bleibt draußen. So zieht sich die Triangulierungsproblematik durch unser ganzes Leben.

Oft wird dagegen ein Kind gewünscht, um − genau umgekehrt − bei der Überwindung der eigenen Egozentrik, des eigenen Narzißmus zu helfen. Gerade in diesem Zusammenhang wird Kinderlosigkeit mitunter als besonders schmerzhaft erlebt. Wird allerdings ein Kind zur Überwindung der eigenen Egozentrik gewünscht, dann kann es leicht zu etwas werden, das man für sich selber haben möchte, zu einer lebendigen Puppe.

Viele Elternpaare haben auch Angst vor einem Kind − eine Angst, die auf realen äußeren Schwierigkeiten beruht. Zu den erforderlichen materiellen Einschränkungen kommt noch ein endgültiges Abschiednehmen von den Freiheiten der eigenen Kindheit hinzu. Ein Kind kostet Geld, Wohnraum, Zeit und Mühe. Für den Vater kann es zum »Konkurrenten« werden, auf die Mutter kommt nun als Ehefrau, Mutter und Berufstätige eine dreifache Rolle zu: Das bringt Streß und die Gefahr der Überforderung mit sich.

Der Streß kann sich sogar noch steigern, wenn innerpsychische Widerstände hinzukommen. Wenn sich eine Frau zum Beispiel »mit dem Kopf« ein Kind wünscht, gleichzeitig aber unbewußte Widerstände in sich trägt, die aus der eigenen Kindheit resultieren, etwa ein »Programm«, keine Frau – und damit auch keine Mutter sein zu wollen. Derartige Probleme können nicht nur zu Abtreibungen führen, sondern auch zu Fehlgeburten. Jedes Jahr verlieren in der Bundesrepublik etwa sechzigtausend Frauen ihr Kind.

Viele Schwangerschaften enden geradezu zwangsläufig mit einer Fehlgeburt, was von den betroffenen Frauen fast immer als persönliche Katastrophe empfunden wird. Bohrende Schuldgefühle und der Verlust des Selbstwertgefühls sind die Folge. Hinzu kommt, daß die Ärzte nicht jeder Frau erklären können, warum sie ihr Kind verloren hat. Sie stehen oft selbst vor einem Rätsel. Von einer Fehlgeburt sprechen die Mediziner, wenn eine Schwangerschaft vor der 28. Schwangerschaftswoche zu Ende geht. Lebt das Kind bei der Geburt, dann spricht man von einer Frühgeburt. Die häufigsten Gründe für Fehlgeburten sind:

1. Fehlerhafte Ei- oder Samenzellen. In einem solchen Fall sind nicht alle Erbinformationen vorhanden oder sie sind falsch zusammengesetzt. So kann sich kein lebensfähiges Kind entwickeln. Durch die Fehlgeburt hilft sich die Natur sozusagen selbst. Meist sind solche fehlerhaften Ei- oder Samenzellen ein einmaliges Ereignis, und die nächste Schwangerschaft verläuft normal. Nur in sehr wenigen Fällen handelt es sich um angeborene Störungen.

2. Veränderungen oder Erkrankungen der Gebärmutter. Eine unterentwickelte Gebärmutter reift nach einer Fehlgeburt meistens nach, so daß die Aussichten für eine neue

Schwangerschaft günstig sind. Außerdem können gutartige Geschwüre (Myome) und Narben von vorangegangenen Unterleibsoperationen verhindern, daß eine Schwangerschaft Bestand hat. Eine häufige Ursache für Fehlgeburten im zweiten Schwangerschaftsdrittel ist ein zu weicher Gebärmutterhals (Cervixinsuffizienz). Die Gebärmutter kann das Kind nicht halten, und der Muttermund öffnet sich zu früh. Deshalb wird der Gebärmutterhals oftmals zugenäht. Diesen Verschluß öffnet der Arzt etwa 24 Tage vor dem errechneten Geburtstermin.

3. Hormonstörungen. Während der Schwangerschaft sorgen Hormone für die Stabilisierung. Es ist aber gerade während der Frühschwangerschaft außerordentlich schwer, mögliche Hormonstörungen zu erkennen und ihre genaue Ursache zu finden, allein schon deswegen, weil hinter allen Symptomen psychische Ursachen stehen können. Die Gabe von Gelbkörperhormonen hat sich in einigen Fällen bewährt. Auch eine schwere Zuckerkrankheit der Mutter und eine starke Überfunktion der Schilddrüse können, wenn sie unbehandelt bleiben, eine Fehlgeburt verursachen.

4. Infektionen der Mutter. Schwere Virusinfektionen, aber auch andere Krankheiten, die manchmal auf das Kind übertragen werden, können eine Fehlgeburt auslösen.

5. Unfälle, Schock und körperliche Überanstrengung sind weitere, jedoch seltene Gründe. Auch Blutgruppenunverträglichkeiten spielen heute kaum noch eine Rolle, da man ihnen vorbeugen kann.

Dagegen werden andere – immunologische – Unverträglichkeiten in neuester Zeit häufiger diskutiert. Darunter versteht man, daß der Körper der Mutter das sich entwickelnde Kind, das ja zur Hälfte mit den Chromosomen des Vaters ausgestattet ist, als Fremdkörper betrachtet und abstößt. Hier liegen aber meist tiefenpsychologische Gründe vor. Dieses Abstoßen kann sich ursächlich auf den eigenen Vater beziehen und damit gegen alles Männliche richten. In letzter

Konsequenz wollen solche Frauen unbewußt keine Kinder haben, weil diese von den – abgrundtief gehaßten – Männern kommen.

Fehlgeburten kündigen sich meist vorher an. Vorboten im ersten Schwangerschaftsdrittel sind Blutungen, später auch ziehende, wehenartige Unterleibsschmerzen. In einem solchen Fall muß der Arzt sofort informiert werden, obwohl er in dieser Phase, in der sich 75 Prozent aller Fehlgeburten ereignen, wenig helfen kann. Auf jeden Fall wird er durch Ultraschall herauszufinden versuchen, ob die Schwangerschaft noch zu retten ist.

Eine Fehlgeburt bedeutet meist eine große seelische Belastung. Sie trifft Frauen meist unvorbereitet. An die Möglichkeit, daß etwas schiefgehen könnte, denkt kaum eine, es sei denn, sie hätte schon eine Fehlgeburt gehabt und hegt nun eine entsprechende Erwartungshaltung. Auf den Schock folgt die Verdrängung: Der Verlust des Kindes wird verleugnet. Dann aber folgen Traurigkeit und die Suche nach dem Schuldigen. Die Frauen peinigen sich mit Selbstanklagen, empfinden sie doch tiefstinnerlich die Fehlgeburt als einen Schlag gegen ihre Weiblichkeit.

Quälende Fragen tauchen auf: Hätte ich in jener Nacht nicht mit meinem Mann schlafen dürfen? Oder war es der Alkohol? Zwiespältige Gefühle gegenüber der Schwangerschaft erscheinen in einem völlig anderen Licht. Vor allem wenn es schon einmal einen Schwangerschaftsabbruch gegeben hat, können jetzt stärkere Schuldgefühle auftreten. Weil sie keine Erklärung dafür hat, warum sie »als Mutter versagt« hat, sucht manche Frau nach Gründen, die ihr helfen sollen, das Erlittene zu ertragen. Nicht selten entwickelt sie auch Wut und Zorn auf das Kind, weil es sie verlassen hat. Solche Wutgefühle können Auswirkungen eines früheren – nicht verwundenen – Todesfalles sein; sie können aber auch Bestandteil eines echten Trauerprozesses sein. Trauern bedeutet, den Verlust anzunehmen. An diesem Abschiednehmen muß auch der Partner beteiligt werden, denn eine Fehlgeburt bedeutet eine große Belastung für die Partnerschaft, und die Gefahr, daß sich die Partner in stummer Verzweiflung auseinanderleben, ist groß. Am meisten leiden Frauen, die bereits eine oder mehrere Fehlgeburten hinter sich gebracht haben. Sie nehmen allzuoft alle möglichen Strapazen auf sich, um doch noch ein Kind zu bekommen, laufen erfolglos von Spezialist zu Spezialist und werden am Ende überhaupt nicht mehr schwanger. Denn sie wissen nicht, daß der einzige »Spezialist«, der ihnen wirklich helfen könnte, in ihnen wohnt: Sie müssen zunächst mit ihrer Geschlechtsrolle ins reine kommen und unbewußte Widerstände gegen eine Schwangerschaft abbauen.

Frauen können sich Kinder wünschen und dennoch nicht bereit sein, alles zur Erfüllung dieses Kinderwunsches zu tun. Es gibt viele Gründe dafür, daß Frauen immer wieder Fehlgeburten haben oder gar nicht erst schwanger werden. Einer dieser Gründe kann sein, daß eine Frau schon in der Kindheit auf Geschwister aufpassen und sie versorgen mußte. Das führte zu ihrer Überforderung, so daß sie jetzt unbewußt eine Abwehr gegen eigene Kinder hegt. Ein solcher innerer Konflikt kann zu Fehlgeburten führen.

Ein weiterer »Verhinderungsmechanismus« ist eine vorausgegangene schwere, traumatische Geburt. Als Folge kann in einer Frau das Gefühl entstehen: »Das möchte ich meinem Kind ersparen.« So kann sie zu Fehlgeburten neigen, Geburten also, bei denen das Kind so winzig ist, daß für die Mutter selbst keine Gefahr entsteht. Kinder möchte eine solche Frau gerne haben, aber sie möchte sozusagen die Geburt vermeiden. Sie fürchtet um ihr eigenes Leben, sie fürchtet aber auch um das Kind. Wir finden unter diesen Frauen viele, die, wenn es ihnen tatsächlich gelingt, ihr Kind auszutragen, per Kaiserschnitt entbunden werden.

Ein anderer wichtiger Punkt für eine Schwangere ist das Bedürfnis, sich beim Partner oder bei anderen Menschen gut aufgehoben zu fühlen. Seit sie dem neuen Geschehen in ihrem Körper ausgesetzt ist, fühlt sie sich schutzlos und verletzbar. Sie braucht aber auch das Gefühl, daß sie trotzdem noch erotisch und schön ist und daß ihr Kind willkommen sein wird. Dieses Gefühl hilft manchen Frauen auch, mit ihren eigenen Ambivalenzen besser umgehen zu können; vor allem mit der Beziehung zu sich selbst im Spannungsfeld zwischen kindlichen Tendenzen und erwachsener Verantwortlichkeit, zwischen Loyalität zur Herkunftsfamilie und zur werdenden eigenen Familie, aber auch mit der Beziehung zur eigenen Leibhaftigkeit, mit dem eigenen Selbstbild, mit den eigenen Begrenzungen und mit der eigenen Hilfsbedürftigkeit und Autonomie, mit den gesellschaftlich angebotenen Rollen und Bildern und mit der Bedeutung von Partnerschaft für sie persönlich.

All diese Themen betreffen die persönliche Geschichte der Schwangeren, aber auch ihr Verflochtensein mit dem kulturellen Kontext. Auf einer existentiellen Ebene geht es um Gestaltwandel, um Loslassen und Aufgehen in einem größeren, überpersönlichen Rhythmus sowie um den Kontakt mit archaischen, instinkthaften Ebenen, aber auch mit der geistigen Dimension. Die Auseinandersetzung mit dem Kind, das im eigenen Leib langsam Gestalt annimmt, führt aber auch an die schmerzhaften Stellen der persönlichen Geschichte und Existenz.

Die Mutter bleibt immer der wichtigste Mensch in unserem Leben. Alles, was in ihr lebte, hat sie an das Ungeborene weitergegeben, und auch nach der Geburt setzt sich dieser Prozeß fort.

So entsteht ein mächtiges Ungleichgewicht, denn trotz der Ausgewogenheit der väterlichen und mütterlichen Chromosomen lernt ein Mensch seinen Vater niemals auf die gleiche Weise kennen wie die Mutter; nie direkt im natürlichen Erregungsaustausch, immer nur über die inneren Bilder der Mutter.

Das Kind kann den Vater nie wie die Mutter in sich befriedigen. Vater und Mutter sind gegensätzlich, sie sind ungleich. So kommt das Kind mit einer − schon für sich genommen − schweren Lebensaufgabe auf die Welt: Vater und Mutter in sich zu vereinen. Deren Bilder innerlich

182

gleichwertig zu machen, ist eine Aufgabe, an der manche Menschen ein Leben lang vergeblich arbeiten.

Wenn die Mutter kein klares, positives Bild ihres Partners in sich trägt, es quasi verdrängt hat, entsteht ein Grundmangel, werden die mütterlichen Anteile des genetischen Erbes überbetont und die Kraft des väterlichen Erbgutes unterdrückt. So nehmen Fehlentwicklungen der Geschlechtsrolle unter Umständen schon im Mutterleib ihren Anfang. Im werdenden Menschen wurde etwas unterdrückt, und diese Fehlentwicklung setzt sich über viele Etappen der Kindheit fort. Am Ende können dann eine gestörte Sexualität und psychosomatische Erkrankungen stehen. Mit der Selbstdefinition:»Ich bin krank« beginnt dann eine »Patientenkarriere«, die nicht selten lange Jahre immer wieder neue Nahrung bekommt.

Bei Schwangeren, die unter seelischem Druck stehen, treten Störungen in der Funktion des Hypothalamus und anderer Drüsen mit innerer Sekretion auf, was zu einer Störung des hormonalen Gleichgewichts führen kann, die wahrscheinlich für Störungen in Wachstum und Entwicklung des ungeborenen Kindes verantwortlich ist. Die Hormone, die bei Angst und Streß ausgeschüttet werden, sind der deutliche Ausdruck einer negativen, physiologischen Kommunikation zwischen Mutter und Kind. Sorgen um das Kind und Zweifel an der Haltung des Ehemannes oder Gefühle von Unzulänglichkeit und Unsicherheit haben, wenn sie permanent auftreten, eine negative Auswirkung auf die seelische Entwicklung des heranwachsenden Fötus. Außerdem erhöhen die Angst vor der Verantwortung und die Furcht, ein behindertes Kind zu bekommen, die Wahrscheinlichkeit einer Fehlgeburt. Ähnliches gilt für Frauen, die − aus welchen Gründen auch immer − unter der Vorstellung leiden, von ihrem Partner, von ihren Freunden, ihrer Familie im Stich gelassen worden zu sein. Angst hat ihre biologische Basis und es ist durchaus möglich, daß die mütterlichen Neurohormone, die durch Angst gebildet werden, stärker auf das Kind einwirken als bisher angenommen wurde[34].

Wenn Frauen keine Kinder bekommen, obwohl organisch alles in Ordnung ist, dann sollten sie ihr Denken und Fühlen ändern, sollten sie mehr »sein anstatt tun«, »empfänglich« und »offen« sein, »da« sein. Eine Empfängnis hat wenig mit »Taten« zu tun; man kann nicht nur den Samen und den Fötus in den Bauch »tun« und bei der Geburt wieder herausholen. Das alles geschieht bei der künstlichen Befruchtung, verständlicherweise mit weitaus weniger Erfolg als allgemein angenommen. Die Zeugung eines Kindes hat sehr viel mit Liebe, Nähe, Offenheit für den anderen und mit Bereitsein zu tun. Die künstliche Befruchtung ist hingegen mit dem »Abfüllen einer Flasche« vergleichbar. Den Rest überläßt man der Natur. Aber die Natur besteht nicht nur aus äußerlichen Abläufen; Natur heißt auch: die Seele öffnen. Natur ist Formung, ekstatische Verschmelzung. Liebe und Kinderzeugen sind lebendige Prozesse. Man kann nicht Kinder haben wollen und tiefstinnerlich die Sexualität ablehnen, denn Sexualität ist ein lebendiger Prozeß.

So haben wir es bei der seelisch bedingten (psychogenen) Kinderlosigkeit also mit einem Verlangen nach Kindern zu tun, aber auch mit unbewußten Ängsten. Wer keine Kinder bekommt, sollte sich dieser unbewußten Ängste unbedingt annehmen, ihre Ursachen kennenlernen, sich mit ihnen auseinandersetzen, um sie schließlich verlieren zu können.

Eine Aversion gegen die Sexualität, die doch Voraussetzung einer Befruchtung ist, spricht zum Beispiel eine eindeutige Sprache. Das häufig fast völlige Erlöschen eines lustvollen Sexuallebens bei Paaren mit unerfüllten Kinderwünschen trat meistens nicht erst als Störung auf, als die erwünschte Schwangerschaft ausblieb. Vielmehr ermüdete die Sexualität schon lange vorher. Weist man jedoch Frauen, die keine Kinder bekommen haben, auf mögliche psychische Ursachen hin, empfinden gerade sie einen solchen Hinweis oft als Angriff auf ihre Weiblichkeit und erkennen nicht, daß sie selbst es sind, die sich in ihrer Weiblichkeit behindern. Die Erkenntnis der unbewußten Ursachen der Kinderlosigkeit kann ja auch sehr schmerzhaft sein.

Hält der Zustand der Kinderlosigkeit länger an und werden dadurch Depressionen, Anspannungen und Ängste noch vermehrt, dann kann sich der Kinderwunsch ins Irrationale steigern. Er wird zu einer grundlosen Hoffnung, zu einer Selbsttäuschung. Er wird zwanghaft. Frauen, die solches erleben, erfahren sich nicht mehr in ihrer Weiblichkeit; deshalb wird eigentlich nicht der Kinderwunsch zwanghaft, sondern das Verlangen nach mehr Weiblichkeit. Auf diese Weise demaskiert sich der Kinderwunsch als vorgeschoben, und solche Frauen tun viel, um ihre Weiblichkeit unter Beweis zu stellen. Sie verteidigen ihre unerfüllten Kinderwünsche und verteidigen dabei eigentlich ihre weibliche Geschlechtsrolle. Sie merken nicht, daß ihr ganzes Verhalten einer bestimmten Natürlichkeit entbehrt.

Die inneren Spannungen dieser Frauen nehmen zu. Manchmal wechseln sie den Beruf, um ihre Weiblichkeit und Mütterlichkeit in einem sozialen Beruf unter Beweis zu stellen. Ein guter Menschenkenner kann in dieser Situation herausspüren, daß dem Kinderwunsch etwas Unechtes, Idealisiertes unterliegt. Aber nicht nur der Kinderwunsch mutet unecht an. Eine solche Frau schafft sich ein Phantasiekind, das dann als Teil ihrer selbst in ihr lebt. Dabei handelt es sich in der Regel um das Kind, das sie selbst einmal war, und das sie auf ein Phantasiekind projiziert. Neben diesem Phantasiekind verblassen dann alle realen Partner.

Wir haben es hier mit einer »Scheintriangulierung« zu tun. Diese Frauen und das unreale Kind leben in einer Symbiose, in der kein weiterer Partner Platz hat. Solche Frauen fühlen sich in einem Teufelskreis gefangen und spüren, daß sie allein aus dieser Situation nicht mehr herauskommen; sie warten sozusagen von Periode zu Periode, daß doch noch etwas geschieht.

Doch der Weg in diese ausweglose Situation beginnt viel früher. Es gibt viele Jugendliche, die nicht Frau, nicht Mann werden wollen, weil sie nicht werden wollen wie ihre Eltern, und die damit in einer negativen Bindung verhaftet bleiben. Nur junge Menschen, die sich in ihrer Geschlechtsrolle akzeptieren können, sind fähig, den Kontakt zum anderen Geschlecht frei zu wagen, Mißerfolge ohne schwere Folgen in Kauf zu nehmen und ihre eigenen Wünsche auch gegen den Wunsch des Partners aufrechtzuerhalten.

Angst vor Beziehungen und – daraus resultierend – Unsicherheit im Umgang mit dem anderen Geschlecht; Ablehnungserlebnisse und damit eine Bestätigung des Gefühls der eigenen Minderwertigkeit; die Unmöglichkeit, sich abzugrenzen und – auch in sexueller Hinsicht – nein zu sagen oder die Unfähigkeit, die eigenen Bedürfnisse und Grenzen zu spüren, die eigenen Überzeugungen zu respektieren; und eine übergroße Suche nach Bestätigung – all dies sind häufige Erscheinungsformen von Unsicherheit in der eigenen Geschlechtsrolle. Diese Suche nach Bestätigung kann bis ins Erwachsenenalter fortleben und bei Mädchen nicht selten in einem übergroßen Kinderwunsch enden. Bleibt diese Bestätigung aus, steigert sich das Gefühl der eigenen Minderwertigkeit noch weiter. Wer sich minderwertiger als andere Frauen oder Männer fühlt, ist mit seiner Geschlechtsrollenidentität nicht im reinen. Wer hingegen im vollen Bewußtsein seine Geschlechtsrolle lebt, hat es nicht nötig, sich minderwertig zu fühlen. Die durch eine zu »technisch« gehandhabte Aufklärung hervorgerufene Verunsicherung läßt viele Jugendliche Sexualität und Schwangerschaft als etwas von der eigentlichen Identität Abgespaltenes, Äußerliches ansehen. Als Folge können Jugendliche die Sexualität dann nicht zu sich selbst in Beziehung setzen. Sexualität und Schwangerschaft bleibt etwas Fremdes, das sie in entscheidenden Situationen nichts angeht und ihnen deshalb auch gar nicht zu helfen vermag. So werden die unaufgeklärten Mädchen schwanger; es ist ihnen oft, als gelte alles, was mit Verhütung oder Kinderkriegen zusammenhängt, gar nicht ihnen, sondern irgendeinem Fremden. Sie haben keinen Bezug dazu, daß sie jetzt fruchtbare Frauen sind, denn dieses Bewußtsein stellt sich nicht mit den körperlichen Funktionen ein, sondern braucht einen Wachstumsprozeß, der mit der Bejahung der weiblichen Geschlechtsrolle zu tun hat.

Seit langem wird die Sexualität von der menschlichen Identität abgespalten: als Tabu oder Konsumartikel. Da die Sexualität an Wert verloren hat, verlieren auch die daraus resultierenden Lebensumstände an Wert. Eine Schwangerschaft wird dementsprechend oft nur als etwas wahrgenommen, das dazugehört, das man ertragen muß – oder auch nicht. Hat eine junge Frau beispielsweise kein inneres Verhältnis zu ihrer Menstruation, zu dem Zyklus, dem sie zugehört, und empfindet sie ihre Tage oder ihre Schwangerschaft nur als etwas Lästiges, das es durchzustehen gilt, dann hat sie dies bei ihrer Mutter wahrscheinlich auch nicht anders erlebt. Nicht zuletzt deshalb wird eine Schwangerschaft von vielen Frauen zunächst nur halb wahrgenommen. So stellt denn auch nach Meinung von Professor Sepp Schindler, einem in pränataler Psychologie erfahrenen Arzt, eine Frühgeburt »eine psychodynamische Erkrankung der Mutter dar, die aufgrund ihrer mangelhaften Identität als Frau und Mutter ihren Körper nicht wahrnehmen kann und dies am Körper des Kindes austrägt«[35].

Frauen, die schon Fehlgeburten hatten, müssen deshalb lernen, mit ihrem Körper über die Selbstwahrnehmung wieder in Kontakt zu treten. Sie können (und müssen) lernen, ihre Weiblichkeit zu bejahen und Sexualität als einen ureigenen Teil ihrer selbst zu erleben.

Fragen zur Selbstreflexion:

Was sollte Ihrer Meinung nach Motiv für eine (für Ihre) Schwangerschaft sein? Wollen Sie, daß Sie, Ihr Partner und Ihre Liebe in dem Kind weiterleben? Möchten Sie der »Welt« zeigen, daß Sie Frau und Mutter sein können? Könnte eine Schwangerschaft Ihnen dazu verhelfen, Ihre Partnerschaftsbeziehung zu bessern? Wollen Sie über Kinder den Partner halten?

Wenn Ihnen Kinder versagt bleiben: Gibt es einen organischen Grund für Ihre Kinderlosigkeit? Oder verhindern

unbewußte Faktoren eine Schwangerschaft? Gibt es auf tieferer Ebene eine Aversion gegen eigene Kinder? Haben Sie Angst vor Schwangerschaft und Niederkunft?
Was wissen Sie über Ihre eigene Geburt? War sie ungewöhnlich schwer? Es kann dann sein, daß Sie sich und Ihrem Kind nicht zumuten möchten, was Sie selbst erlebt haben.
Manchmal wehrt sich das Unbewußte auch dann gegen Mutterschaft, wenn Sie schon als Kind »Mutter« sein mußten. Fragen Sie sich, ob Sie gern Mutter sein möchten.

Altern
als Konflikt

9. KAPITEL

Die Wechseljahre als Krise
und Neubeginn

Das Klimakterium ist von Sagen umwoben, von Ängsten und vor allem von Unwissenheit umgeben. Viele Frauen betrachten es als ganz und gar negatives Ereignis; sie fühlen ein Chaos, spüren eine Krise und wissen nicht warum. Dabei liegt die Antwort auf der Hand: Sie fürchten den völligen Verlust ihrer im Laufe des Lebens mühsam erworbenen Weiblichkeit; sie befürchten, am Ende keine Frau mehr zu sein. Man spricht auch von den Wechseljahren, weil sich etwas wandelt. Das Klimakterium ist der letzte große Wandel im Leben einer Frau.

Als Teil eines natürlichen Alterungsprozesses wird die Menge der von den Eierstöcken produzierten Sexualhormone allmählich geringer. Nach und nach kommt es deshalb zu weniger Eisprüngen, ehe der Eisprung ganz aufhört und damit auch die Periode. Von diesem Zeitpunkt an ist die Frau unfruchtbar. Von diesem Zeitpunkt an fühlen sich viele Frauen aber auch als Menschen »wertlos«; sie meinen, sie wären zu nichts mehr nütze. Die Kinder sind aus dem Haus, die Mutterrolle ist kaum noch gefragt, und auch aus dem Arbeitsleben haben sich viele dieser Frauen bereits zurückgezogen.

Die Verminderung der Hormonproduktion zieht sich über

mehrere Jahre hin; in dieser Zeit stellen die Eierstöcke immer noch ein wenig Östrogen her, ebenso wie Nebennieren und andere Drüsen. Ovulation und Menstruation werden zunächst unregelmäßiger, bevor sie allmählich ganz verschwinden. Die größten körperlichen Veränderungen in den Wechseljahren sind Hitzewallungen und verminderte Gleitfähigkeit in der Vagina. Beides hat aber keinen Einfluß auf den Sexualtrieb. Im Gegenteil, da die mögliche Angst vor einer Schwangerschaft verschwindet, gelingt es einer Reihe von Frauen, ihr Sexualleben noch zu aktivieren. Jede Frau behält die Fähigkeit, sich am Sex zu erfreuen, daran ändern die Wechseljahre nichts.

Der größte Anteil der Beschwerden im Klimakterium hat mit der psychischen Situation zu tun, geht es doch um die Frage: Welche Rolle will und kann ich in den nächsten Jahren leben? Eine Frau, welche die Wechseljahre als Unglück, als Ende ihrer Weiblichkeit, ja ihres Wertes als Mensch ansieht, wird auf das körperliche Geschehen mit Angst und Depression reagieren. Eine andere Frau, die diese Zeit als eine natürliche Phase ihres Lebens annimmt und die sich ihrer Rolle und Beziehung sicher ist, erlebt kaum negative Reaktionen.

Männer erleben zwar keine Wechseljahre, können aber seelisch sehr wohl in eine Midlife-crisis geraten. Auch jeder Mann wird außerdem eine ganze Menge körperlicher Veränderungen an sich entdecken. So wie bei der Frau die Östrogenproduktion nachläßt, vermindern sich beim Mann die S-Testosteronkonzentrationen. Körperliche Konsequenzen sind: Sie brauchen längere Zeit, um sich von einer Ejakulation zu erholen, und es dauert länger, bis sie zu einem weiteren Sexualakt fähig sind. Auf der anderen Seite sind Trieb und Spaß am Sex immer noch vorhanden. An die Stelle der ungeduldigen Quantität bei jungen Männern ist bei den älteren die Qualität getreten, ein Genuß, den viele Frauen hoch einschätzen. Der Mann erlebt seine Sexualität jetzt viel bewußter, intensiver, er kann innerlich viel mehr bei einer Partnerin verweilen, als das in jungen Jahren der Fall war.

Psychisch machen Männern die »Wechseljahre« sogar viel mehr Probleme. Davon war bereits die Rede. Ein Mann, der sich seiner Rolle als Mann nicht mehr sicher ist, gerät jetzt leicht in Panik. Weil die Männlichkeit in Frage gestellt wird, müssen solche Männer sich dann beweisen,»daß sie noch ganze Kerle sind«. Sie wollen das Nachlassen der Kräfte nicht wahrhaben und schaffen sich gerade dadurch erst Probleme und Konflikte, die eine Midlife-crisis begründen. Es kommt beispielsweise zu Partnerschaftskrisen, weil der Mann sich eine junge Geliebte genommen hat. Dies beschwört dann eine Dreieckssituation herauf, bei der die Ehepartnerin sich allein gelassen und ausgeschlossen fühlt.

Dem »reifen« Mann, ganz gleich, von welchem kalendarischen Datum an man dieses Prädikat vergeben mag, wird eine Konstanz der Persönlichkeit zugeschrieben: Gleichmäßigkeit, Beständigkeit, Souveränität. Von außen betrachtet sieht alles wie aus einem Guß aus, doch wie jeder Lebensabschnitt, hat auch dieser seine Ängste und Krisen. Allein schon negative Erwartungen in bezug auf den Status als Rentner oder Pensionär bringen Angst mit sich. Die schleichende negative Selbst- und (vermutete) Fremdbeurteilung verunsichert. Das Gefühl des Nicht-mehr-gebraucht-Werdens, die Entlassung aus der Macht und Verantwortung, der Verlust von Perspektiven, das Ende von beruflichen Entwicklungen, eine möglicherweise große Diskrepanz zwischen Erhofftem und Erreichtem − das sind die weitaus schwierigeren Begleiterscheinungen der männlichen »Wechseljahre«.

Dabei ist es eine allgemein gesicherte wissenschaftliche Erkenntnis, daß rege geistige Tätigkeit auch über das 60. und 70. Lebensjahr hinaus den Menschen jung und gesund erhalten kann. Wem die Pensionierung nicht ungelegen kommt, wer »gerne auf Rente« geht, der ist eben noch nicht unbrauchbar. Was er braucht (und meistens auch hat), ist eine Aufgabe bis ins hohe Alter hinein.

Auf der anderen Seite muß auch jeder Mann körperlich durch die »männlichen Wechseljahre« hindurch. Die Produktion des männlichen Hormons Testosteron erreicht im

25. Lebensjahr ihren Höchststand. Danach sinkt sie ständig ab. Die Menge des im Blut zirkulierenden Testosterons läßt sich mit modernen Laboratoriums-Untersuchungsmethoden genau messen. Bei einer Minderung der Produktion von Testosteron kommt es bei vielen Männern zu unangenehmen Symptomen wie verminderter Leistungsfähigkeit, psychovegetativen Störungen (Schweißausbrüche, Herzsensationen), Kreislaufstörungen, Nachlassen des Gedächtnisses und der Konzentrationsfähigkeit, Störungen von Geschlechtstrieb und Potenz, rascher Ermüdung, depressiven Stimmungslagen, Reizbarkeit und Schlafstörungen.

Da Männlichkeit für viele Männer mit Potenz, Macht, Leistungsvermögen gleichgesetzt wird, ist es auch begreiflich, daß der Verlust solcher Pseudomännlichkeit in die Erkrankung führen kann. In die Midlife-crisis fallen die meisten Herzinfarkte. Psychosomatische Untersuchungen machen deutlich, welche seelischen Merkmale zu den Risikofaktoren gehören. Körperliche Anlagen, lebensgeschichtliche Erfahrungen und individuelle Lebenssituationen spielen hier immer zusammen. Gerade unter den Herzinfarkt-Patienten sind solche, die besonders intensiv und andauernd nach Erfolg streben.

Sie verfolgen ihre Ziele ohne Abweichungen, sind ehrgeizig, hungern nach Bestätigung. Sie setzen sich unablässig unter den Druck, aktiv sein zu müssen, neigen zu Ungeduld und möchten möglichst rasch ein großes Arbeitspensum schaffen. Das Bild des typischen Herzinfarkt-Patienten stimmt in vielem bedenklich mit dem »Idealbild« des »kraftvollen, dynamischen Mannes in der Leistungsgesellschaft« überein. Es ist nahezu identisch mit dem Inbegriff derjenigen Eigenschaften, die Aufstieg und maximales Prestige verheißen und vorwiegend in der Erziehung der Jungen verherrlicht werden.

Doch handelt es sich um eine pseudomännliche Rolle. Sobald nämlich die Pensionierung fällig ist, nehmen die Herzerkrankungen zu. Dabei sind es nicht die Pensionierung und die Wechseljahre, die in die Erkrankungen führen, sondern mit der Pensionierung bricht alles, was als männliches Ideal verherrlicht wurde, wie ein Kartenhaus zusammen[36].

Bei seiner Pensionierung wird der Mann zum letzten Mal mit der Männlichkeitserziehung seiner Kindheit konfrontiert, die für Jungen eine Art Härtedressur vorsieht: Körperliche Kontakte, Schmusen und Küssen werden ihnen dabei frühzeitig abgewöhnt, was vermutlich bei einem Teil der Jungen (und bei rigider Anwendung) zu einer Häufung männlicher Aggressionshandlungen führt.

Mit der Pseudomännlichkeit gerät oft auch das sexuelle Interesse am Partner in die Krise. Bei sehr vielen Ehepaaren ist der Sexualverkehr im Alter ganz und gar eingeschlafen, und so wird das Essen und Genießen häufig zum Sexualersatz. Meistens tritt solche Ersatz-Sexualität aber nicht erst im Alter auf, wenn Sexualität häufig als unschicklich gilt; sie nimmt in dieser Zeit lediglich zu. Für viele spielt Essen das ganze Leben hindurch eine große Rolle; man kann einfach nicht widerstehen. Aber auch bei zwanghafter Eßsucht gilt, daß eine nachlassende Lust auf Sexualität nicht die Ursache ist. Das psychosomatische Geschehen ähnelt hier dem schon anläßlich der Diabetes erörterten. Wie bereits im 4. Kapitel dargelegt, ist auch Diabetes keine Ursache für die Unlust. Vielmehr handelt es sich um ein Krankheitsgeschehen, das wie Eß- und Fettsucht durch die Krise der Männlichkeit und Weiblichkeit in den Wechseljahren verstärkt zum Ausbruch kommt.

Die ersten zwei Drittel unseres Lebens sind durch die Entfaltung und dann durch den Höhepunkt von Kraft und Möglichkeiten gekennzeichnet. So wird das Klimakterium vielfach als Krise und Rückschritt erfahren; dabei stehen Mann und Frau hier lediglich vor einem neuen Reifeschritt; körperliche Rückbildungserscheinungen werden durch psychische Weiterentwicklungen aufgewogen. In unserer Kultur werden Schönheit und Jugend, sexuelle Attraktivität, Leistungsfähigkeit, Energie und Konkurrenzfähigkeit hoch bewertet; Alter und Erfahrung werden hingegen weniger gewürdigt. Das sich ändernde Körperbild entspricht daher in zunehmendem Maß nicht mehr den sozialen Erwartungen, was zu einer Beunruhigung des Selbstwertgefühls führt. Nachlassende körperliche Attraktivität führt bei vielen Frauen dazu, daß sie sich vom Mann abhängiger fühlen – ein Gefühl, das auch dadurch begünstigt wird, daß biologisch das Klimakterium des Mannes später einsetzt und weniger auffällig verläuft. Daß alternde Menschen besonders krankheitsanfällig sind, hat auch mit den großen seelischen Umbrüchen dieser Zeit zu tun. Die Wechseljahre belasten das Immunsystem stark, und so kann es zu vielfältigen Erkrankungen kommen. Auffällig ist dabei jedoch, daß diese Krankheiten vor allem die primären und sekundären Geschlechtsteile betreffen. Wenn zum Beispiel bei Frauen viele Beschwerden zeitlich mit der Menopause, dem endgültigen Aus der Menstruation aufgrund des Verlusts der Follikularfunktion in den Eierstöcken, zusammentreffen, muß durchaus kein kausaler Zusammenhang zwischen Menopause und körperlichen Symptomen bestehen. Es gilt, zwischen den entwicklungsgeschichtlichen Veränderungen und den damit einhergehenden seelischen Belastungen durch Erfahrungen im mittleren Lebensalter einerseits und der Menopause andererseits zu unterscheiden. Denn es kommt ganz wesentlich darauf an, wie die Gesamtsituation von den Betroffenen akzeptiert und verarbeitet wird.

Wenn man biologische Veränderungen bei älteren Frauen in Betracht zieht, denkt man natürlich in erster Linie an den Ausfall der Sexualhormone. Aber allein schon die Tatsache, daß die Aktionsfähigkeit in der Sexualität bis mindestens in das sechzigste Lebensjahr hinein gleich bleibt, bei manchen Frauen nach der Menopause sogar noch ansteigt, spricht gegen einen unmittelbaren Einfluß der Östrogene auf die sexuelle Erlebnisfähigkeit. Gleichwohl vermindert sich die physiologische Reaktionsfähigkeit der Frau über sechzig auf sexuelle Reize in dem Sinne, daß sie dann genauso wie der Mann eine längere Stimulierung benötigt. Ein einfühlsames Vorspiel und eine als angenehm empfundene Atmosphäre sind gerade für die Frau von besonderer Bedeutung.

Depressionen und Angst aber beeinflussen auf dem Weg über das Immunsystem auch die Hormonproduktion, und umgekehrt. Das würde auch bedeuten, daß etwa Östrogene psychotrope Wirkstoffe sind[37].

Die psychischen Probleme der Wechseljahre beginnen nicht erst mit der Hormonumstellung und der Menopause, sondern bereits vor der Menopause. Vieles weist darauf hin, daß die Symptome mit der inneren Reaktion der jeweiligen Frau auf die Umstellung der Wechseljahre zu tun haben. Immer sind es meiner Meinung nach die kritischen Lebensereignisse, die uns in Chaos und Krise führen. Entscheidend ist die Art und Weise, wie wir solche Erlebnisse wahrnehmen und verarbeiten, welchen Stellenwert wir ihnen geben. Die Wahrnehmungs- und Wirkmechanismen, die hierbei zum Tragen kommen, sind in unserer Lebensgeschichte verankert. Was uns in der Kindheit mit auf den Weg gegeben wurde, hat zu unserem Lebenskonzept genauso beigetragen wie die Art, in der wir das damals Wahrgenommene verarbeitet haben. Mit diesem grundlegenden Konzept meistern wir unser Alltagsleben. Werden wir nun in unserem Leben mit außergewöhnlichen Problemen konfrontiert, dann macht es einen großen Unterschied, ob wir uns grundsätzlich nicht in der Lage sehen das Problem zu lösen, oder ob wir nur momentan dazu nicht fähig sind. In beiden Fällen sehen wir jedoch das Problem in ganz bestimmten Beurteilungskategorien als lösbar an.

Sobald wir das Gefühl haben, eine bestimmte Aufgabe nicht lösen zu können, entsteht in uns Verwirrung, Niedergeschlagenheit und schließlich sogar Resignation. Wenn eine Frau zum Beispiel erleben muß, daß vor oder zum Zeitpunkt ihrer Menopause die Kinder aus dem Haus gehen, dann entsteht eine Triangulierungssituation. Die Töchter gehen zu einem anderen Mann, die Söhne zu einer anderen Frau. Die dritte Person, die zu diesem Bund gehört, ist die Mutter. Sie wird durch diesen Vorgang an die einzige wichtige Rolle ihres Lebens erinnert, ihre Mutterrolle, die jetzt nicht mehr gefragt ist; sie fühlt sich in ihrer Weiblichkeit verletzt. Kommt dann noch die Menopause hinzu, kann sie in Panik geraten: Sie »verliert« nicht nur die Kinder, sondern auch die Fähigkeit, weitere Kinder zu gebären. Damit ist sie ihrer Meinung nach nutzlos geworden. Sie bekommt eine Depression, und auch ihr Immunsystem fühlt sich »niedergeschlagen«. Wenn ihr dann außerdem der Ehemann in dieser Situation nicht nahe ist, wenn es keine gute Freundin gibt, dann kann sich eine solche Frau sehr alleingelassen vorkommen. Über die Schwächung des Immunsystems kann es zu Brustkrebs oder Eierstockkrebs kommen oder zu anderen Krebsformen, die mit ihrer Weiblichkeit zusammenhängen.

Nicht nur der »Verlust« der Kinder kann Sinn und Wert des eigenen Lebens für viele Frauen zutiefst erschüttern, sondern auch Scheidung oder Tod des Partners und plötzliche Arbeitslosigkeit. Nach außen scheinen Frauen, denen so etwas zustößt, oft psychisch stabil zu sein, aber in Wirklichkeit haben sie jetzt keine Richtung, kein Ziel mehr. Es gibt für sie keinen stabilen Beziehungspunkt. Es kommt zu einer Art Erstarrung.

Die ängstliche Erstarrung des Lebens ist jedoch eine Stauung der Lebensenergie ganz besonderer Art. Sie stammt aus der Abwehr einer negativen Emotion, die sich entladen möchte: Schmerz, Angst, Wut oder Traurigkeit. Nur aus einem solchen Blickwinkel kann das Altern generell als vitaler und geistiger Abbau verstanden werden. Nur in dieser Sicht waren die Panik vor dem Alter und die passive Erstarrung angesichts eines solchen »Schicksals« verständlich. Medizinisch ist jedoch längst eindeutig erwiesen, daß der Alterungsprozeß stark individuell geprägt und auch kein reiner Abbauvorgang ist. Heute unterscheiden wir zwischen biologischen und psychologischen Altersprozessen, wissen wir um den bremsenden Effekt von körperlichem und geistigem Streß. Früher glaubte man, der alternde Mensch habe nur den einen Wunsch, sich aus dem Leben zurückzuziehen, untätig zu sein und sein Leben besinnlich ausklingen zu lassen. Hier scheint indes nur eine Projektion bestimmter Gruppen vorzuliegen, die sich genau ein solches Verhalten der Alten wünschen: Die Alten sollen Platz machen für die Jüngeren, sie sollen sich letztlich selbst aufgeben. Aber es ist ein Ergebnis der Altersforschung, daß zum Beispiel die intellektuellen Fähigkeiten mit zunehmendem Alter gerade dann am wenigsten abnehmen, wenn sie laufend beansprucht werden und somit in Übung bleiben. In nicht wenigen Fällen konnte sogar eine Leistungssteigerung festgestellt werden. Die Fähigkeiten, die im Alter — individuell unterschiedlich — tatsächlich abnehmen, sind: Sehvermögen, Hörfähigkeit, Tastsinn, Kurzzeitgedächtnis, Wahrnehmungsgeschwindigkeit und Geschwindigkeit der Informationsverarbeitung. Auch die Muskelkraft und damit die körperliche Leistungsfähigkeit gehen zurück. Dagegen wachsen in der zweiten Lebenshälfte die Urteilsfähigkeit, die Fähigkeit, Sinnzusammenhänge zu erfassen sowie die Selbständigkeit und die Fähigkeit zu planendem Denken.

Die Altersforschung (Gerontologie) ist zwar eine noch junge wissenschaftliche Disziplin, aber trotz ihrer Jugend hat sie schon Erstaunliches wie Erfreuliches hervorgebracht. Dazu gehört in erster Linie die Bereitstellung von Basiswissen über die Alterungsvorgänge im menschlichen Organismus. Typische Alterskrankheiten — analog zu Kinderkrankheiten — haben Wissenschaftler nicht feststellen können. Einzelne krankhafte Defekte treten im Alter allerdings häufiger auf als in jüngeren Jahren. Aber genau dagegen läßt sich vorbeugend etwas tun.

Ausfallerscheinungen, die vor allem auf jahrelange Beanspruchungen zurückzuführen sind, sind: Verschleißerscheinungen der Gefäße, aber auch der Muskeln, der Gelenke und vor allem des zentralen Nervensystems, der einzigen Zellen, mit denen wir ein Leben lang auskommen müssen, ohne daß sie sich je erneuern.

Das Altern beginnt praktisch mit der Geburt. Vom ersten Atemzug an beginnt unser Körper zu altern. Doch die ersten zwanzig bis dreißig Jahre verlaufen ohne signifikante Veränderungen des Organismus. Kritisch — im Sinne des vorzeitigen Alterns — sind erst die Lebensjahre jenseits der

Vierzig. Dabei haben Gerontologen inzwischen festgestellt, daß unser Organismus keinesfalls mit achtzig verschlissen ist. Unser Körper ist im Gegenteil in der Lage, weit über hundert Jahre alt zu werden. Gewebe und Zellen können noch jenseits der Hundert gut in Form sein. Einzig und allein mit dem zentralen Nervensystem, mit derselben Garnitur von Gehirnzellen, müssen wir unser ganzes Leben lang auskommen. Diese Zellen gilt es deshalb zu schützen, was in der Praxis auf das Fernhalten von unnötigen Gifteinwirkungen hinausläuft.

Die heikelste Frage, die Gerontologen bisher beantworten mußten, ist die Frage nach dem Alter. Denn das äußere Lebensalter läßt kaum Rückschlüsse auf das »biologische« Alter zu. Nur durch spezielle Testmethoden läßt sich feststellen, ob ein Fünfzigjähriger auch biologisch, also seinem allgemeinen Körperzustand nach, fünfzig ist, ob er vorgealtert oder eben körperlich erst den »Verschleißzustand« eines Vierzigjährigen erreicht hat.

Wenn nun also Männer und Frauen vor, während und nach den Wechseljahren erkranken, gilt es, die »normalen« Verschleißerscheinungen und bestimmte hormonelle Umschaltungen zu berücksichtigen; der verbleibende Rest jedoch besteht aus psychisch bedingten Erkrankungen. Die Wechseljahre sind der letzte große Umbruch im Leben eines Menschen, und deshalb treten noch einmal geballt jene großen Konflikte auf, die im Laufe des Lebens nicht bewältigt wurden. Wer bisher nicht das Gefühl entwickeln konnte, ein Mann oder eine Frau zu sein, wird es in Zukunft wesentlich schwerer haben, hier noch etwas zu verändern. Es sind nicht die vielen Beschwerden aufgrund der biologischen Veränderungen, welche während der Wechseljahre den großen »Zusammenbruch« herbeiführen können; es sind immer Resignation und Ohnmachtsgefühle − das Gefühl, nicht mehr dazu zu gehören −, die diese Zeit so schlimm erscheinen lassen.

Dabei könnten die Wechseljahre eine neue Form von Freiheit mit sich bringen. Aber Freiheit macht Angst. Sie stellt die Betreffenden vor Möglichkeiten, mit denen viele nicht fertig werden. Die Kinder sind aus dem Haus gegangen, die Rente geht jeden Monat auf dem Konto ein. Und nun soll man als Rentner neue Freundschaften schließen, mit Menschen zusammenkommen, mit denen man etwas unternehmen kann? Diese neue Freiheit führt zunächst in die Isolation, und erneut stellt sich dabei die alte Forderung: nun doch endlich erwachsen zu werden. Jetzt ist keiner mehr da, unter dessen Schutz man sich stellen kann, keine Firma, die als große Familie erlebt werden, kein Chef, bei dem man sich (wie beim Vater) beschweren kann. Man ist jetzt wirklich allein. Entscheidungen müssen auf der Grundlage der eigenen Werte getroffen werden; man kann sich nicht mehr auf den Chef, den Mann oder die Frau, den studierenden Sohn oder die Tochter berufen. Freiheit verlangt, daß wir authentisch und uns selbst gegenüber ehrlich werden.

Und an diesem Punkt wird es plötzlich schwierig: Wir sind nicht mehr nur die gute Mutter, der Vater, auf den man sich verlassen kann, die »brave« Tochter. Mit diesen Rollen haben wir uns selbst geschadet, uns in der Entwicklung zur Weiblichkeit oder zur Männlichkeit selbst blockiert. Hinter der Maske des Lieb-sein-Wollens haben wir all jene Gefühle in uns unterdrückt, die ausgelebt werden wollten und die uns auf dem Weg zu uns selbst behilflich gewesen wären. Wenn wir den Prozeß der Loslösung von den Personen beginnen, die für uns Autorität besitzen, stellen wir wahrscheinlich fest, daß die Werte, die wir für unsere Werte hielten, dies gar nicht sind. Sie gehören anderen starken Persönlichkeiten einer mächtigen, allumfassenden Vergangenheit. Schließlich kommt der Moment der Wahrheit: »Ich habe eigentlich keine Überzeugungen, ich weiß nicht, woran ich glaube.«

So kann die Zeit der Umstellung eine Zeit der Angst für uns werden. Der schwindelerregende Verlust alter und überholter Stützen – der Überzeugungen, von denen wir nun nicht mehr überzeugt sind – könnte der Beginn echter Freiheit werden. Aber weil der Prozeß so furchtbar ist, kann er die Betreffenden auch zum überstürzten Rückzug auf sicheres, bekanntes Gebiet verleiten. Seit der Triangulierung neigen viele Menschen dazu, allem aus dem Weg zu gehen, was sie erschreckt. Man hat sie von klein auf gelehrt, nur Dinge zu tun, bei denen man sich sicher und wohl fühlt. Man war nicht auf Freiheit vorbereitet, sondern auf das absolute Gegenteil, auf Abhängigkeit.

Immer wieder läßt sich beobachten, daß Frauen mehr unter den Wechseljahren leiden als Männer. Das hat auch mit ihrer Lebensplanung zu tun, die bei Frauen meistens bis ins hohe Alter vage und unverbindlich bleibt. Außerdem sind Frauen einem esoterischen Schicksalsglauben verhaftet. Sie sind viel weniger als die Männer von den Begriffen Machbarkeit und Selbstbestimmung überzeugt. Sie glauben viel mehr an schicksalsbedingte Wendungen, an Zufälle und das Glück. (Das ist eine Feststellung und keine Wertung.) Frauen lassen viel häufiger die Dinge auf sich zukommen und sind dann erschrocken, wenn diese sie überrollen. Und sie können dann nicht mit Sicherheit sagen, ob jene Dinge, die sich als Schicksal ereignen, nicht vielmehr auf Erwartungen beruhen, die sich selbst erfüllt haben.

Aus den Lebensgeschichten vieler Frauen geht deutlich hervor, daß sie häufig das Vorbild ihrer Mutter ablehnen. »So wie die will ich nicht werden«, sagen sie und lehnen damit unbewußt auch die Frauenrolle ab. Sie bekennen sich explizit zu einem anderen Muster − und leben dann doch fast genauso wie die Mutter. Die Vorstellung, daß man sein Leben selbst bestimmen kann, ist eine absolute Voraussetzung für die persönliche Weiterentwicklung. Doch gerade dieser Motor fehlt vielen Frauen, wenn sie glauben, daß ein schicksalhaftes Ereignis eine Art Fügung darstelle, von der man bestimmt wird.

Daß hier oft Selbstbetrug eine Rolle spielt, wird in therapeutischen Sitzungen recht deutlich. Eine Frau entscheidet sich für die Schwangerschaft − nicht für das Kind. Sie kann ihr Studium abbrechen, wird heiraten. Der Mann sorgt künftig für sie und das Kind. Sie lernt, Mutter und Hausfrau zu werden − sonst nichts. Sie braucht sich nicht mehr weiterzuentwickeln, denn es läuft ja auch so. Nur so recht glücklich fühlt sie sich nicht. Und wenn der Sohn heiratet und auszieht, ist sie allein. Aus Bequemlichkeit und Trägheit hatte sie sich entschieden, Ehefrau und Mutter zu sein, hatte darin den alleinigen Sinn ihres Lebens gesehen. Jetzt ist der Sohn fort, und damit auch der Sinn.

Dabei können Ehe und Mutterschaft sehr wohl im Leben einer Frau Sinn stiften. Aber sie dürfen nicht die einzigen Inhalte ihres Lebens sein. Will sie erfolgreich über die Wechseljahre kommen, dann braucht sie innere Werte, die darüber hinaus Bestand haben.

Fühlt sie sich nach der Heirat des Sohnes alleingelassen, dann ist eine unbewältigte Dreieckssituation im Spiel. In dieser Konstellation wird sie sich möglicherweise zur »bösen Schwiegermutter« für die Frau des Sohnes entwickeln, weil sie es nicht geschafft hat, den Sohn beizeiten loszulassen. Sie hat ihn immer als ihren Besitz angesehen. Und nun »besitzt« ihn eine andere. Neid und Eifersucht werden in ihr aufsteigen. Innerlich kann sie das Ausgeschlossensein nicht verkraften, und so wird alles, was die andere tut, in Zukunft »falsch« sein.

Dabei hätte alles ganz anders kommen können. Loslassen ist zulassen. Sie hätte den Sohn loslassen und innerlich zulassen können, daß er die Frau seiner Wahl heiratet. Statt ständig zu grübeln, warum ihr Sohn gerade diese falsche Frau geheiratet hat, die doch nichts taugt, hätte sie sie als Schwiegertochter in die Arme nehmen sollen. So hätte sie die andere annehmen können; so wäre eine gelungene Triangulierung verlaufen. So würde sie auch weiterhin dazugehören und es müßte nicht zur Krise kommen. So hätte sie auch für sich selbst ein Stück Weiblichkeit annehmen können: Jetzt könnte in der Rolle der Großmutter, die auf sie zukommt, auch ein Stück Versöhnung mit der eigenen Mutter stattfinden. Die Rivalität könnte aufhören, sie selbst viel eher geneigt sein, jetzt auch die eigenen Fehler anzuschauen und Verantwortung dafür zu übernehmen.

Vätern fällt es zwar nicht so schwer, wenn Kinder aus dem

Haus gehen, doch auch sie spüren in den Wechseljahren Verluste, wenn auch auf ganz anderer Ebene. In der Regel war es für sie die Firma, in der sie sich entweder aufgehoben fühlten oder in der sie sogar Karriere machen konnten. Während der ganzen Karrieredauer konnten sie sich dabei hinter Masken verstecken.

Männer seien geborene Anführer, meint man allenthalben. Doch um Anführer, Chef, Abteilungsleiter oder etwas ähnliches sein zu können, darf man keine Gefühle zeigen, meinen die Männer. Männer schieben ihre Stellung, ihren Status, ihren Titel vor und identifizieren sich damit. Nicht sie als Menschen geben Anweisungen, entscheiden und überzeugen, sondern all dies geschieht in ihrer Rolle, in ihrer Maske. Es ist, als trügen sie steife Anzüge, die das Kind, das darin steckt, gerade halten. Männer meinen nicht selten, daß sie ohne Titel, ohne Status nicht respektiert würden. Am Tag der Pensionierung aber ziehen sie den steifen Anzug aus, führen hinter ihrem Titel höchstens noch ein »a. D.«, außer Dienst. Diese Abkürzung täuscht aber eher darüber hinweg, daß sie alles hergeben mußten: den Status, die Rolle, die Möglichkeit, Befehle zu erteilen, die Möglichkeit, die Welt zu bewegen.

Vom Tag der Pensionierung an dreht sich für sie das Rad der Welt nicht mehr. Jetzt sind sie bestenfalls noch der Rudi, der Karl, der Wilhelm. Mit der Macht und dem Status ist es vorbei; noch nie in ihrem Leben sind sie so schnell geschrumpft. Das kann in tiefe Depressionen führen und innerliche Verzweiflung bringen. Denn jetzt können sie feststellen, daß sie zwar die Welt bewegt haben, aber nicht ihre eigene, innere Welt. Der Anzug ist gewachsen, aber nicht der innere Mensch, der darin steckte. Von der Ehe, von der Führung der Kinder haben sie nicht viel mitbekommen. Denn hier schließt sich wieder der Kreis. Diese Väter waren mit ihrer Firma, mit ihrer Arbeit verheiratet. Es sind jene Männer, die für Söhne und Töchter nicht anwesend waren. Zu ihrer Pensionierung kommt als weiterer Schock die Erkenntnis hinzu: Ich habe wenig Kontakt zu meiner Familie;

sie sind mir fremd geblieben. Noch erschreckender: Sie sprechen eine ganz andere Sprache.

Karrieremänner haben für ihren Erfolg gelebt. Unbewußt sind sie damit häufig das größte Risiko ihres Lebens eingegangen: Sie mußten feststellen, ihr Lebensziel verfehlt zu haben. Und sie fragen sich manchmal zu spät: Ist Erfolg denn wirklich davon abhängig, daß man seine Seele »verkauft«, seine Gefühle und seine Identität verleugnet und eine sichere Fassade aufbaut?

Was macht den Erfolg so verlockend, daß viele Männer erst mit dem Ausscheiden aus der »Erfolgsmühle« den emotionalen Selbstmord erkennen, den sie jahrelang betrieben haben?

Für Frauen und Männer gleichermaßen sind die Wechseljahre eine Zeit, um Bilanz zu ziehen. Diese kann dann durchaus so vernichtend ausfallen wie die folgende eines Karrieremannes: »Mein Leben lang bin ich Sklave gewesen. Die Frauen glauben, wir sind das privilegierte Geschlecht. Aber sie irren sich. Wir sind die Sklaven, wir opfern unsere persönlichen Bedürfnisse für die Firma und die Familie. Wir arbeiten vierzig, fünfzig, sechzig Stunden in der Woche. Und wer dankt es uns? Niemand! Ich habe keinen Vorteil von der Zeit, die ich aufgewendet, von den Opfern, die ich gebracht habe. Ich habe keine Liebe oder Anerkennung für all die Jahre der Sklaverei erhalten. Man erwartet immer noch mehr von mir. Ich habe es satt. Wie gern würde ich das hinter mir lassen und von vorne anfangen. Aber ich mache es nicht, weil ich dann Schuldgefühle hätte. Wenn ich wirklich das tun würde, was ich will, hätte ich Schuldgefühle und das würde ich nicht aushalten.«[38] Das Tragische dieser Aussage ist nicht allein ihr Inhalt. Was dieser Mann zwischen den Zeilen sagt, ist vielmehr: Vater und Mutter, ihr habt mich im Stich gelassen. Um eure Aufmerksamkeit wiederzuerlangen, werde ich mich mächtig anstrengen müssen. Tue ich es nicht, werde ich Schuldgefühle bekommen. Ich habe nur einen Wunsch, daß ihr mich endlich lieb habt.

Und hier liegt dann der Ansatzpunkt für Herzinfarkt oder

Prostatakrebs. Nach der Pensionierung kann ein solcher Mann nämlich nicht mehr »beweisen«, wie »lieb« er ist. Das stürzt ihn in eine tiefe Krise. Er hätte nur dann eine Chance, wenn er aufhörte, immer noch »lieb« zu sein, um die Gunst von Vater und Mutter, Ehefrau, Kindern, Chef und Direktor zu erlangen.

Daß die Sexualität des Menschen mit dem Klimakterium nicht beendet ist, wurde schon mehrfach hervorgehoben. Vielmehr stellt die Sexualität auch für ältere Menschen einen wichtigen Bestandteil ihres Lebens dar. Mit der zunehmenden zahlenmäßigen Bedeutung dieser Altersgrupe, mit der veränderten Familienstruktur sowie dem partnerschaftlichen Zusammenleben älterer Menschen beiderlei Geschlechts in Eigenheimen oder Altenheimen drängen sich viele Fragen und Probleme auf.

Die auch heute noch herrschende Meinung, mit zunehmendem Alter würden morphologische und physiologische Veränderungen der Genitalorgane mit einer Abnahme des Sexuallebens einhergehen, trifft in dieser Form nicht zu. Zwar findet man morphologische, funktionelle und hormonelle altersabhängige Veränderungen bei Frauen und Männern, die sicher auch das Sexualverhalten beeinflussen, doch führen diese keinesfalls zu einer Beendigung des Sexuallebens älterer Menschen. Auch die unterschiedliche Interpretation des Begriffs »Alter« trägt wesentlich zu Mißverständnissen bei. Dabei zeigen neuere Untersuchungen eindeutig, daß Menschen über sechzig an Sex nicht nur interessiert sind, sondern sogar häufig daran denken und sich danach sehnen[39]. Ältere Menschen sprechen allerdings nur ungern über ihre sexuellen Gefühle. Sie schämen sich selbst vor dem Arzt, der sie schon viele Jahre betreut hat.

Die physiologischen Reaktionen älterer Männer sind im Vergleich zu denen junger Männer durch Verlangsamung und Intensitätsminderung gekennzeichnet. Gleichwohl kann die Fähigkeit zum Geschlechtsverkehr und zum Orgasmus bis ins hohe Alter, bis über das neunzigste Lebensjahr hinaus bestehen. Auch die physiologischen Reaktionen der Frau sind im Alter weniger intensiv und setzen später ein. Nach dem Klimakterium werden die Brüste schlaffer, das Bindegewebe der Schamlippen und die Auspolsterung der Vagina bilden sich etwas zurück. Aber auch bei der Frau ist die Fähigkeit zum Sexualverkehr und zum Erleben des Orgasmus im Alter erhalten. Diese Aussagen treffen allerdings nur auf den Teil der älteren Männer und Frauen zu, die durch ihre körperliche Konstitution und durch ihre sexuelle Vergangenheit dazu in der Lage sind.

Der menschliche Organismus stellt also das Potential für die Alterssexualität bereit. Generell nimmt die Häufigkeit des Geschlechtsverkehrs etwa vom 50. Lebensjahr an ab, wobei die Verminderung bei den Frauen etwas früher einsetzt. Ähnlich wie viele körperliche, geistige und emotionale Funktionen im Alter durch Training gefördert werden können, hängen auch die Häufigkeit und die physiologischen Voraussetzungen des Sexualverkehrs im Alter von den vorangegangenen Gewohnheiten ab. Wenn also psychische Hemmnisse schon in jüngeren Jahren vorhanden waren, werden sich diese Blockaden im Alter eher vertiefen. Daß der Gesundheitszustand bei der Alterssexualität eine besondere Rolle spielt, ist verständlich. Auch im Alter sind Neuorientierungen in der Sexualität möglich. Es gibt Berichte darüber, daß die Sexualität im Alter sogar noch zunahm. Dazu gehören Facetten wie Selbstbefriedigung, Zärtlichkeiten in Form von Hautkontakt, Streicheln, Küssen, Umarmen und körperliche Nähe. Im fortschreitenden Alter kann die Genitalität zugunsten der Zärtlichkeit abnehmen.

Die sexuelle Zufriedenheit älterer Menschen hängt mit ihrer allgemeinen Lebenszufriedenheit eng zusammen. Dabei kann angenommen werden, daß sich das Sexualverhalten im Alter und die Lebenszufriedenheit gegenseitig beeinflussen. Die Zufriedenheit mit dem Sexualverhalten korreliert ferner mit der Zufriedenheit in der Ehe und mit der Gemeinsamkeit der sexuellen Interessen. Zufriedenheit mit der Sexualität ist jedoch nicht nur an den Sexualverkehr gebunden. Für die meisten Menschen gehört Sexualität ebenso wie die Erotik zu einem erfüllten Leben. Sie sollte deshalb nicht unterbrochen werden, solange sie Freude macht. Leistungskriterien haben ohnehin in der Liebe nichts zu suchen. Somit braucht sich der ältere Mensch auch nicht an der sexuellen Potenz der Jugend messen. Es findet lediglich eine Leistungsverschiebung statt, kein Leistungsverlust. Sex stellt sich in allen Altersstufen und für jeden Menschen verschieden dar. Daß freilich die Konflikte mit der eigenen Geschlechtsrolle und verdrängten Sexualität auch im Alter nicht zur Ruhe kommen, zeigt sich bei Männern, wie schon im 5. Kapitel dargestellt wurde, an Prostataleiden, die ja auch als Alterskrankheit bekannt sind. Und wenn sich Krebserkrankungen bei Frauen im Alter mehren, dann sind auch sie ein Hinweis des Körpers, daß es hier noch etwas zu klären gibt.

Das erfolgreiche Altern von psychisch gesunden Männern und Frauen wird jedoch beiden scheinbar konträren Tendenzen und Aufgaben gleichzeitig gerecht: Beide Geschlechter akzeptieren dann nämlich die Notwendigkeit des biologischen Rückzuges, vollziehen diesen Rückzug bewußt und verzichten auf das Unmögliche. Andererseits bleiben sie im Leben engagiert und erhalten ihre Aktivitäten und Sozialbezüge aufrecht, allerdings in einer veränderten Form. Gerade wenn gesunde Männer und Frauen beide Tendenzen gleichzeitig in bewußter Weise erleben und sich dadurch den entstehenden psychischen Spannungen stellen, bringen die Wechseljahre für sie Weiterentwicklung und Reife mit sich.

Fragen zur Selbstreflexion:

Wenn Sie schon in den Wechseljahren sind oder waren, welche persönlichen Konflikte begleiteten diese Zeit? Gab es Probleme mit den Kindern, mit dem Partner, mit der Arbeit?

Wenn Sie ein Mann sind: Litten Sie unter Potenzängsten, hegten Sie die Befürchtung, im Betrieb nicht mehr genügend leisten zu können, von Jüngeren verdrängt zu werden? Gab es bestimmte körperliche Beschwerden? Haben Sie sich selbst unter Druck gesetzt?

Wenn Sie eine Frau sind: Bangten Sie um Ihre Liebesfähigkeit? Fühlten Sie sich in Ihrem Selbstwertgefühl beunruhigt? Hatten Sie Angst, als Frau nicht mehr voll anerkannt zu sein? Wie weit hat das sich ändernde Körperbild Sie beunruhigt? Gab es zwischen Ihnen und Ihrem Partner Gespräche über die Veränderungen in Ihrem Leben?

Im Kern
der Entfremdung

Macht- und Neidgefühle im Spannungsfeld von sozialer und persönlicher Geschlechtsrolle

Mit Hilfe sozialer Rollenvorgaben und Geschlechtsrollen-erwartungen formt die Gesellschaft die menschlichen Beziehungen nach ihren Gesetzen. Letztlich sichert auch jede Gesellschaft ihr Überleben durch Macht[40]. Macht wird heute durch wirtschaftliche und technologische Leistungsfähigkeit garantiert; Nationen definieren sich durch ihre ökonomische Potenz. Dabei steigert Arbeitsteilung ihre Effizienz am stärksten. Wirtschaftszwänge bestimmen das menschliche Leben. Dieser Grundkonflikt scheint unlösbar.

Wir haben uns Gesellschaften geschaffen, die anderen Gesetzmäßigkeiten folgen als denen der Kleinstgruppe, der Familie. Der Mensch hat sich bedauernswerterweise nach den Gesetzen der Gesellschaft entwickelt. Die Gesellschaft mit ihren leistungsorientierten inneren Gesetzen gibt Richtungen an, die vom einzelnen und von der Familie nicht nachvollzogen werden können.

Das größere System der Gesellschaft formt das kleinere System der Familie. Doch gerade in der Geschlechtsrollenentwicklung kann die Gesellschaft nicht Vorbild sein. Schon immer haben Gesellschaften Bilder der Weiblichkeit oder Männlichkeit geprägt, die aus den verschiedensten Gründen nicht nachgelebt werden konnten; Geschlechtsrollenentwicklung ist keine Modeerscheinung. Sie folgt vielmehr eigenen elementaren Gesetzmäßigkeiten, die schon in der Kindheit vorgegeben wurden. Das Dilemma unserer Gesellschaft liegt freilich darin, daß es für Jungen und Mädchen zwei verschiedene Erziehungsmodelle gibt, die im Alltag nur schwer zu realisieren sind. So kommt es, daß Mädchen, in Abhängigkeit zur Mutter erzogen, keine eigenen Kompetenzen entwickeln können und Jungen, die zwar Männer werden sollen, die jedoch ebenso in der mütterlichen Symbiose festgehalten werden, es schwer haben, der Abhängigkeit von der Mutter zu entfliehen. Der Vater, bei dem ein Junge »in die Lehre« gehen sollte, ist nicht da; und selbst wenn er da ist, verhindert die Mutter oft, daß der Vater sich zuviel um den Sohn kümmert.

Aber Männer sind nicht nur Söhne von Müttern, sie sind auch Liebespartner von Frauen und in ihren emotionalen und sexuellen Wünschen auf diese angewiesen. In dem Maße, wie Frauen heute von Männern unabhängiger werden und sich aus Ehen und Beziehungen lösen können, selbst wenn sie Kinder haben, rückt die Liebenswürdigkeit und die Liebesfähigkeit der Partner ins Zentrum ihrer Bindung. Männer und Frauen sind sich in der heutigen Gesellschaft zum Beweis ihrer Liebenswürdigkeit ein Stück entgegengekommen und sie gestehen sich auch mehr Gefühle ein.

Wenn es auch immer noch genügend Männer gibt, die Gefühle nicht zeigen können, so ist doch ein Aufbruch bemerkbar, der eine Veränderung anzeigt. Und dort, wo es diese Öffnung nicht gibt, herrscht allzu oft Hilflosigkeit. Doch wenn ein Wandel im Bereich der männlichen Geschlechtsrolle zu beobachten ist, muß damit auch ein Wandel der weiblichen einhergehen. Mann und Frau beeinflussen sich auch im Bereich der Geschlechtsrollenentwicklung gegenseitig. Wenn einer von beiden die eigene Geschlechtsrollenentwicklung nicht zulassen kann, blockiert er unbewußt auch die Entwicklung beim anderen Geschlecht. Wenn eine »Macho«-Frau sich einen Partner sucht, dann wird sie entweder einen »Macho«-Mann suchen oder ihn in diese Richtung zu formen versuchen. Der Mann scheint dann nach außen der Überlegene zu sein; zumindest spielt er diese Rolle. Immer aber hat er die Aufgabe, seine Frau zufriedenzustellen, und wird so von ihr abhängig bleiben.

Männer können ohne Bindung zu einer Frau gar nicht leben. Glauben sie dies trotzdem, dann sind sie zu weit von ihren elementaren Bedürfnissen entfremdet, um zu spüren, was ihnen fehlt. Den Männern fehlt die »liebende« Frau, nicht die zerstörende; den Frauen fehlt der zärtliche, nicht der alle Probleme nur logisch angehende Mann.

Gleichwohl wird die positive Geschlechtsrollenentwicklung durch ein zerstörerisches Verhalten verhindert. Dabei fördern die Frauen sogar unbewußt, was sie − ebenfalls unbewußt − hassen. Und die Männer verhalten sich umgekehrt genauso zerstörerisch. So entsteht ein Kampf zwischen den Geschlechtern, der Unendlichkeitscharakter hat, jedenfalls solange, bis jemand stark und mutig genug ist, die negativen Kreisläufe zu durchbrechen.

Die positive Entwicklung der eigenen Geschlechtsrolle bedeutet aber auch, Macht und das Denken in Machtkategorien aufzugeben. Hier liegt einer der großen Verhinderer wahrer Geschlechtsrollenidentifikation. Denn hinter der Macht steht immer auch die Ohn-macht und damit die Angst vor einer scheinbaren Vorherrschaft. Erich Fromm hat in seinem Werk »Die Furcht vor der Freiheit« gesagt: »Die autoritäre Weltanschauung kennt den Begriff der Gleichberechtigung nicht. Der autoritäre Charakter mag sich zwar gelegentlich des Wortes Gleichberechtigung im konventionellen Sinn, oder wenn es ihm gerade in den Kram paßt, bedienen. Aber sie besitzt für ihn keine wirkliche Bedeutung und kein wirkliches Gewicht, da er sich auf etwas bezieht, das außerhalb seiner emotionalen Erfahrung liegt. Für ihn setzt sich die Welt zusammen aus Menschen mit und ohne Macht, aus Über- und Untergeordneten[41].«

In unserer Gesellschaft sind die Männer im Grunde ihres Wesens nicht an Gleichberechtigung interessiert. Dort, wo der Mann sich auf Gleichberechtigung einläßt, muß er

Macht und Autorität abgeben. Daran aber kann er nicht interessiert sein, solange er bestrebt ist, Karriere zu machen. Von der Mutter nicht losgelassen, vom Vater vernachlässigt, haben sich viele Männer eine Welt in der Welt geschaffen, die – in der Kindheit – zunächst noch eine Traumwelt war. Aber dann ging es an die Realisierung der Traumwelt. Schon früh erkannten sie, daß man die Anerkennung der Umwelt nur über Leistung erhalten konnte. Nach einem alten Männlichkeitsideal machten sie sich auf den Weg, Ehrgeiz zu entwickeln, machten sie sich auf die Suche nach Ruhm und Ehre. Darin aber liegt bereits ein neurotischer Anteil.

Denn die Suche nach Ruhm und Ehre steht für alte Machtansprüche – es sind die alten Parolen des Patriarchats, als der Mann noch aufs Schlachtfeld ging, um Ruhm und Ehre zu erwerben. Heute ist die Wirtschaft zum Schlachtfeld geworden. Dort entwickelt sich ein konkurrierendes Drängen, in dem der Mann einem Ehrgeiz verfällt, der es nicht zuläßt, Zeit für Frau und Kinder zu haben. Oder in den Worten von Karin Horney:»In der Schule kann es ein Mensch als unerträgliche Schande empfinden, nicht Klassenbester zu sein. Später wird derselbe Mensch genauso zwanghaft dazu getrieben, die meisten Verabredungen mit den begehrtesten Mädchen zu haben, und noch später kann er wiederum besessen sein von dem Wunsch, das meiste Geld zu verdienen oder der prominenteste Politiker zu sein.« Und weiter:»Für die Problematik, die hier erörtert wird, ist das einzelne Tätigkeitsgebiet, auf das sich der Ehrgeiz jeweils erstreckt, kaum von Interesse. Denn die Charakteristika bleiben die gleichen, ob es sich nun darum handelt, eine führende Position in der Gemeinde zu bekleiden oder der brillanteste Unterhalter zu sein. Das Bild wandelt sich jedoch in vielerlei Hinsicht, je nach Art des erstrebten Erfolgs. Allgemein kann gesagt werden, daß dieser Erfolg mehr in die Kategorie Macht gehört (direkte Macht, indirekte Macht, Einfluß, Manipulation) oder mehr in die Kategorie Prestige (guter Ruf, Beifall, Popularität, Bewunderung, besondere Beachtung)[42].«

Welche Inhalte und Motivationen Macht und Ehrgeiz

auch immer haben mögen, eines ist ihnen gemeinsam: Sie dienen unter anderem auch der unbewußten Abwehr der Geschlechtsrollenentwicklung. Und noch etwas ist ihnen gemeinsam: Es kommt der Tag der Wahrheit, wo der Mensch abseits von Prestige und Macht vor sich selbst steht. Plötzlich ist er nur noch er selbst, erkennt bitter, daß er für die Macht gelebt hat, daß Prestige ihm wichtiger war, als die Erfüllung innerhalb seiner Familie. Er muß erkennen, daß er sich ein Leben lang etwas vorgemacht hat. Er war nicht der Mann, er war der Politiker. Er war nicht er selbst, er war der Arzt. Die Rolle wurde zum Ich. Menschen mit solchen Motivationen leben nicht als sie selbst, sondern als Herr Doktor, Herr Direktor, Herr Bundestagsabgeordneter. Wenn das Leben sie im Alter auf sich selbst zurückwirft, kann das sehr schmerzlich sein.

Neben Macht und Ehrgeiz ist Neid ein weiteres großes Hindernis für eine gedeihliche psychische Geschlechtsrollenentwicklung − Neid, wie er seit der frühen Kindheit in allen Triangulierungssituationen entsteht. Wenn ein Partner sich einem anderen Menschen zuwendet, ist das Enttäuschende an diesem Vorgang nicht allein, daß der oder die Zurückgebliebene hintergangen wurde, sondern es ist das Gefühl, daß andere das »besitzen«, was einem selbst versagt ist. Entscheidend wichtig beim Neid ist der Vergleich, der nicht unbedingt logisch sein muß. Wenn eine Ehe zum Beispiel nicht gut läuft, braucht derjenige, der treu ist, nicht unbedingt einen anderen Partner. Aber sobald er weiß, daß der andere untreu ist, wird in ihm selbst das Bedürfnis wachsen, auch wieder einen Sexualpartner zu haben. Hier zeigt sich eine Trotzreaktion, die uns schon von der Kindheit her bekannt ist: »Ich will auch haben...«

In allen Triangulierungssituationen taucht immer auch das frühkindliche Besitzdenken auf. Es sind die Gegenwart oder der Besitz eines anderen, die in uns das Bedürfnis wecken und uns einen Mangel empfinden lassen. Dies ist eine besonders tückische Komponente des Neids; denn dem Menschen, der neidisch ist, erscheint immer nur das erstrebenswert, worüber der andere verfügt. Neid erst schafft ein Gefühl der Entbehrung. Doch selbst das Gefühl des Mangels und der ständige Vergleich mit anderen, der diesem Mangel zugrunde liegt, reichen zur Entstehung von Neid noch nicht aus. In den Bereich von Neid und Eifersucht gehören außer dem Vergleichen auch das Beurteilen, das Verurteilen, das Werten. Nicht zuletzt deshalb ist die Triangulierungssituation eine so zentrale Erfahrung: Aus ihr entstehen Selbstisolierung, Wut, Haß, Neid, Eifersucht und Rachsucht. Wie eine Mauer umschließt dann das Vergleichen, Werten, Beurteilen, Verurteilen diesen Kern. Es ist eine Kernneurose entstanden, zu deren Wurzeln sich schwer durchdringen läßt. Weil alle Elemente dieses Kerns auf die Außenwelt projiziert werden, ist er in sich selbst meistens nicht mehr erkennbar.

Diese Formen der Selbstisolation sind mit dem aus dem Kleinkindalter geläufigen Begriff »Bock« zutreffender zu beschreiben als mit »Trotz«. »Bock« ist eine passive Form von Aggression, hinter der das kindliche »Ich will nicht« steht. Trotz hingegen hat eine aktive Aggression zum Inhalt. Der trotzige Mensch sagt: »Jetzt erst recht.« Zum »Bock« gehören auch die Aussagen: »Ich fühle mich gekränkt« und »Ich werde dir das nie verzeihen«.

Das bockige Kind merkt jedoch sehr schnell, daß es sich mit dieser Haltung nicht durchsetzen kann, und legt sich nun ein Verhalten zu, das ich das »Ich-will-lieb-sein«-Spiel nenne. Es hat für die Betroffenen verheerende Folgen; und die meisten Menschen sind davon betroffen. Wenn ich lieb sein will oder muß, kann ich keine Aggressionen mehr nach außen abgeben, weil ich von der Umwelt Bestrafungen erwarten muß. Nun bekommt der Betreffende Schuldgefühle. Die Bestrafungsängste können sich in die Angst vor der Angst umwandeln, und damit ist die Neurose perfekt. Alle Aggressionen richten sich jetzt nach innen, wirken selbstzerstörerisch und können in letzter Konsequenz in eine Krebserkrankung führen.

Psychosomatische Erkrankungen treten immer dann ein, wenn wir das Gefühl haben, daß wir eine unerwünschte

Situation nicht anerkennen können. Wir weigern uns, sie zu akzeptieren, und spielen damit das alte Bockspiel:»Ich will nicht.« Damit hat sich der Regelkreis wieder geschlossen.

Erich Fromm bezeichnet das letztlich selbstzerstörerische »Ich-will-lieb-sein«-Spiel als »dynamische Anpassung«: »Unter dynamischer Anpassung verstehe ich die Art von Anpassung, zu der es beispielsweise kommt, wenn ein kleiner Junge sich den Geboten eines strengen, bedrohlichen Vaters unterwirft – weil er zu große Angst vor diesem hat, um sich anders zu verhalten – und so zu einem ›braven‹ Jungen wird. Während er sich den Notwendigkeiten der Situation anpaßt, geschieht etwas mit ihm. Er entwickelt vielleicht eine intensive Feindseligkeit gegen seinen Vater, die er verdrängt, weil es zu gefährlich wäre, sie offen zu äußern oder sich ihrer auch nur bewußt zu werden. Diese verdrängte Feindseligkeit ist jedoch, obwohl sie nicht manifest ist, ein dynamischer Faktor in seiner Charakterstruktur. Sie kann neue Angst erzeugen und so zu einer noch stärkeren Unterwerfung führen; er kann sich aber auch zu einer bestimmten Trotzhaltung entscheiden, die sich nicht gegen jemanden, sondern vielmehr gegen das Leben im allgemeinen richtet[43].«

Am Ende dieser dynamischen Anpassung steht dann die Entfremdung vom wahren Selbst, ein Zustand, den Karen Horney wie folgt beschreibt:»Das ist die Distanz von den wahren Gefühlen, Wünschen, Überzeugungen und Energien. Es ist der Verlust des Gefühls, selbst ein organisches Ganzes zu sein[44].« Dieses Selbst, der innere Kern unserer Persönlichkeit, sorgt für unsere Lebendigkeit. Im Kontakt mit unserem Selbst erleben wir die Spontaneität aller Gefühle. Das kann Freude sein, Sehnsucht, Liebe, Ärger, Furcht und auch Verzweiflung. Das Selbst ist die Quelle spontaner Interessen und Energien,»die Quelle«, aus der der Machtanspruch des Willens fließt, die Fähigkeit zu wünschen und zu wollen; es ist jener Teil in uns, der sich ausdehnen, wachsen und sich selbst erfüllen will[45].

Im Selbst liegt die Anlage – und zwar von Kindheit an –, sich zu entwickeln, sich auszudehnen, sich zu erfüllen. Im

Selbst liegen die Entwicklungsmöglichkeiten als Mann und als Frau. All das zeigt, daß jeder von uns eines Tages in der Lage sein kann, wichtige Entscheidungen zu treffen und Verantwortung zu übernehmen. Wahres Selbst – dazu gehört auch die echte Integration von verdrängten und verleugneten Anteilen unserer Persönlichkeit, was wiederum zu einem gesunden Sinn von Ganzheit und Einheit führt. Körper und Geist, Gedanken und Handlung, mitsamt unseren Gefühlen – alles stimmt dann überein. Tiefe Konflikte haben wir nur dann, wenn wir mit uns nicht eins sind. Die Einheit des Selbst – das wäre die Zielvorgabe.

Alles Leben ist Wachstum. Wachstum aber bedeutet Wandel. Am besten auf psychischen Wandel eingestimmt sind jene Menschen, die mit anderen zu tun haben, beispielsweise Mütter. Sie sind regelrecht gezwungen, sich wandelnd dem Leben anzupassen, wenn sie den sich wandelnden Bedürfnissen ihrer Kinder gewachsen sein wollen. Damit ein Kind heranwachsen kann, muß jemand da sein, der auf es eingeht. Und dem Wachsen des Kindes entsprechend müssen die eigenen Reaktionen sich ändern. Was heute ausreicht, genügt morgen schon nicht mehr. Das Kind hat eine andere Lebensstufe erreicht, darum muß auch die Bezugsperson des Kindes einen neuen Standpunkt beziehen.

Das menschliche Leben hat nicht nur eine biologische, sondern auch eine psychologische und geistige Dimension. Der Geist ist ständig in Entwicklung begriffen. Er kann nicht stillstehen und sich auch nicht auf eine frühere Organisationsstufe zurückziehen. Genau das aber versuchen wir, wenn wir in Dreieckssituationen in frühkindliche Verhaltensmuster zurückfallen. Was dann in uns stillsteht, was sich nicht verändern will, ist das Leid, das wir in früher Kindheit erfahren haben, als wir uns ausgeschlossen fühlten: Schmerz, Trauer, Wut, Haß und Neid waren die beherrschenden Gefühle, verbunden mit einer frühen Form von Rachsucht.

Der Mensch spürt als erstes die Kränkung, bevor er auf seine Weise darauf reagiert. Ein kleines Kind ist noch nicht reif genug, um zu erkennen, was wirklich geschieht. Der spätere Erwachsene aber ist es sich selbst schuldig, sich rückwirkend mit einigen Situationen seines Lebens auseinanderzusetzen, um zu einer Veränderung eines negativen Verhaltensgrundmusters zu gelangen. Hat ein Mensch beispielsweise als Kleinkind − berechtigt oder unberechtigt − Eifersucht und Neid auf Geschwister entwickelt, sich bockig in sich zurückgezogen und ist dafür vielleicht auch noch bestraft worden, dann hat er aus dieser Situation wahrscheinlich tiefsitzende Aggressionen und Schuldgefühle entwickelt. Daraus hat sich dann ein Grundmuster aufgebaut, das diesen Menschen dazu bringt, sich immer wieder in Situationen hineinzumanövrieren, in denen er sich entweder schuldig macht oder fühlt. Dieses Schuldgefühl wird er dann aber tiefstinnerlich auf die anderen projizieren. Nach außen hin spielt er längst das Anpassungs- und Unterwerfungsspiel; er hat gelernt, »lieb« zu sein. Doch damit sind alle Gefühle unterdrückt.

Später, wenn dieser Mensch erwachsen ist, wird er möglicherweise all seine Gefühle gegen den eigenen Ehepartner richten; Haß, Neid, Eifersucht werden sich Bahn brechen. Den Kontakt zu den konfliktauslösenden Kindheitssituationen hat er freilich längst verloren. Wenn es ihm nun als Erwachsenem gelingt, zu erkennen, daß nicht die Mutter und der Bruder oder die Schwester »böse« waren (Wertung, Urteil), sondern daß er sich selbst durch seine »bockigen« Reaktionen ein Leben lang Schaden zugefügt hat, dann kann sich etwas ändern. Die »Bock«-Situation und die gefühlsmäßige Selbst-Einengung, das Abgeschnittensein von den eigenen Gefühlen, haben vielleicht schon Depressionen und Krankheiten mit sich gebracht. Im Laufe des Lebens sind wahrscheinlich immer neue Kränkungserfahrungen hinzugekommen, und deshalb ist es später sehr schwierig, das zugrundeliegende Muster zu erkennen. Es sind schockierende Erkenntnisse zu erwarten, wenn man bereit ist, der Frage nachzugehen: »Was bin ich mir selbst schuldig geblieben? Was habe ich mir selbst angetan?« Solange wir immer wieder anderen die Schuld an unseren Problemen zuweisen, kommen wir in unserer Entwicklung nicht voran. Erst die Erkenntnis, daß wir uns selbst etwas angetan haben und sozusagen Wiedergutmachung an uns selbst betreiben müssen, daß wir anders mit uns umgehen müssen, bringt uns wirklich einen Schritt weiter.

Die Probleme infolge der Triangulierungssituation können so weit gehen, daß es zu einer Ich-Aufgabe über das »Liebsein« kommt. Statt nun seinen Haß, seinen Neid offen auszutragen, wird sich dieser Mensch als Kind möglicherweise erneut mit der Mutter identifizieren, die ihn nach seiner Ansicht doch eigentlich verletzt hat. Später, als Erwachsener, wird er sich übermäßig mit anderen Personen identifizieren. Er wird sich wünschen, so bescheiden und intelligent zu sein, wie die reife Dame von gegenüber (er möchte so »lieb« sein wie diese); so mutig und draufgängerisch wie Götz George; so elegant wie ein Fotomodell. Der Betreffende ist immer jemand anderes, nur nicht er selbst. Der Anspruch, ich sollte nicht ich sein (weil ich böse bin), ist eindeutig zu irrational, um sich so direkt zeigen zu können. Er äußert sich deshalb auch in Form von mißgünstigem Neid allen gegenüber, die begabter oder in ihrer Entwicklung glücklicher sind, in Form von Imitation oder Verehrung solcher Menschen.

Dieser Anspruch, selbst mit den vorzüglichsten Eigenschaften ausgestattet sein zu wollen, ist fatal; er hat regelrecht lähmende Auswirkungen. Er bringt nicht nur chronische Neidgefühle und Unzufriedenheit mit sich, sondern verstellt dem Betreffenden auch den klaren Blick für die eigene Persönlichkeit. Das Gefühl, einen »Anspruch« auf irgend etwas zu haben – sei es Glück, seien es hervorragende Eigenschaften, sei es Liebe –, ist ein innerlicher Prozeß, der zu ständigen Frustrationen führt. Solche Ansprüche lassen sich überhaupt nicht erfüllen. Denn das Grundmuster, das hinter solchen Ansprüchen steht, lautet: »Ich habe einen Anspruch, von meinen Eltern geliebt zu werden und mich angenommen zu fühlen.« Ansprüche an andere erfüllen sich schon deswegen nicht, weil diese anderen erst einmal bereit sein müßten, solche Ansprüche zu erfüllen. Da die unerfüllten Ansprüche an die Eltern aber erst im Erwachsenenalter richtig bewußt werden, können sie schon aus dieser Sicht nicht erfüllt werden: Eine Mutter kann schließlich einen Dreißigjährigen nicht wie ein Baby auf den Arm nehmen. Das aber ist der Anspruch des Vierjährigen, das gibt ihm der Neid ein.

Alle Ansprüche, die wir gegenüber anderen haben, beinhalten etwas Forderndes, einen »Besitzanspruch«, und können gleichwohl nur in uns selbst als Bedürfnis angemeldet werden. »Ich beanspruche das Beste für mein Leben«, lautet eine Forderung an das »gütige Schicksal«. Wenn ich dies aber nicht von anderen oder vom Schicksal, sondern von mir selbst verlange, dann muß ich mich sozusagen selbst bei der Hand nehmen und darf mich nicht behandeln wie den größten Sünder und Büßer dieser Welt.

Hinter jedem Anspruch steht eine Wertung. »Ich habe einen Anspruch darauf, weil ich...« – hinter einem solchen Anspruch steht das Gefühl, daß uns bestimmte Menschen etwas »schuldig« geblieben seien. Man hat sozusagen etwas an mir gutzumachen, denn die anderen haben mich ja in diese Situation gebracht. Der Anspruch entsteht, weil wir bestimmte Situationen als »ungerecht« empfinden. Aber selbst in dem Begriff »Ungerechtigkeit« steckt schon wieder eine Wertung, welche die Bürde, die wir real zu tragen haben, doppelt so schwer macht.

Jede Bedrängnis wird zehnmal härter, wenn wir sie als ungerecht empfinden. Jede Arbeit, die wir mit dem subversiven Gefühl tun, es sei unfair, daß gerade wir sie erledigen müßten, oder mit dem geheimen Anspruch, sie solle leicht sein, wird anstrengend und ermüdend. Durch hochgezüchtete Ansprüche verlieren wir die Fähigkeit, das Leben leicht zu nehmen. Natürlich gibt es im Leben niederschmetternde Erlebnisse und schwere Schicksalsschläge; aber sie sind viel seltener als man denkt. Wenn wir jedoch ständig das Gefühl des Gekränktseins in uns tragen, dann werden auch kleinere Erlebnisse zu Katastrophen. Ein Sack voll kleiner Steine ist so schwer wie ein großer Stein. Allein durch negative Wertungen wird das Leben zu einer Kette von Ereignissen, die Fröhlichkeit und Leichtigkeit nicht mehr zulassen. Die größte und schlimmste Folge unserer Ansprüche aber ist der Neid.

Da es der Umwelt nicht gelingt, unseren Ansprüchen gerecht zu werden, und da wir auch unsere Ansprüche – anders als unsere Bedürfnisse – nicht erfüllen können, haben wir ständig unter einem unbewußten Neid zu leiden. Der Neid aber übersteigt alle »kleinen Situationen«, in denen der Mensch neidisch ist. Denn der Neid, der in der frühen Triangulierung entstand, ist ein grundsätzliches Gefühl. Es ist ein Neid, der sich ganz allgemein auf das Leben richtet. Er geht Hand in Hand mit dem Gefühl, man selbst sei der einzige Ausgeschlossene; der einzige, der sich sorgt, der einsam ist, der von Ängsten gequält wird und sich gehemmt fühlt. Wenn ausgedehnte Ansprüche in uns leben, führt das zu einer Lähmung psychischer Energie, die sich auf unser Tun, unser Denken und Fühlen erstreckt. Derartige Ansprüche lähmen vor allem die Tatkraft, an uns selbst und an unseren Lebenssituationen zu arbeiten; denn wenn wir einen Anspruch an die Umwelt haben, müssen wir selbst nichts tun. Das sollte gefälligst die Umwelt tun. Noch eines haben derartige Ansprüche an sich: In ihnen steckt eine tiefverwurzelte Rachsucht. Und je rachsüchtiger die Ansprüche sind, desto stärker scheint der Grad der Trägheit zu sein. Die unbewußte Begründung lautet dann folgendermaßen: Andere sind verantwortlich für Schwierigkeiten, in denen ich mich befinde, also habe ich ein Recht auf Wiedergutmachung. Aber, was wäre das für eine Wiedergutmachung, wenn ich alle Anstrengungen selbst machen sollte! Genau das ist es jedoch, was uns allein wirklich weiterbringt. Wenn wir den Anspruch an andere aufgeben, wenn Rachegedanken nicht ständig nach Satisfaktion schreien, dann können wir einmal in uns hineinhorchen und den Ruf der inneren Stimme wahrnehmen, die ständig und pausenlos ruft: »Was bist du dir selbst schuldig geblieben? Was hast du aus deinem bisherigen Leben gemacht? Wann beginnst du mit der Wiedergutmachung an dir selbst?« Ja, wann beginnen wir damit, die Verherrlichung unserer Leistungen aufzugeben und uns um uns selbst zu kümmern? Um uns als Mann, als Frau? Solange wir auf Hilfe von anderen angewiesen sind, kann es wirklich keine Veränderung geben. Jede Veränderung muß bei uns selbst beginnen. C. G. Jung hat einmal gesagt:»Da jede Veränderung irgendwo beginnen muß, wird es der Einzelmensch sein, der sie erfährt und durchführt. Die Veränderung muß beim einzelnen beginnen; jeder von uns kann dieser einzelne sein. Niemand kann es sich leisten, einfach umher zu blicken und auf jemanden zu warten, der das tun soll, was man selber nicht tun will.«[46]

Anmerkungen

1. Melanie Klein, Das Frühstadium des Ödipuskonfliktes, *Internationale Zeitschrift für Psychoanalyse,* Band 14 (1928).
2. Béla Grunberger, *Vom Narzißmus zum Objekt,* Frankfurt/Main 1976.
3. Christa Rohde-Dachser, Unbewußte Phantasie und Mythenbildung in psychoanalytischen Theorien über die Differenz der Geschlechter, *Psyche: Zeitschrift für Psychoanalyse,* Heft 3 (1989), Seite 200 – 201.
4. Michael Rotmann, Sonderdruck für Psychoanalyse, 1987, Seite 1105 – 1107.
5. Thea Bauriedl, »Narziß als Ödipus«, Vortrag am 6. 11. 1987 am Sigmund Freud Institut, Frankfurt/Main.
6. Michael Rotmann, Sonderdruck: Psychoanalytische Arbeitsgemeinschaft München (1987), Seite 1107.
7. Siegfried Elhardt, *Tiefenpsychologie – Eine Einführung,* Stuttgart 1980, Seite 90.
8. Thea Bauriedl (vgl. Anm. 5).
9. Christa Rohde-Dachser, Ausformungen der ödipalen Dreieckskonstellation bei narzißtischen und bei Borderline-Störungen, *Psyche: Zeitschrift für Psychoanalyse,* Heft 41 (1990), Seite 773 – 799.
10. Henry G. Tietze, *Der Alpha-Mensch,* München 1987.
11. Robert Stoller, Création d'une illusion: L'extrême feminité chez garçons, *Nouvelle Revue de Psychoanalyse,* (1974) Nr. 4.
12. Ester R. Greenglass, *Geschlechterrolle als Schicksal,* Stuttgart 1986, Seite 64.
13. Walter Hollstein, *Nicht Herrschen – aber kräftig,* Hamburg 1988, Seite 127.
14. Elena Gianni Belotti, *Was geschieht mit einem Mädchen?,* München 1975, Seite 16 – 17.
15. Henry G. Tietze, *Meine Lügen – Deine Lügen,* Hamburg 1989, Seite 11.
16. Wolfgang Schultz-Zehden/Friederike Bischof, *Auge und Psychosomatik,* Köln 1986, Seite 177.
17. G. Arentewicz/G. Schmidt, *Sexuell gestörte Beziehungen,* Berlin 1980, Seite 41.
18. Henry G. Tietze, *Die Lustkrise,* München 1989.
19. Henry G. Tietze, *Entschlüsselte Organsprache,* Genf 1985.
20. Götz Kockott, *Sexuelle Funktionsstörungen des Mannes,* Stuttgart 1990, Seite 2.
21. *Partnerschaft, Sexualität und Fruchtbarkeit,* Hg. Elmar Brähler/A. Meyer, Berlin 1988, Seite 110.
22. Johannes Cremerius, *Zur Theorie und Praxis der psychosomatischen Medizin,* Frankfurt/Main 1978, Seite 115.
23. *Partnerschaft, Sexualität und Fruchtbarkeit,* Hg. Elmar Brähler/A. Meyer, Berlin 1988, Seite 235.
24. Lawrence LeShan, *Psychotherapie gegen den Krebs,* Stuttgart ²1986.

25. *Süddeutsche Zeitung* vom 21. 6. 1990, Seite 3 (»Anspannung entwaffnet Körperabwehr«).
26. *Süddeutsche Zeitung,* Nr. 134 (1990), Seite 30.
27. Henry G. Tietze, *Botschaften aus dem Mutterleib,* Genf 1984, Seite 62 – 64.
28. *Bewältigungsprozesse bei chronischen Erkrankungen,* Hg. Uwe Koch, Weinheim 1988, Seite 61.
29. Ebd., Seite 121.
30. Henry G. Tietze, *Der Alpha-Mensch,* München 1987.
31. Der *Stern* vom 3. 1. 1991, Seite 31 – 33.
32. Heide Dellisch, Prävention psychischer und psychosomatischer Störungen schon in der Schwangerschaft – eine Utopie?, in *Pränatale und perinatale Psychologie und Medizin,* Hg. Peter G. Fedor-Freyberg, München 1989.
33. Meistermann-Seeger, *Kurztherapie Fokaltraining,* München 1989, Seite 45 – 48.
34. Henry G. Tietze, *Botschaften aus dem Mutterleib,* Genf 1984, Seite 125.
35. Ebd.
36. Walter Hollstein, *Nicht Herrschen – aber kräftig,* Hamburg 1988, Seite 139.
37. Dan G. Hertz und Hans Molinski, *Psychosomatik der Frau,* Berlin 1988, Seite 157.
38. Janice Halper, *Stille Verzweiflung – Die andere Seite des erfolgreichen Mannes,* München 1989, Seite 37.
39. *Zeitschrift Medizin – Fortschritt Medizin,* Hg. Prof. Dr. D. Platt, Nr. 19 (1990).
40. Norbert Elias, *Der Prozeß der Zivilisation,* Frankfurt/Main 1981.
41. Erich Fromm, *Die Furcht vor der Freiheit,* München 1983, Seite 153.
42. Karen Horney, *Neurose und menschliches Wachstum,* Frankfurt/Main 1985, Seite 24/25.
43. Erich Fromm, *Die Furcht vor der Freiheit,* München 1983, Seite 21.
44. Karen Horney, *Neurose und menschliches Wachstum,* Frankfurt/Main 1985, Seite 175.
45. William James, zitiert ebd., Seite 175.
46. Carl Gustav Jung, *Der Mensch und seine Symbole,* Olten 1986, Seite 101.

Literaturverzeichnis

Auhagen-Stephanos: Kinderwunsch, Kinderwahn, in: Zeitschrift für Sozialforschung, Band 4, 1989.
Arentewicz, G./Schmidt, G.: Sexuell gestörte Beziehungen, Berlin 1980.

Badinter, Elisabeth: Ich bin Du, München 1986.
Baker-Miller, Jean: Die Stärke weiblicher Schwäche, Frankfurt/Main 1979.
Bank, Stephen P./Kahn, Michael D.: Geschwisterbildung, Paderborn 1989.
Bauriedl, Thea: Beziehungsanalyse. Das dialektisch-emanzipatorische Prinzip der Psychoanalyse und seine Konsequenzen für die psychoanalytische Familientherapie, Frankfurt/Main 1980.
– Zwischen Anpassung und Konflikt. Theoretische Probleme der ichpsychologischen Diagnostik, Göttingen 1982.
– Psychoanalyse ohne Couch. Zur Therapie und Praxis der angewandten Psychoanalyse, München 1985.
– Die Wiederkehr des Verdrängten. Psychoanalyse, Politik und der einzelne, München 1986.
– Psychoanalyse: Prozeß oder Methode, Zeitschrift Psyche, Nr. 41/ 936–943, 1987.
– Narziß als Ödipus, Vortrag am 6. 11. 87 am Sigmund-Freud-Institut Frankfurt.
Belotti, Elena Gianni: Was geschieht mit kleinen Mädchen?, München 1975.
Benard, Cheryl/Schlaffer, Edith: Rückwärts und auf Stöckelschuhen, Köln 1989.
Blair, Justice: Wer wird krank?, Hamburg 1990.
Boyesen, Gerda: Über den Körper die Seele heilen, München 1987.
Brähler, Elmar/Meyer, A. (Hg.): Partnerschaft, Sexualität und Fruchtbarkeit, Berlin 1988.
Bräutigam, W./Clement, Ulrich: Sexualmedizin im Grundriß, Stuttgart 1989.

Carrera, Michael: Sex, Berlin 1981.
Chorodow, Nancy: Das Erbe der Mütter, München 1985.
Cremerius, Johannes: Zur Theorie und Praxis der Psychosomatischen Medizin, Frankfurt/Main 1978.

Dally, Ann: Die Macht unserer Mütter, Stuttgart 1979.
Degenhardt, A./Trautner, H. M. (Hg.): Geschlechtstypisches Verhalten, München 1979.
Dowling, Colette: Der Cinderella-Komplex, Frankfurt/Main 1985.
– Perfekte Frauen, Frankfurt/Main 1989.
Dunde, Siegfried R.: Geschlechterneid – Geschlechterfreundschaft, Frankfurt/Main 1987.

Elhardt, Siegfried: Tiefenpsychologie – Eine Einführung, Stuttgart 1980.
Elias, Norbert: Der Prozeß der Zivilisation, Frankfurt/Main 1981.

Forer, Lucille K./Still, Henry: Großer Bruder, kleine Schwester, Köln 1979.
Frankl, Viktor E.: Der Mensch vor der Frage nach dem Sinn, München 1979.
Fromm, Erich: Die Furcht vor der Freiheit, München 1983.

Gaylin, Willard: Gefühle, München 1979.
Gibran, Khalil: Der Prophet, Olten 1972.
Greenglass, Esther R.: Geschlechtsrolle als Schicksal, Stuttgart 1986.
Grünn, Hans: Die innere Heilkraft, Düsseldorf 1990.
Grunberger, Béla: Vom Narzißmus zum Objekt, Frankfurt/Main 1976.

Halper, Janice: Stille Verzweiflung. Die andere Seite des erfolgreichen Mannes, München 1989.
Hahn, Peter (Hg.): Ergebnisse für die Medizin (1). Psychosomatik, Zürich/München 1979 (= Psychologie des 20. Jahrhunderts, Band IX).
Hertoft, Preben: Klinische Sexologie, Köln 1989.
Hertz, Dan G./Molinski, Hans: Psychosomatik der Frau, Berlin 1980.
Hollstein, Walter: Nicht Herrschen – aber kräftig, Hamburg 1988.
Horney, Karen: Neurose und menschliches Wachstum, Frankfurt/Main 1985.

Jonas, Hans: Das Prinzip Verantwortung, Frankfurt/Main 1989.
Jung, Carl Gustav: Der Mensch und seine Symbole, Olten 1986.

Klein, Melanie: Das Frühstadium des Ödipuskonfliktes: Internationale Zeitschrift für Psychoanalyse, Band 14, 1928.
Koch, Uwe (Hrsg.): Bewältigungsprozesse bei chronischen Erkrankungen, Weinheim 1988.
Kockott, Götz: Sexuelle Funktionsstörungen des Mannes, Stuttgart 1981.
Krutoff, Leo: Nie zu alt um jung zu sein, Düsseldorf 1986.
– Keine Angst vor dem Altern, Erlangen 1981.
– Herzinfarkt, München 1975.
Kummer, Irene: Wendezeiten im Leben der Frau, München 1989.

Laing, Ronald D.: Phänomenologie der Erfahrung, Frankfurt/Main 1969.
Lederer, William/Jackson, Don D.: Ehen als Lernprozeß, München 1972.
LeShan, Lawrence: Psychotherapie gegen den Krebs, Stuttgart ²1986.
Lynch, James J.: Das gebrochene Herz, Reinbek 1979.

Mahler, Margaret S.: Die psychische Geburt des Menschen, Frankfurt/Main 1980.

Mead, Margaret: Mann und Weib, Reinbek 1985.

Meistermann-Seeger: Kurztherapie Fokaltraining, München 1989.

Mertens, Wolfgang (Hg.): Psychoanalyse, München 1983.

Merz, Ferdinand: Geschlechtsmerkmale und ihre Entwicklung, Göttingen 1979.

Meulenbelt, Anja: Wie Schalen einer Zwiebel, München 1986.

Miller, Alice: Das Drama des begabten Kindes, Frankfurt/Main 1979.

– Du sollst nicht merken, Frankfurt/Main 1983.

– Der geheime Schlüssel, Frankfurt/Main 1988.

Montagu, Ashley: Körperkontakt, Stuttgart 1974.

Offit, Avodah: Das sexuelle Ich, Stuttgart 1979.

Olivier, Christiane: Jokastes Kinder, Stuttgart 1980.

Petersen, Peter: Dimensionen seelischer Verarbeitung des Schwangerschaftsabbruchs der Frau; Zeitschrift Psychotherapie und Psychosomatik, Bd. 1, Berlin 1990.

Pilgrim, Volker Elis: Muttersöhne, Düsseldorf 1986.

Platt, Prof. Dr. D. (Hg.): Zeitschrift Medizin – Fortschritt Medizin, Erlangen, Nr. 19/1990.

Pohler, Gerald: Krebs und seelischer Konflikt, Frankfurt/Main 1989.

Rohde-Dachser, Christa: Unbewußte Phantasie und Mythenbildung in psychoanalytischen Theorien über die Differenz der Geschlechter, in: Psyche. Zeitschrift für Psychoanalyse und ihre Anwendungen, Nr. 3/1989.

– Ausformungen der ödipalen Dreieckskonstellation bei narzißtischen und bei Borderline-Störungen, in: Psyche. Zeitschrift für Psychoanalyse, Heft 41/1990, Seite 773 – 799.

Rotmann, Michael: Über die Bedeutung des Vaters in der Wiederannäherungsphase, Psychoanalytisches Seminar, Freiburg 1978.

Schultz-Zehden, Wolfgang/Bischof, Friederike: Auge und Psychosomatik, Köln 1986.

Singer, Kurt: Kränkung und Kranksein, München 1989.

Singer-Kaplan, Helen: Hemmungen der Lust, Stuttgart 1981.

Stoller, Robert: Création d'une illusion: l'extrême feminité chez garçons, Novelle Revue de psychoanalyse, Nr. 4/1974.

Tietze, Henry G.: Botschaften aus dem Mutterleib, Genf 1984.

– Abschied von Dir, Hamburg 1988.

– Meine Lügen – Deine Lügen, Hamburg 1989.

– Die Lustkrise, München 1989.

– Kräfte der Hypnose, München 1980.

- Der Alpha-Mensch, München 1987.
- Die Kunst zu überleben, München 1989.

Toman, Walter: Familienkonstellation, München 1987.

Uexküll, Thure von (Hg.): Lehrbuch der psychosomatischen Medizin, München 1981.

Vester, Frederick: Phänomen Streß, München 1976.

Vincent, Jean-Didier: Biologie des Begehrens, Reinbek 1990.

Wenderlein, Matthias: Psychosomatik in der Gynäkologie und Geburtshilfe, Stuttgart 1981.

Westhoff, Karl: Erwartungen und Entscheidungen, Berlin 1985.

Wildlöcher, Daniel: Die Depression, München 1986.